Tilly Miller, Margit Ostertag (Hrsg.)
Hochschulbildung

Bildung – Soziale Arbeit – Gesundheit

―

Herausgegeben von der
Katholischen Stiftungshochschule München

Band 16

Hochschulbildung

Wiederaneignung eines existenziell bedeutsamen Begriffs

Herausgegeben von
Tilly Miller und
Margit Ostertag

**DE GRUYTER
OLDENBOURG**

ISBN 978-3-11-050086-8
e-ISBN (PDF) 978-3-11-050087-5
e-ISBN (EPUB) 978-3-11-049818-9
ISSN 2509-7040

Library of Congress Cataloging-in-Publication Data
A CIP catalog record for this book has been applied for at the Library of Congress.

Bibliografische Information der Deutschen Nationalbibliothek
Die Deutsche Nationalbibliothek verzeichnet diese Publikation in der Deutschen Nationalbibliografie; detaillierte bibliografische Daten sind im Internet über http://dnb.dnb.de abrufbar.

© 2017 Walter de Gruyter GmbH, Berlin/Boston
Satz: Konvertus, Haarlem
Druck und Bindung: CPI books GmbH, Leck
♾ Gedruckt auf säurefreiem Papier
Printed in Germany

www.degruyter.com

Inhalt

Tilly Miller und Margit Ostertag
Einleitung —— 1

Ludwig A. Pongratz
Selbstvermarktung und Selbstverfügung. Über die Widersprüche der Hochschulreform —— 5

Ursula Frost
Bildung – Widerständigkeit und (Mit-)Verantwortung. Reflexionen zur Wirkung von Rahmenbedingungen heutigen Studierens —— 16

Ulla Klingovsky
Lehr- und Lernkulturen in der Hochschule – Bildungstheoretisch informierte Anfragen an die Gestaltung modularisierter Studiengänge —— 26

Astrid Messerschmidt
Bildung unter widersprüchlichen Bedingungen des Lehrens und Studierens —— 40

Eva Borst
Über die Notwendigkeit kanonisierten Wissens für die Wiederaneignung einer existenziell bedeutsamen Bildung —— 50

Birgit Schaufler
Kompetenzen erwerben, um Bildung zu besitzen? Ein Versuch, Hochschulbildung im Modus des Seins zu denken —— 63

Tilly Miller
Hochschulbildung angesichts globaler Krisen und Katastrophenszenarien —— 75

Alfred Holzbrecher
Hochschulbildung in Zeiten des Übergangs —— 92

Sebastian Lerch
Mut zur Lücke. Über das Potenzial von Brüchigem, Ungesagtem und (un-)möglichen Freiheiten im Rahmen von (Hochschul-)Bildung —— 101

Jutta Reich-Claassen
Wissenschaftliche Weiterbildung zwischen kundenorientierten Lernkontexten und hochschulischem Bildungsanspruch —— 111

Margit Ostertag
Von Ruth Cohn und Paulo Freire lernen. Annäherungen an eine bildungstheoretisch fundierte Hochschuldidaktik — 123

Margit Ostertag
Hochschulbildung mit Themenzentrierter Interaktion (TZI) — 134

Verzeichnis der Autorinnen und Autoren — 145

Tilly Miller und Margit Ostertag
Einleitung

1 Ausgangssituation

Anlass für diesen Sammelband ist ein deutliches Unbehagen im Hinblick auf die gegenwärtige Entwicklung der Hochschulpolitik und Hochschulbildung. Die Bologna-Reform hat die Hochschullandschaft in Deutschland grundlegend verändert. Nicht nur stehen Employability, d. h. die Berufs- und Beschäftigungsfähigkeit der Absolvent(inn)en, deren internationale Mobilität sowie Rankings, Qualitätssicherung und Exzellenz im Mittelpunkt, sondern Bildung als Leitbegriff der Hochschulen erfährt in diesem Prozess bedauerlicherweise einen erheblichen Bedeutungsverlust. Abzulesen ist dies nicht zuletzt an der eingeführten Kompetenzorientierung, die sich eher an spezifischen Verwertungszusammenhängen orientiert.

Von vielen Seiten wurden und werden die initiierten Veränderungen heftig kritisiert. Ziel dieses Herausgeberbandes ist es, diese Kritik aufzunehmen und sie zugleich konstruktiv zu verbinden mit Ideen zu bildungstheoretisch fundierten Gestaltungsmöglichkeiten des Lehrens und Lernens an Hochschulen. Auch und gerade in Zeiten von Bachelor- und Masterstudiengängen gilt es, am Bildungsbegriff nicht nur festzuhalten, sondern diesen auf seine Aktualität hin zu reflektieren und weiterzuentwickeln.

Wenn im Titel von (Hochschul-)Bildung als „existenziell bedeutsam" die Rede ist, dann lässt sich dies an drei Argumentationslinien verdeutlichen:

1. Bildung ist existenziell für die Hochschulen, da erst mit dem Bildungsbegriff der Sinn von Hochschulen in seiner ganzen Tragweite erfasst werden kann. Hochschulen sind nicht lediglich Fachkräfte-Zulieferer für den Arbeitsmarkt, sondern Orte der Bildung und übernehmen damit nicht zuletzt politisch-gesellschaftliche Verantwortung.
2. Der Bildungsbegriff ist existenziell für die Menschen, die an den Hochschulen studieren. Mit Bildung werden Dimensionen eröffnet, die deutlich über den Erwerb berufsbezogener Kompetenzen hinausgehen. Bildung bewegt sich dabei in der dialektischen Spannung zwischen Freiheit und Verantwortung. Sie betont den Eigenwert des Subjekts und verortet dieses zugleich in den gesellschaftlichen Zusammenhängen, in denen es aufgefordert ist, als Bürger und „Weltbürger" gestaltend mitzuwirken. So verstanden bezieht sich die existenzielle Bedeutung des Bildungsbegriffs zudem nicht nur auf Studierende, sondern zugleich auf Lehrende an den Hochschulen.
3. Der Bildungsbegriff ist darüber hinaus existenziell bedeutsam für die „Welt". Die geschichtlich-gesellschaftliche Wirklichkeit des 21. Jahrhunderts stellt die Menschheit vor gewaltige Herausforderungen. Stichworte dazu sind Globalisierung, Ökonomisierung, Armut und soziale Ungleichheit, Klimawandel und

Ökologie, Gewalt und kriegerische Konflikte, Flucht und Vertreibung sowie technologischer Wandel. Um die damit verbundenen Fragen und Aufgaben angemessen angehen zu können, braucht es nicht nur „akademisch kompetente", sondern darüber hinaus „akademisch gebildete" Menschen: Menschen, die in ihren jeweiligen Schlüsselpositionen kritische Fragen stellen und verantwortliche Entscheidungen treffen; Menschen, die Verunsicherung und Widersprüche aushalten; Menschen, die offen sind für Begegnung und die vielschichtige Beziehungen gestalten können; Menschen, die (zivil-)gesellschaftlich Verantwortung übernehmen und neue Wege der Kooperation und der Problemlösung suchen.

Vor diesem Hintergrund geht es in diesem Band um Suchbewegungen und Positionen, die in bildungstheoretischer und didaktischer Perspektive Freiräume eröffnen wollen, um Bildung an Hochschulen zu reaktivieren und um Hochschulbildung theoretisch wie didaktisch zeitgemäß zu reflektieren und zu konzipieren.

2 Inhaltliche Perspektiven

Bildung hat zu tun mit Perspektivenvielfalt. Diese spiegelt sich auch in den unterschiedlichen Beiträgen der elf an diesem Sammelband beteiligten Erziehungs- und Sozialwissenschaftler/-innen wider. Vielfalt ist dabei jedoch nicht zu verwechseln mit Beliebigkeit. Verbindlicher gemeinsamer Nenner bleibt die Orientierung an einem kritisch-reflexiven Bildungsbegriff und seiner existenziellen Bedeutung für die Gegenwart. Vor allem der Umgang mit Widersprüchen und das Aushalten von Ambivalenzen sowie die Dimension der Selbst- und Mitverantwortung ziehen sich als bildungstheoretisches und praktisches Desiderat wie ein roter Faden durch die Beiträge.

Neben der jeweils spezifischen Perspektive der einzelnen Beiträge lassen sich grundsätzlich zwei große Themenkreise unterscheiden:

Die ersten fünf Beiträge (*Ludwig A. Pongratz, Ursula Frost, Ulla Klingovsky, Astrid Messerschmidt und Eva Borst*) reflektieren die durch die Bologna-Reform entstandenen Hochschulrahmenbedingungen aus einer bildungstheoretisch orientierten Perspektive. Damit verbunden ist eine differenzierte und teilweise geradezu entlarvende Analyse und Kritik.

Die anschließenden sieben Beiträge (*Birgit Schaufler, Tilly Miller, Alfred Holzbrecher, Sebastian Lerch, Jutta Reich-Claassen und Margit Ostertag*) loten in unterschiedlicher Weise Möglichkeiten der Verortung und Entfaltung von (kritisch-reflexiver) Bildung im Kontext Hochschule aus. Der Fokus ist darauf ausgerichtet, in der Praxis der Hochschulbildung Freiräume für Bildungsprozesse zu entdecken und zu gestalten.

Die folgenden Kurzdarstellungen der einzelnen Beiträge geben einen komprimierten Überblick über den gesamten Band. Zur weiteren Orientierung für die Leser/-innen steht zudem am Beginn jedes Beitrags ein kurzes Abstract, das den jeweiligen Gedankengang knapp zusammenfasst.

Ludwig A. Pongratz beleuchtet die strukturellen Widersprüche von Bildungsreformen. Bezogen auf die aktuelle Hochschulentwicklung weist er ein Spannungsfeld zwischen Selbstvermarktung und Selbstverfügung aus. Für den Umgang mit diesen Widersprüchlichkeiten setzt er auf ein kritisches Bildungsverständnis, das Urteils-, Einbildungs- und Widerstandskraft umfasst.

Analyse und Kritik der Rahmenbedingungen heutigen Studierens sind auch Gegenstand der Überlegungen von *Ursula Frost*. Gegen die von ihr diagnostizierte Zerstückelung und Außensteuerung des Studiums macht sie sich stark für eine Reform der (Bologna-) Reform, um Hochschulbildung wieder mit sachlichen und humanen Ansprüchen, mit Widerständigkeit und Verantwortung in Verbindung zu bringen.

Anhand der Modularisierung von Studiengängen zeigt *Ulla Klingovsky* auf, wie in den durch die Bologna-Reform angestoßenen Veränderungsprozessen eine betriebsförmige Idee von Hochschule, entsprechende Steuerungs- und Kontrollansinnen sowie ein reduktionistischer Wissensbegriff wirksam werden. In Gegenposition dazu betont sie die Bedeutung pädagogischer Denk- und Handlungsformen für das gesellschaftliche (Selbst-) Verständnis von Hochschulen als Bildungsinstitutionen.

Astrid Messerschmidt fragt aus kritischer Perspektive nach dem Involviertsein von Studierenden und Lehrenden in institutionelle Machtdynamiken des Hochschulbetriebs, in denen sie vor dem Hintergrund eigener Erfolgserwartungen aktiv mitwirken. Diese Widersprüchlichkeit aufgreifend entwickelt sie ein kritisch-reflexives Bildungsverständnis und sensibilisiert für eine selbstkritische Praxis des Lehrens und Lernens an Hochschulen.

Unter Einbezug des Begriffs der Schwarmintelligenz setzt sich *Eva Borst* kritisch mit der Streuung des Wissens als Folge der Studienreform und neoliberaler Wirtschaftsweisen auseinander. Im Hinblick auf eine im Gegenentwurf dazu an den Menschenrechten und der Humanität orientierte (Hochschul-) Bildung hebt sie die Notwendigkeit kanonisierten Wissens und die Veränderung gesellschaftlicher Rahmenbedingungen hervor.

Birgit Schaufler setzt Haben und Sein als existenzielle Grundformen des Menschseins in Beziehung zu Kompetenzen und Bildung, verstanden als wesentliche Kategorien von Hochschulbildung, und zeigt deren notwendige Verschränkung auf. In dieser inneren Bezogenheit ist Hochschulbildung dann eingebettet in einen jeweils individuellen, lebenslangen Bildungsprozess.

Der Blick auf globale Mitverantwortung steht im Mittelpunkt des Beitrags von *Tilly Miller*. Mit Bezug auf den Begriff des Leben-Lernens beschreibt sie, wie Hochschulbildung durch geeignete Lern- und Entwicklungsräume dazu beizutragen kann, dass Lehrende wie Studierende – im Sinn von Weltbürgerschaft und im Bewusstsein von nicht auflösbaren Widersprüchen – das menschliche Zusammenleben verantwortlich mitgestalten.

Widersprüche und Ambivalenzerfahrungen als gesellschaftliche wie auch individuelle Herausforderung sind auch der Ausgangspunkt der Überlegungen von *Alfred Holzbrecher*. Vor dem Hintergrund einer subjektorientierten Hochschulbildung entwirft er hochschulische Bildungspraxis als Möglichkeit, Studierende darin zu begleiten, Befremdung, Verunsicherung und Kontingenz als Entwicklungsaufgabe und -chance zu begreifen.

Mit der Denkfigur der „Lücke" legt *Sebastian Lerch* den Fokus auf Widerständiges und Brüchiges. Die „Lücke" in der Hochschulbildung wahr- und ernst zu nehmen hat damit zu tun, innezuhalten und „gegen den Strich" zu denken. Auf Basis seiner theoretischen Überlegungen gibt er zugleich konkrete Anregungen zur didaktisch-methodischen Umsetzung.

Jutta Reich-Claassen greift mit der wissenschaftlichen Weiterbildung ein ganz eigenes Feld von Hochschulbildung auf. Sie untersucht das Spannungsfeld, das in der Verbindung von kritisch-reflexiver Bildung einerseits und berufsfeldbezogenen (Kompetenz-) Anforderungen andererseits entsteht. Die Aufgabe von Hochschulbildung sieht sie darin, diese Antinomie nicht aufzulösen, sondern vielmehr sie immer wieder neu mit allen Beteiligten zu reflektieren und zu verhandeln.

Mit der Dimension der Hochschuldidaktik ergänzt *Margit Ostertag* eine weitere wesentliche Facette von Hochschulbildung. Indem sie die Themenzentrierte Interaktion (TZI) nach Ruth Cohn mit der Pädagogik Paulo Freires verbindet, entwickelt sie Ansatzpunkte einer bildungstheoretisch begründeten Hochschuldidaktik. Bildungstheoretisch mit Paulo Freire fundiert, kann die TZI Hochschulbildung mit konkreten didaktischen Elementen anreichern.

In dem sich anschließenden Beitrag zeigt *Margit Ostertag* anhand eines Hochschulseminars beispielhaft auf, wie mit Hilfe von TZI Lehrveranstaltungen so geplant und gestaltet werden können, dass durch konkrete Erfahrungen von Selbst- und Mitverantwortung Bildungsprozesse angestoßen werden können.

Die verschiedenen Zugänge zum Thema Hochschulbildung, die in den einzelnen Beiträgen entwickelt werden, verbindet das gemeinsame Anliegen, das Profil von Hochschulen als Orte der Bildung (wieder) zu stärken – oder anders: Es geht in und mit diesem Band darum, sowohl im fachlichen als auch im gesellschaftlichen Diskurs bildungstheoretisch und bildungspolitisch Position zu beziehen.

Ludwig A. Pongratz
Selbstvermarktung und Selbstverfügung. Über die Widersprüche der Hochschulreform

Abstract: Die nachfolgenden Überlegungen rücken die strukturellen Widersprüche von Bildungsreformen ins Zentrum der Aufmerksamkeit. Sie verorten die Widersprüche der jüngsten Bildungsreformmaßnahmen im Spannungsfeld von Selbstvermarktung und Selbstverfügung. In der Kritik der Bildungsreform gewinnen zugleich die Umrisse eines aktualisierten kritischen Bildungsverständnisses Gestalt.

1 Im Rückspiegel: Die Bildungsreform der 1960er- und 1970er-Jahre

Kaum ein gesellschaftliches System steht dermaßen unter Reform- und Erwartungsdruck wie das Bildungssystem. Denn moderne Gesellschaften können ihre Reproduktion nicht dem Zufall überlassen. Vielmehr begleitet jeden neuen Reformschub im Bildungssystem das Versprechen, zukünftige Entwicklungen vorhersagbar und vernünftiger Planung zugänglich zu machen. Zugleich aber muss jede Reform mit unkalkulierbaren Effekten rechnen, die die intendierten Wirkungen durchkreuzen und neue Widerspruchslagen produzieren. Man kann dieses Dilemma nicht nur an der jüngsten Reform nach der Jahrtausendwende, sondern ebenso an ihrer Vorgängerreform studieren. Bereits Ende der 1960er-Jahre legte Koneffke (1969) dazu eine aufschlussreiche Analyse vor.

Koneffkes Untersuchung stellt die damaligen Reformmaßnahmen in einen weiten theoriegeschichtlichen und gesellschaftstheoretischen Horizont. Ansatzpunkt seiner Überlegungen ist die These, dass die bürgerliche Herrschaftsgesellschaft im Bildungswesen einen ihrer „verwundbarsten Punkte" (Koneffke 1969: 391) habe. In ihm komme ein Widerspruch zum Zug, der als „Widerspruch von Integration und Subversion" gefasst werden könne. Koneffke kommt zu dem Ergebnis, der Zweck der damaligen Reformmaßnahmen bestehe vor allem darin, „die wirtschaftliche Effizienz der Bildung" (Koneffke 1969: 407) zu steigern. Dem diene beispielsweise die „Pragmatisierung" (Koneffke 1969: 408) von Bildungsinhalten, die „Nivellierung und zugleich [...] funktionelle Steigerung" (Koneffke 1969: 408) von Schulleistungen, die Produktion einer „spezialisierten Intelligenz" (Koneffke 1969: 408) in Abhängigkeit vom jeweiligen Bedarf des Arbeitsmarktes. Gleichwohl insistiert Koneffke darauf, dass sich neben der ökonomischen Überformung ein anderer, gegenläufiger Impuls durchsetze: ein subversives, kritisches Moment, das der Bildung in der Moderne gleichsam eingeschrieben sei. Koneffkes Analyse versucht zu zeigen, wie dieser kritische Impetus zwar verdrängt oder verschoben, nicht jedoch stillgestellt werden kann.

Dies betrifft vor allem die institutionelle Seite des Reformprozesses. Während die Bildungsinhalte funktionalistisch zurechtgeschnitten und ihres kritischen Gehalts beraubt werden, kommt das Bildungswesen seiner institutionellen Form nach dem Anspruch umfassender Bildung immer näher: Eine ständig wachsende Zahl von Menschen wird einem organisierten Bildungsprozess unterworfen. „Die Gegensätze in der Reform stellen sich dann so dar, dass die einstweilen perfekteste Entleerung des Bildungsprozesses in Formen sich vollziehen muss, die sich mit dem alten Gedanken einer erzieherischen Ermächtigung aller Menschen zur Freiheit verbinden." (Koneffke 1969: 412)

Die Reformprozesse der 1960er-Jahre gewinnen so gesehen ihren markantesten Ausdruck in der Zerrissenheit, mit der Form und Inhalt der Bildung historisch auseinander treten. War zu Beginn der Neuzeit die beschränkte Form nicht zureichend, um dem universellen Bildungsanspruch Raum zu schaffen, so stornieren spätere Reformen die Möglichkeit umfassender Bildung über die Ausdünnung der Inhalte. Die entsprechenden Konsequenzen liegen auf der Hand: Mehr denn je geht es für Koneffke darum, die inhaltliche Seite des Bildungsprozesses aus ihrer Erstarrung zu lösen, Bildung in unverkrüppelter Gestalt zur Wirkung kommen zu lassen, indem den Menschen „ein Licht aufgesteckt wird" (Koneffke 1969: 419).

Die Bedingungen scheinen Koneffke Ende der 1960er-Jahre dafür durchaus günstig, denn die von der damaligen Reform eingeforderte Mobilität und Beweglichkeit von Arbeitskräften führe zu einer „Aufwertung des potentiell selbständigen Faktors" (Koneffke 1969: 421). Das gleiche System, das die Gefahr eines „postliterarischen Analphabetentums" (Koneffke 1969: 420) heraufbeschwöre, kultiviere andererseits die „unerlässlichen Voraussetzungen einer reflektierten Distanzierung vom System" (Koneffke 1969: 423). Daraus folge zwar keine historische Notwendigkeit, mit dem System zu brechen, doch dränge sich zumindest eine historische Möglichkeit auf, die ergriffen sein will. Und nur wenn sie ergriffen wird, könnte das zum Zuge kommen, worum sich Koneffkes Analyse im Kern dreht: die „Wiederherstellung der subversiven Funktion, die das Bildungswesen als bürgerliches von Anfang an hatte" (Koneffke 1969: 414).

2 Schöne Aussichten: Reformperspektiven nach der Jahrtausendwende

Blickt man im Kontext der aktuellen Reformdebatten auf diese inzwischen fast 40 Jahre alte Analyse zurück, so zeigt sich zunächst die Kontinuität der Begründungsmuster, auf die die (ansonsten differenten) Reformprozesse Bezug nehmen: Da findet sich die bereits erwähnte und immer wieder beschworene „Mobilität", die erhöht werden müsse. Da taucht ein funktionalistischer Begabungsbegriff auf (vgl. Koneffke 1969: 405), der damals Begabungsreserven ‚mobilisieren' sollte, während er heute dazu dient, ‚Eliten' zu selegieren. Da findet sich der Verweis auf transnationale Rahmenbedingungen, der damals den europäischen Integrationsprozess in den Blick rückte und heute globale Ausmaße angenommen hat. Und schließlich fällt die „offene ökonomische Argumentation" (Koneffke 1969: 401) ins Auge, die heute offensichtlich bereits so weit ins Alltagsbewusstsein eingewandert ist, dass Begriffe wie Lehrimport und -export oder Credit-Points niemanden mehr zu irritieren scheinen.

Damals wie heute ging es um die effiziente Produktion „von Wissen und wirtschaftlich verfügbarer Intelligenz" (Koneffke 1969: 393), auch wenn der Begriff der „Wissensgesellschaft" noch nicht erfunden war. Und damals wie heute diente das amerikanische Modell als Kopiervorlage, um die Reformmaßnahmen einzuordnen. Seine zentralen Elemente umreißt Koneffke wie folgt:

> Bezeichnend [...] ist [...] die Orientierung des Lehrplans an den individuellen Neigungen und Fähigkeiten der Schüler sowie der pragmatische Habitus der Unterrichtsarbeit. Die Schullaufbahn ist gekennzeichnet durch eine von Stufe zu Stufe zunehmende Wahlfreiheit von Fächern, Kursen und Schwierigkeitsgraden. Damit verliert die in Europa geläufige Klassengemeinschaft der Schüler ihre Funktion; die individuellen Lehr- und Stundenpläne und die Kursusgruppen treten an ihre Stelle. Der Bezugspunkt der Leistungsbewertung ist nicht die Klasse, in der man „sitzen bleibt" oder mit der man aufsteigt, sondern der Fachkursus, den man erfolgreich absolviert oder wiederholt. Die Leistungsmessung tendiert zu nationaler Vereinheitlichung durch Einführung objektiver Maßstäbe. Die Unterrichtsinhalte orientieren sich weitgehend am unmittelbaren gesellschaftlichen Bedürfnis. (Koneffke 1969: 399)

Gleichwohl zeigen sich im historischen Vergleich auch gravierende Unterschiede. Sie kommen in der grundlegenden Umstellung der Steuerungslogik von Bildungsprozessen zum Ausdruck, die sich nicht mehr an den Ressourcen orientiert, die dem System zur Verfügung gestellt werden, sondern an seinen vorzeigbaren Leistungen. Mit dem Übergang von der Input- zur Outputsteuerung verschiebt sich die Aufmerksamkeitsrichtung: von staatlichen Interventionen zu Bildungsmärkten, vom Gleichheitspostulat zu Exzellenzgesichtspunkten, von der Quantität von Bildungsabschlüssen zum Qualitätsmanagement, von der Expansion des Bildungssektors zur Verknappung von Ressourcen.

Vor allem aber zeigt sich der Unterschied in einem gewandelten Verhältnis von Form und Inhalt des Bildungsprozesses. Die von Koneffke diagnostizierte Bruchlinie zwischen dem „progressiven Gehalt organisatorischer Formen" (Koneffke 1969: 417) und der inhaltlichen „Verkehrung der Bildung in Unbildung" (Koneffke 1969: 409) gewinnt an Komplexität, erscheint gleichsam in sich selbst gebrochen. Einerseits kündigen die aktuellen Reformmaßnahmen das einheitsstiftende Moment der Vorgängerreform auf: Statt eines Einheitsschulsystems werden nun vielfältige Spezialeinrichtungen – von Elite-Universitäten bis zu privaten Schulgründungen – propagiert. Andererseits aber findet sich diese Vielfalt von Formen zusammengeschlossen in einem neuen, umfassenden Kontrollregime, das das gesamte Leben der Menschen ergreift: im System des lebenslangen Lernens (vgl. Pongratz 2007). Mit ihm soll es möglich werden, die Klippen vorausgegangener Reformen zu umschiffen.

Weder soll es zu einer ‚Überfüllungskrise' weiterführender Bildungseinrichtungen kommen noch zu einer Entwertung des kulturellen Kapitals, das die höheren Bildungsabschlüsse repräsentieren. Die Quadratur des Kreises, die die neueste Bildungsreform zu lösen vorgibt, besteht gerade darin, das Bildungssystem für neue Formen der Aufstiegsqualifizierung zu öffnen, ohne seine Selektionsfunktion infrage zu stellen. Öffnung und verschärfte Selektivität sollen ebenso ineinander greifen wie erhöhte Flexibilität und Hierarchisierung der Bildungsabschlüsse. Die gesellschaftlichen Kategorien von ‚oben und unten' bleiben erhalten, nur sollen Aufstieg und Absturz nun rascher aufeinanderfolgen können. Alles soll also anders werden – und alles soll so bleiben, wie es ist.

Aus der Fülle der vorgehaltenen Maßnahmen lässt sich eine Doppelstrategie herausdestillieren: Auf der einen Seite werden die Menschen ökonomisch mehr denn je unter Zugzwang gesetzt, ihre Haut zu Markte zu tragen. Andererseits werden sie moralisch zugerüstet, sich für die Ausschöpfung ihrer Potentiale mitverantwortlich zu fühlen, die Umverteilung von Finanzierungslasten mitzutragen und einen „verschwenderischen Umgang mit Lern- und Arbeitszeit" (vbw 2004: 25) zu bekämpfen. Die Faustformel für diesen intensivierten Zugriff auf die Lernfähigkeit findet sich in einer von Dieter Lenzen maßgeblich mitinitiierten programmatischen Expertise der Vereinigung der bayerischen Wirtschaft (vbw). Sie lautet: „Verfrühung, Verdichtung und Verstetigung" (vbw 2003: 125). Ebenso gut ließe sich auch von Integration, Verwertung und Gleichschaltung sprechen. Denn was immer in den Lernprozess Eingang findet, muss sich bildungsökonomisch ausweisen. Es erhält seine Bedeutsamkeit einzig durch „eine konsequente Arbeits- und Berufsorientierung des Lernens" (vbw 2003: 27).

Diese Arbeits- und Berufsorientierung steckt den Horizont der aktuellen Reformmaßnahmen ab. Es sind vor allem zwei Prinzipien, die dabei zum Tragen kommen: Modularisierung und Individualisierung. Die Lösung, die älteren Reformmodellen vorschwebte, um Konformität und Spezialisierung, gesellschaftliche Integration und individuellen Wettbewerb auszutarieren – nämlich der Rückgriff auf ein Kern-Kurs-System –, reicht längst nicht mehr aus. Gefragt ist der „flexible Ein-, Auf- und Umstieg im System" (vbw 2004: 15). Nur den Jüngsten wird noch zugestanden, „in stabilen Stammgruppen zu lernen" (vbw 2004: 104). Alle anderen sollen von früh auf lernen, in projektorientierten Teams ihr unternehmerisches Denken und Handeln zu entwickeln. Lerngruppen werden daher entsprechend altersheterogen, aber voraussetzungshomogen zusammengesetzt. Folgt man dem programmatischen Entwurf der vbw, so soll es stabile Stammgruppen jenseits der Primarstufe nur dann noch geben, „wenn dies über weitestgehend gemeinsame Curricula erforderlich ist" (vbw 2003: 196). Gemeinsame Curricula aber bilden die Ausnahme, nicht die Regel, denn das Prinzip der Modularisierung soll völlig differente Lernwege eröffnen. Mit ihm soll es möglich werden, auch „separate Teilqualifikationen zu erwerben, die in einer gegebenen Situation funktional für den Erhalt der Wettbewerbsfähigkeit bzw. für den Betrieb sind" (vbw 2003: 223).

3 Selbstvermarktung: Bildung als Ware

Damit ist der Rahmen abgesteckt, in dem das Verhältnis von Schul- bzw. Hochschulsystem und Wirtschaftssystem neu justiert werden soll. Die Ökonomisierung der Bildung zielt nicht einfach auf eine Auflösung der Systemgrenzen, sondern auf die Übertragung betriebswirtschaftlicher Organisations- und Steuerungsformen in systemfremde Bereiche. Bildungseinrichtungen und Wirtschaft sollen dadurch so aufeinander abgestimmt werden, „dass in beiden Systemen gleichermaßen ökonomische Kalküle die wesentliche handlungsorientierte Größe darstellen" (Hoffacker 2001: 3). So gesehen ist die Rede von der Ökonomisierung der Bildung dahingehend zu präzisieren, dass es sich um eine ‚Verbetriebswirtschaftlichung' handelt, durch die die Logik der Verwertung unmittelbarer als je zuvor im Bildungsbereich zur Anwendung gebracht werden soll.

Dass das öffentliche Bildungswesen immer der Reproduktion der Gesellschaft diente und insofern im Rahmen eines ökonomischen Kalküls operierte, ist nicht neu. Neu aber ist, dass die Eigenlogik von Bildungsprozessen dem betriebswirtschaftlichen Kalkül nun unmittelbar unterstellt werden soll. Und dies, obwohl der Erfolgsnachweis der neuen Managementtechniken weiterhin aussteht: Die Behauptung, dass Wettbewerb Schulen verbessere, lässt sich empirisch nicht bestätigen (vgl. Weiß 2003: 219; Klausenitzer 2004: 151). Doch hält dies zahlreiche Zeitgenossen nicht davon ab, die angeblich fälligen Konsequenzen bereits jetzt zu ziehen. Schulen und Hochschulen sollen den Charakter von Service-Agenturen annehmen, die unterschiedliche Märkte mit unterschiedlichen Kundenstämmen bedienen. Dies setzt natürlich voraus, dass die Kunden sich als Kunden und die Anbieter sich als Anbieter begreifen lernen. Dem dienen besondere Lehrangebote, die praktisch alle Schulen und Hochschulen in ihr Standardprogramm integrieren: Rhetorik- und Selbstdarstellungskurse, Präsentations- und Moderationsverfahren, Soft-Skill-Techniken und Bewerbungstrainings. Am intensivsten aber wirkt der stumme Zwang der Verhältnisse selbst: durch die Verkürzung und Straffung von Studienzeiten, durch die Vervielfachung und Verstetigung von Prüfungen, durch die Einführung von Studiengebühren oder das Ausloben von Studienpreisen.

Der Umbau von Hochschulen zu Service-Agenturen mit einem qualifizierten Warenangebot findet vor allem in der Modularisierung von Studiengängen seinen Niederschlag. An die Stelle von Studiengängen, die sich an der Struktur einer Disziplin orientieren, treten nun Studienprogramme, die den Anspruch erheben, Studienzeit und Studienbelastung objektivieren zu können. Module fungieren demnach als Tauschobjekte bzw. käufliche (Bildungs-)Waren, die von Kunden geordert werden können. Modularisierte Studiengänge (oder Lehrgänge) entsprechen einem bestimmten Warensortiment, wobei den Käufern bestimmte Wahlmöglichkeiten eingeräumt werden (beispielsweise wann sie welche Module erwerben wollen). Die Flexibilität des ‚Einkaufs' von Modulen hält sich dabei in (von Studienordnungen) abgesteckten Grenzen. Die Module selbst gewinnen den Charakter präparierter Warenpakete, die unterschiedliche Ingredienzien enthalten können (Fertiggerichten vergleichbar, die unterschiedliche Nahrungsmittel zu einem Standardgericht kombinieren). „So kann ein Modul als eine Einheit aus Lehrstoff, Unterrichtsmethoden und Evaluationsmethoden aufgefasst werden, die gemeinsam zu einem bestimmten Set von Wissen, Fertigkeiten und Haltungen beitragen müssen. Diese ‚Pakete' lassen sich miteinander verkoppeln und können dem Studenten als Bausteine angeboten werden, sodass dieser [...] in sich selbst investieren kann." (Masschelein/Simons 2005: 75 f.)

Allerdings teilen die Anbieter solcher Module (also Schulen und Hochschulen) die Grundsituation aller Konkurrenten des Bildungsmarkts: nämlich das Risiko, auf ihren Modulen als ‚Ladenhütern' möglicherweise sitzen zu bleiben, wenn sich nicht genügend Käufer finden. Andererseits treibt sie die Aussicht auf Gewinn (denn Module sind ihrer eigenen Logik nach privatwirtschaftlich produzierte, vermarktbare Bildungsgüter). Entsprechend müssen sich Bildungseinrichtungen auf dem Markt positionieren, ein Werbe-Image entwickeln (am besten mit eigenem, geschütztem Warenzeichen).

Dabei könnte es Bildungseinrichtungen als Anbietern von Bildungsgütern im Prinzip gleichgültig sein, was ihre ‚Kunden' damit anfangen – Hauptsache, sie zahlen pünktlich den geforderten Preis (etwa in Form von Schulgeldern oder Studiengebühren). Doch machen Bildungsinstitutionen gewöhnlich ein doppeltes Angebot: Sie stellen nicht nur Bildungsgüter zur Verfügung, sondern arrangieren auch Lernumgebungen für deren individuelle Aneignung.

Bildungseinrichtungen sind unter unternehmerischen Gesichtspunkten also nicht nur Verkaufsagenturen von ‚Bildung', sondern zugleich auch Produktionsstätten von Kompetenzen. Schüler und Studierende kommen in dieser Perspektive nicht allein als Konsumenten von Bildungsangeboten, sondern zugleich als ‚Markenartikel' von Bildungsunternehmen in den Blick. Sie besetzen als Kunden und High-End-Produkte ein und derselben Einrichtung eine Doppelposition, die sich nicht bruchlos ineinanderfügt. Während Hochschulen als Bildungs-Discounter an einem langfristigen Kundenverhältnis interessiert sein müssten, erscheinen ihnen als Produktionsstätten von Kompetenzen lange Studienzeiten von Übel. Je kürzer der Produktionsprozess (unter Wahrung festgelegter Standards) organisiert werden kann, umso besser. In gewissem Sinn, so Lutz Koch, werden unter Rationalisierungsgesichtspunkten Studierende zu personae non gratae, „die umso lieber gesehen werden, je schneller sie wieder verschwinden. Am liebsten sähe man diejenigen, die mit der Immatrikulationsurkunde zugleich ihre Examensurkunde in Empfang nehmen. Das ist bekanntlich nicht möglich, stellt aber den Limes dar, dem sich der Prozess anzunähern strebt." (Koch 2004: 41)

Dies setzt natürlich voraus, dass Bildung produziert werden kann, und zwar nach einer Logik und mit Steuerungsinstrumenten, die sich an betriebswirtschaftlichen Prozessverläufen orientieren. Die Optimierung der Bildungsproduktion bedient sich aller im Unternehmensbereich üblichen Rationalisierungs- und Kontrollverfahren (Eingangskontrollen, Indikatoren- bzw. Kennziffernsysteme, permanente

Fertigungskontrollen, Endabnahme und anschließende Vermarktung). Es versteht sich von selbst, dass Bildungseinrichtungen die Selektion der ‚Rohprodukte', die Eingang in ihren Produktionsprozess finden sollen, nun in die eigene Hand nehmen müssen. Auswahlgespräche und Assessments werden ebenso zur Regel wie sogenannte Portfolios, die einen Gesamtüberblick über alles Wissen, alle Kompetenzen und Einstellungen anstreben, an denen sich die ‚Qualität' des Produkts bemessen lassen soll.

Das heimliche Ideal, das durch alle Modularisierungs-, Qualitäts- und Kompetenztheoreme hindurch scheint, ist der sich selbst organisierende, hoch flexible Robinson, der gelernt hat, auf dem stürmischen Ozean der Weltmärkte seinen eigenen Untergang zu überstehen. Ob als Selbst-Unternehmer oder Ich-AG: Der zeitgenössische Robinson lässt ein altes Leitmotiv bürgerlicher Existenz wieder anklingen, nämlich die Idee der Selbsterhaltung bzw. Selbststeigerung. Doch ist der Erfolg weniger denn je gewiss. Seine Unvorhersagbarkeit kompensieren Bildungsinstitutionen gemeinhin mit Glücksversprechen: ‚Wir bringen dich nach vorne! Wir gehören zur Spitze! Wir sind die beste Versicherung gegen das Risiko des Scheiterns!'

4 Selbstverfügung: Bildung als Unterbrechung

Das Versprechen der Bildungsreform lautet: kostengünstige, qualitativ hochwertige Produktion von Bildung. Dennoch steckt ein Fehler in der Rechnung. Denn die Gewissheit, mit der Schüler und Studierende zu High-End-Produkten entwickelt werden sollen, existiert nicht. Bereits seit Beginn des 20. Jahrhunderts wissen wir aus empirischen Untersuchungen, dass die bildende Wirkung von Institutionen in erster Linie nicht in den organisatorischen Bedingungen – noch nicht einmal im Wissen von Lehrern – zu suchen ist, sondern dass die ‚nature of teaching' den entscheidenden Unterschied macht (vgl. Gonon 2003: 294; Wayne/Youngs 2006). Offensichtlich bleibt Bildung an Face-to-Face-Interaktionen und singuläre, situative Kontexte gebunden. Dies macht es unmöglich, die Ressourcenwirksamkeit von Bildungsinvestitionen hinreichend zu bestimmen. Eine Meta-Analyse von 377 Studien zur ‚Produktions-Funktions-Schätzung', die Hanushek 1997 vorlegte (vgl. Hanushek 1997; Radtke 2003: 298), führte zu dem ernüchternden Ergebnis, dass sich eine konsistente Beziehung zwischen „variations in school resources and student performance" nicht finden ließ. Die irritierten Forscher schlossen messerscharf, dass nicht sein kann, was nicht sein darf – und kamen zur Vermutung, irgendwelche Variablen oder Variablen-Konstellationen übersehen zu haben. Viel näher aber liegt der Schluss, dass das, was übersehen wurde, nicht zu sehen ist: nämlich das unveräußerliche Moment subjektiver Selbstkonstitution, die Reflexivität des Subjekts.

In klassischer Terminologie ließe sich auch sagen: Jeder Bildungsprozess bedarf der reflektierenden Urteilskraft, einer spekulativen Leistung von Subjekten also, die selbst nicht wieder funktionalisierbar ist (vgl. Pongratz 2003: 37 f; Fuchs/Schönherr 2007). Bildungsprozesse, die ihren Umweg über die reflektierende Urteilskraft von Subjekten nehmen, gelten zu Recht als langwierig, instabil und unsicher. Gleichwohl kommen Schulen und Hochschulen um diese Klippe nicht herum. Es ist so gesehen das sich bildende Subjekt selbst, das den Bildungsökonomen und Reformstrategen in die Quere kommt. Damit es sich dennoch in die Rolle fügt, die ihm zugedacht ist, muss es gefügig gemacht werden. Dies geschieht mal mit sanfter Überredung, freundlichem Zuspruch oder Versprechungen, mal mit Zwang. Die Überredung bedient sich des tradierten Vokabulars pädagogischer Reformen: Die alten rhetorischen Figuren der Wende zum 20. Jahrhundert werden neu aufpoliert und als ‚neue Lernkultur' oder ‚humanes Lernen' noch einmal unters Volk gebracht (vgl. Pongratz 2009: 171 ff.; Schirlbauer 1996: 11 ff.; Schirlbauer 1996: 105 ff.). Zwar erweist sich das humanistische Flair bei genauerem Hinsehen als Mogelpackung, doch entfaltet es damals wie heute eine suggestive Wirkung. Wer dennoch zweifelt, den bestraft das Leben. Denn die aktuelle Reform entfaltet einen unnachgiebigen Druck, um Theorie und Praxis an die Kette zu legen. Bildungstheorie soll sich als Kompetenztheorie bescheiden, Pädagogik soll sich auf empirische Bildungsforschung fixieren und Selbstvermarktung soll sich als zeitgemäße, alternativlose Form der Selbstverfügung erweisen. Doch will es nicht gelingen, Selbstvermarktung und Selbstverfügung über einen Leisten zu schlagen. Die immer neu aufbrechenden Differenzen widersetzen sich gängigen Vereinnahmungsstrategien. Kritische Bildung setzt auf Reflexivität und Spontaneität, auf Einbildungs- und Widerstandskraft; ihr kürzeste Name lautet: Unterbrechung (vgl. Pongratz 2013).

5 Sackgasse: Die Digitalisierung der Bildung

Dies hält die Marktführer und Strategen im Bildungssektor allerdings nicht davon ab, unbeirrbar ihr Programm der Kommerzialisierung von Bildung in Form eines kontrollierbaren, geschlossenen Systems von Lernschritten mit Rückkopplungsschleifen zu propagieren. ‚big data' – komplexe Technologien zum Sammeln und Auswerten riesiger Datenmengen – veranlassen Protagonisten des Bertelsmann-Konzerns, eine „digitale Bildungsrevolution" (vgl. Dräger/Müller-Eiselt 2015) auszurufen. Die neueste Version der ‚brave new digital world' geht davon aus, dass alle Schulkinder in absehbarer Zeit „nicht nur Smartphones haben, sondern regelmäßig verschiedene Lese- und Überwachungsgeräte nutzen, die mit Such-, Lokalisierungs- und Aufzeichnungsfunktionen etc. ausgerüstet sind und komplette Verhaltensprofile inner- und außerhalb des Unterrichts liefern können. Diese Gerätschaften und Programme können dann von klein auf zur Verhaltenssteuerung eingesetzt werden." (Radtke 2015: 622)

Komplexe Algorithmen sollen es möglich machen, individuelle Lernpakete, deren Inhalt und Tempo sich fortlaufend anpassen lassen, für jeden Schüler zu schnüren.

Man kann dies durchaus als „Revival des Skinnerschen Behaviorismus und des programmierten Lernens" (Lankau 2015: 1) lesen, allerdings auf technologisch fortgeschrittenem Niveau. Doch sollte man den Fehlschluss vermeiden, es ginge dabei lediglich ums Lernen. Ähnlich wie bereits Skinners Programm sich als umfassende Kontrolltechnik präsentierte, erweisen sich E-Learning oder Mobile-Learning als ‚Tracking'-Strategien, die alle Aktivitäten im Netz als ‚Spuren' registrieren und speichern, um sie zu einem ‚digitalen Ich' zu verdichten. Dieses ‚digitale Ich' ist gewissermaßen die Öse, in die sich Vermarktungsinteressen einklinken können. „Es geht in erster Linie nicht darum, dass irgendjemand irgendetwas lernt, sondern es geht um den Aufbau von Märkten für die Digitalisierung, Privatisierung und Kommerzialisierung von Schulungs- und Lehrangeboten. Nicht Bildung ist das Ziel, sondern die Etablierung von Bildungsmärkten für private, digitale Angebote." (Lankau 2015: 9)

Um den Widerstand gegen diese neueste Variante einer ‚technology of human behavior' möglichst gering zu halten, kommt ihr eine spezifische Regierungstechnik zu Hilfe, die als ‚strategic policy-design' (vgl. Radtke 2015: 621) bezeichnet wird. Sie soll Menschen einen ‚nudge' (also einen ‚Schubs') geben, das zu wollen, was sie sollen. Man kann das beispielsweise durch eine bestimmte ‚choice architecture' erreichen, indem man Klienten oder Konsumenten Fragen so stellt, „dass diese die von der Regierung bzw. den Anbietern von Waren gewünschten Antworten geben" (Radtke 2015: 619). Man kann dies aber auch durch ‚peer pressure' erreichen, indem man ‚rankings' von Organisationen oder ganzen Ländern erstellt, die dann als „Suboptimalitätsdiagnosen" (Radtke 2015: 620) gelesen werden. In dieser Weise fungieren etwa die PISA-Tests, die vom neu entstandenen, weltweit operierenden Unternehmen Pearson Education inzwischen in 60 Ländern durchgeführt werden.

Unternehmen wie Pearson Education rechnen mit großen Gewinnen, doch rechnen sie scheinbar nicht mit den Grenzen der Digitalisierung von Bildung. Denn „kein Mensch lernt digital" (Lankau 2015: 9). Oder genauer: Man kann beim Lernen zwar digitale Medien zu Hilfe nehmen, der Bildungsprozess selbst aber bleibt ein selbstreflexives Geschehen, das sich technologischer Steuerung entzieht. Gerade deshalb gewinnt das ‚strategic policy-design' zunehmend an Gewicht. Es trägt dazu bei, mithilfe manipulativer Techniken genau die Momente im Bildungsprozess stillzustellen, die der Steuerungsabsicht widerstreiten.

6 Kritische Bildung: Urteilskraft – Einbildungskraft – Widerstandskraft

So gesehen kann man an den aktuellen ‚Technologien der Menschenführung' gewissermaßen ex negativo ablesen, worum es im Bildungsprozess geht. Bildung gewinnt ihre inspirierende Kraft nicht aus irgendwelchen überzeitlichen Bildungsidealen, sondern aus den dynamischen Widerspruchslagen der jeweiligen gesellschaftlichen

Situation. Bildung wird produktiv, indem sie den Widerspruch von zugemuteter Selbstvermarktung und eingeforderter Selbstverfügung aufnimmt und auszutragen versucht. Es sind vor allem drei Dimensionen, die kritischer Bildung Kontur verleihen.

Zum einen: Kritische Bildung lebt aus der Kraft zur Unterscheidung, aus der Fähigkeit, Differenzen und Risse sichtbar zu machen, aus dem Vermögen, an Phänomenen mehr wahrzunehmen als die pure Identität von Begriff und Sache.

Zum zweiten: Kritische Bildung folgt einer öffnenden Suchbewegung, die ohne soziale Imagination, ohne ästhetische Sensibilität und Einbildungskraft nicht zu haben ist. Kritische Bildung macht ‚sehend'; sie ist der „Schlüssel zu einem Tor, das sonst in der Einförmigkeit der Mauer nicht einmal sichtbar wäre" (Koneffke 1981: 180).

Zum dritten: Kritische Bildung lebt aus einer differenzierten, reichhaltigen Erfahrung. Sie erschöpft sich nicht in der emsigen Registratur sogenannter Fakten oder Daten, sondern gibt den Blick frei. Sie vermittelt Erfahrung und Reflexion in einer transzendierenden Bewegung. In dieser Bewegung treibt sie das Denken über sich hinaus (vgl. Pongratz 2010: 130). Ihrem innersten Impuls nach fordert sie dazu auf, an Grenzen zu gehen, an den Grenzen zu sein, dort also, wo die Einbrüche bedrohlich, die Aufbrüche möglich und die Einsichten nötig sind. Der Widerstand gegen die Zwangsprivatisierung der Welt formiert sich inzwischen global: „Education is not for sale!"[1]

Literatur

Dräger, Jörg; Müller-Eiselt, Ralph (2015): *Die digitale Bildungsrevolution. Der radikale Wandel des Lernens und wie wir ihn gestalten können.* München.
Education not for sale. URL: http://educationnotforsale.org/ (letzter Aufruf: 05.01.2016).
Fuchs, Brigitta; Schönherr, Christian (Hrsg.) (2007): *Pädagogische Urteilskraft.* Würzburg.
Gonon, Philipp (2003): Erziehung als Managementproblem: Bildungsinstitutionen zwischen Charisma und Taylorismus. In: Mangold, Max; Oelkers, Jürgen (Hrsg.): *Demokratie, Bildung und Markt.* Bern, S. 281–301.
Hanushek, Eric A. (1997): Assessing the Effects of School Resources on Student Performance: An Update. In: *Educational Evaluation and Policy Analysis* 2/1997, S. 141–164.
Hoffacker, Werner (2001): Reform oder Systemänderung. URL: http://www.forschung-und-lehre.de/archiv/08-01/hoffacker.html (letzter Aufruf: 05.01.2016).
Klausenitzer, Jürgen (2004): Thesen zur Rationalisierung und Privatisierung im Bildungsbereich. In: Huffschmid, Jörg; Attac (Hrsg): *Die Privatisierung der Welt.* Hamburg, S. 140–157.
Koch, Lutz (2004): Normative Empirie. In: Heitger, Marian u. a.: *Kritik der Evaluation von Schulen und Universitäten.* Würzburg, S. 39–55.
Koneffke, Gernot (1969): Integration und Subversion. Zur Funktion des Bildungswesens in der spätkapitalistischen Gesellschaft. In: *Das Argument,* 54/1969, S. 389–430.

---

1 URL: http://educationnotforsale.org/ (letzter Aufruf: 05.01.2016).

Koneffke, Gernot (1981): Überleben durch Bildung. Zur Neufassung des Bildungsbegriffs bei H.-J. Heydorn. In: *Das Argument, Sonderband* 58/1981, S. 163–194.
Lankau, Ralf (2015): *Gegen die Ökonomisierung des Bildungswesens. Digitalisierung als De-Humanisierung.* URL: http://futur-iii.de/wp-content/uploads/sites/6/2015/11/lankau_digitaldehuman.pdf (letzter Aufruf: 05.01.2016).
Masschelein, Jan; Simons, Maarten (2005): *Globale Immunität.* Zürich, Berlin.
Pongratz, Ludwig A. (2003): *Zeitgeistsurfer.* Weinheim.
Pongratz, Ludwig A. (2007): Sammeln Sie Punkte? Notizen zum Regime des lebenslangen Lernens. In: *Hessische Blätter für Volksbildung* 1/2007, S. 5–18.
Pongratz, Ludwig A. (2009): *Untiefen im Mainstream. Zur Kritik konstruktivistisch-systemtheoretischer Pädagogik.* Paderborn.
Pongratz, Ludwig A. (2010): *Sackgassen der Bildung. Pädagogik anders denken.* Paderborn.
Pongratz, Ludwig A. (2013): *Unterbrechung. Studien zur kritischen Bildungstheorie.* Opladen.
Radtke, Frank-Olaf (2003): Die Erziehungswissenschaft der OECD. Aussichten auf die neue Performanz-Kultur. In: Nittel, Dieter; Seitter, Wolfgang (Hrsg.): *Die Bildung des Erwachsenen.* Bielefeld, S. 277–304.
Radtke, Frank-Olaf (2015): Erziehungsmacht Ökonomik. In: *Pädagogische Rundschau* 6/2015, S. 611–628.
Schirlbauer, Alfred (1996): *Im Schatten des pädagogischen Eros.* Wien.
vbw (Vereinigung der Bayerischen Wirtschaft) (Hrsg.) (2003): *Bildung neu denken! Band 1 (Das Zukunftsprojekt).* Opladen.
vbw (Vereinigung der Bayerischen Wirtschaft) (Hrsg.) (2004): *Bildung neu denken! Band 2 (Das Finanzkonzept).* Opladen.
Wayne, Andrew J.; Youngs, Peter (2006): Die Art der Ausbildung von Lehrern und die Lerngewinne der Schüler. Eine Übersicht über aktuelle empirische Forschung. In: *Zeitschrift für Pädagogik.* 51. Beiheft/2006, Weinheim, Basel, S. 71–96.
Weiß, Manfred (2003): Bildungsökonomie in den 90er Jahren. In: Mangold, Max; Oelkers, Jürgen (Hrsg.): *Demokratie, Bildung und Markt.* Bern, S. 209–230.

Ursula Frost
Bildung – Widerständigkeit und (Mit-)Verantwortung. Reflexionen zur Wirkung von Rahmenbedingungen heutigen Studierens

Abstract: Der folgende Artikel wendet sich der Frage zu, ob wesentliche Ansprüche eines angemessenen Bildungsverständnisses durch gegenwärtige Bildungspolitik unterstützt oder eher verhindert werden. Dabei zeigt sich: Die Rahmenbedingungen heutigen Studierens engen sowohl die Möglichkeit wissenschaftlicher Auseinandersetzung als auch persönlicher Bildung unnötig ein. Die Folgen der Bologna-Reform laufen auf Zerstückelung und Außensteuerung des Studiums hinaus, was einer Verbindung von Wissenschaft und Bildung diametral entgegensteht. Eine Reform der Reform hätte sich auf die Bekämpfung von Gegenaufklärung und Dehumanisierung einzulassen. Statt Anpassung an Steuerungsprozesse rücken in der Perspektive von Bildung Widerständigkeit der Sachen und Verantwortung von Personen in den Mittelpunkt.

1 Einleitung

Bildung durch Wissenschaft zu begründen und Wissenschaft an Bildung zu binden, ist ein anspruchsvolles Projekt des aufgeklärten Humanismus, das durch die Entwicklung von Jahrhunderten entstanden ist. Spätestens seitdem Griechen im 5. Jahrhundert v. Chr. Wissenschaft in Philosophenschulen trieben, wird Bildung an Wissenschaft gebunden. Das bedeutet, dass die Formung der Menschen nicht mehr allein der Tradition und den bestehenden Autoritäten und Machtverhältnissen folgt, sondern als Ergebnis einer Auseinandersetzung mit Wissen bzw. Wissenschaft erst hervortreten kann. *Die Bindung der Bildung an Wissenschaft steht im Zeichen der Aufklärung.* Weil Letztere aber sich auch gegen sich selbst verkehren kann, bedarf sie grundsätzlich einer kritischen Revision. Dass Wissenschaft ihrerseits nicht nur ihren eigenen Gesetzen und den jeweils an sie herantretenden gesellschaftlichen Anforderungen folgt, sondern dem Verständnis und der Gestaltung des Menschseins im Einzeldasein und in der Gemeinschaft dient, ist ein emanzipatorischer Gedanke im antiken, christlichen und modernen Humanismus und umgekehrt Grundlage ihrer Bindung an Bildung. *Die Bindung der Wissenschaft an Bildung entspricht der Einsicht in die Ambivalenz ihrer Wirkungen und bedeutet ihre Verpflichtung auf humane Maßstäbe.*

Eine gegenseitig verpflichtende Verbindung von Wissenschaft und Bildung geht über kurzsichtige Perspektiven des Erwerbs und der Nutzung von Wissen in je unmittelbaren Interessen hinaus und zielt auf ein angemessenes Verstehen und Gestalten menschlichen in der Welt Seins.[1] In dieser Verbindung spielt es eine Rolle, dass sowohl die Grundlagen unserer natürlichen Lebensräume als auch die humane Existenz grundsätzlich und je sehr konkret auf dem Spiel stehen, womit sich eine ganz fundamentale ethische und politische Verantwortung verbindet.

Wissenschaft ‚rein' zu halten, ist keine Alternative. Darin liegt nicht nur die Gefahr einer borniertenWissenschaft, die ihr Wissen für ungeprüfte Zwecke instrumentalisieren lässt. Aus der Perspektive der Bildung wird vielmehr deutlich, dass keine Wissenschaft anthropologisch und ethisch neutral bleiben kann: Jede führt unser Denken beeinflussende Implikationen mit sich und hat praktische Konsequenzen für menschliche Lebensverhältnisse. Wissenschaftliche Modelle und Forschungsperspektiven schaffen, mehr noch als die einzelnen Ergebnisse, jeweils Denkmuster und Lebenswelten, die für Menschen hilfreich und befreiend oder aber problematisch und geradezu inhuman ausfallen können.[2]

Auf der anderen Seite ist es fatal, wenn Bildung hinter Aufklärung zurückfällt und – statt an Wissen im Sinne persönlicher Auseinandersetzung mit Sachansprüchen orientiert zu sein – auf die Bedienung gesellschaftlicher Anforderungen und die Erfüllung je vorgegebener Normen reduziert wird. Bildung, die den Namen verdient, kann kaum mit Dressur und Abrichtung für gesellschaftliche Verwertbarkeit bzw. politische und wirtschaftliche Steuerbarkeit verwechselt werden. Wenn Wissenschaft sich ungebildet zeigt und ‚Bildung' als Gegenaufklärung betrieben wird (vgl. Liessmann 2006), dann bedarf es „humanistischer Revolten" (vgl. Nida-Rümelin 2006).

2 Die Bologna-Reform

Die faktischen Bedingungen heutigen Studierens sind weitgehend durch die sogenannte Bologna-Reform geprägt. Studiert wird in Stufen und Modulen, um Kompetenzen zu erwerben, die der Berufsorientierung dienen sollen. Stufung und Modularisierung, Kompetenz- und Berufsorientierung: Jede dieser Maßgaben der Reform zerlegt den Prozess des Studierens in Einzelteile und führt ihn der Steuerung und Kontrolle von außen zu. Ein Tribunal der Qualitätssicherung (vgl. Masschelein/ Simons 2005) überwacht und sanktioniert sowohl Bedingungen wie Produkte, um eine kontrollierte (Massen-)Produktion zu gewährleisten. Die behauptete Logik ist eine straffere Zielerreichung und Ergebnissicherung. Dieses Kriterium hat die Reform allerdings selbst nicht erfüllt. Sie wurde mit einer Reihe praktischer Ziele propagiert, die sie auch nach Jahren ihrer Durchsetzung in keiner Weise einlösen konnte. Die unmittelbar politischen Ziele wurden nicht erreicht: Weder wurde die internationale

---
[1] Peter Bieri bestimmt Bildung im Gegensatz zu Ausbildung, die sich auf Können richtet, als Streben nach einer bestimmten Weise in der Welt zu sein (vgl. Bieri 2012: 229).
[2] Vgl. dazu vertiefend Burchardt 2006a und 2006b.

Mobilität erhöht noch konnte die Zahl der Studienabbrecher/-innen signifikant verringert werden; Studiengänge wurden keineswegs klarer und vergleichbarer; die Studienzeit ist nun insgesamt länger statt kürzer. Auch der weiterreichende didaktische Anspruch einer besseren Handlungsorientierung erweist sich bei näherer Betrachtung als irrig, weil die einseitige Ergebnissteuerung die Grundlagen personalen und interpersonalen Handelns gar nicht erreicht. Die Reform ist damit, gemessen an ihren eigenen Zielen, auf ganzer Linie gescheitert.

Das größte Manko wird indes erst deutlich, wenn das zugrunde gelegte Wissenschafts- und Bildungsverständnis genauer untersucht wird. Der Output-Orientierung der Bologna-Reform liegt ein simples behavioristisches Wissenschaftsmodell zugrunde, das sich mit kybernetischer Steuerungstechnologie aufrüstet. Das an die Stelle von Bildungsansprüchen tretende Kompetenzmodell ist in der Logik der Reform diesem reduktionistischen Grundmodell verpflichtet. Aus diesem Grunde ist die Verbindung von Wissen bzw. Wissenschaft und Bildung hier vom Ansatz her ausgeschlossen.

2.1 Kompetenz statt Bildung

Dem Kompetenzmodell der Studienreform liegt ein Menschenbild zugrunde, das mit seiner konsequenten Output-Orientierung für Konditionierung besser geeignet ist als für Bildung. Dem entspricht ein technologisches Lehr- und operatives Lernverständnis, das dem Selbst- und Weltverhältnis der Lernenden weitgehend äußerlich bleibt. Als Output werden gewünschte Kompetenzen in standardisierten Grob- und Feinbestimmungen festgelegt, an die lebendige Menschen dann mittels Steuerungs- und Kontrollschleifen angepasst und reguliert werden – etwa auf dem Niveau von Heizungsthermostaten (Krautz 2013). Das zu lernende kompetente Handeln wird utilitaristisch als Benutzen und Anwenden verstanden, ohne dabei die genauen systematischen Sachverhalte der Probleme, die damit ‚gelöst' werden, kennen oder beurteilen zu müssen (das User-Prinzip). Bildung setzt dagegen auf das, was in der ‚Black Box' der Kompetenzorientierung ausgeklammert wird: auf ein verantwortliches Handeln von Personen aus sachlichen Gründen und in interpersonaler Auseinandersetzung.

2.2 Die funktionale Nutzung des Kompetenzmodells

Das Konzept der Kompetenz tendiert unabhängig von inhaltlichen Ansprüchen zur Betonung technologischer Funktionalität und zu einer Anwendung je vorgegebener Methoden für je vorgegebene Ziele. Kompetenz ist eine Erfüllungskategorie, die flexible Anpassung an das je Gewünschte fordert, das über den ‚Test' normierend vermittelt wird (vgl. Gelhard 2011). In diesem Sinne widerspricht sie jeder auf sachliche Urteilskraft und Mündigkeit ausgerichteten Bildung – und zugleich jeder für eine

Demokratie unerlässlichen kritischen Auseinandersetzung mit den Anforderungen verschiedener gesellschaftlicher Gruppen und Mächte, die das je Gewünschte bestimmen.

2.3 Die Wirkung des Kompetenzmodells

Steuerung behindert Bildung. Das universitäre Studium wird seit Bologna unnötig verschult und zerstückelt, Bildung und Wissen werden dadurch erfolgreich verhindert.[3] Das Zeitregime der Reform regiert über Zeitverknappung, sodass die Jahre des Studiums durch immer engere Einteilungen und Terminierungen kleingerechnet werden, was zu ständigem Zeitdruck, Verlust des ‚langen Atems' für gründliche Auseinandersetzung und Fragmentarisierung des Arbeitens führt. Durch die in immer kürzeren Zeiträumen wechselnden Studienordnungen und Modulvorgaben wird ein Großteil studentischer Energie absorbiert und eine Grundstimmung von logistischer Orientierungsnot hervorgerufen, die vor allen inhaltsbezogenen Studieneifer tritt und ihn oft genug im Keim erstickt. Modulhandbücher wachsen zu einem Umfang an, der die Semesterliteratur zu übertreffen droht, und müssen gründlicher studiert werden als wissenschaftliche Handbücher. Denn für ein erfolgreiches Studium scheint es dringender notwendig, Workloads, Credit-Points und Leistungspunkte zu berechnen, als sich auf das Abenteuer einer Fachlektüre einzulassen. Selbst für Studienerfolge gilt: Leistungsverbuchungen zum richtigen Zeitpunkt scheinen wichtiger als die Leistung selbst. Die künstlich erzeugte Orientierungsnot, die der Möglichkeit inhaltlichen Studierens immer vorgelagert bleibt, erzeugt permanent hektische Bringschuld statt ruhige Konzentration auf Fragen und Probleme. Die Bologna-Reform führt ein organisatorisches Hybridsystem aus Vorgaben, Regelungen, Tests, Dokumentationen, Evaluationen, Kontrollen etc. mit sich, das sachliche und humane Maßstäbe der Handlungsorientierung unmäßig erschwert.

Standards beschränken Bildung. Durch die Standardisierung von Kompetenzen droht Bildung in einen krassen Widerspruch zwischen Form und Inhalt zu geraten. Kataloge, Tabellen und Raster vermögen doch nicht mehr als grobe Leitfäden zu sein, die die Offenheit und Unvorgreiflichkeit lebendiger Bildungsereignisse und -geschichten nicht erfassen können. Die Individualität und Unberechenbarkeit pädagogischer Lehr-Lern-Situationen können sie nicht einholen – höchstens gewaltsam beschränken. Wo die Kompetenzformeln als Normen eingeklagt und kleinteilig dem Verhalten aufgenötigt werden, verlieren sie jede humane und bildende Qualität.

Kompetenzkataloge verschleiern Heterogenität. Der Kompetenzkatalog sagt nichts über mögliche Unverträglichkeiten oder Konflikte zwischen den sehr verschiedenen

---

3 Dörpinghaus/Uphoff (2012) zeigen sehr eindrücklich, wie über das gegenwärtige, durch Bologna entscheidend mit installierte Zeitregime Bildung unmöglich wird.

Kompetenzbereichen und ihren theoretischen und praktischen Bezügen aus. Hier wird eine Harmonie oder Passung einfach unterstellt. Das verlangt entweder große Freiräume in Lehre und Studium, in denen Spannungen und Differenzen in diskursiver Praxis und offener Streitkultur ausgetragen werden könnten. Oder aber das Modell ist strukturell, aufgrund einer schon implizierten einseitigen Sichtweise, blind gegen die Heterogenität von theoretischen Ansätzen und praktischen Ansprüchen, die sich zwischen den Zeilen der Kompetenzformeln verstecken. Dann aber ist es nicht geeignet für eine pluralistische und demokratische Gesellschaft.

3 Reform der Reform

Bildungsreformen müssen diskutierbar und revidierbar bleiben, sonst wäre der Anspruch von Reformen ad absurdum geführt. Die Studienreform ist nicht ohne Alternativen; alternativlos ist nur Humanität – und über die muss gestritten werden. Streitkultur ist ein Erfordernis der Politik, zumal in einer Demokratie, wie auch in Wissenschaft und Bildung. Sowohl Wissenschaft als auch Bildung, die den Namen verdienen, schließen eine kritisch diskursive Auseinandersetzung mit Alternativen ein. Über die Qualität der Reform und der durch sie geschaffenen Studienbedingungen muss daher vor allem entscheiden, welche politische Haltung sie zeigen und ermöglichen und wie und in welchem Maß sie sich an Wissenschaft und Bildung orientieren, die sie ja fördern sollen.

3.1 Aufklärung und Gegenaufklärung

Bologna ist politisch und rechtlich fragwürdig. Der sogenannte Bologna-Beschluss und der sich anschließende Prozess sind nicht demokratisch eingeführt (vgl. Krautz 2007). Bis heute entzieht er sich immer wieder einer demokratischen Auseinandersetzung in den betroffenen Ländern und Institutionen (man darf offenbar immer nur dafür stimmen). Die vermeintliche Europäisierung der Studiengänge basiert nicht einmal auf Europarecht, sondern – im Gegenteil – verstößt die damit verbundene Vereinheitlichung der Steuerung von Bildungsinstitutionen gegen das Harmonisierungsverbot (Art. 165 und 166 AEUV) und widerspricht dem Rechtsprinzip der Subsidiarität (Art. 5, Abs. 3 AEUV; vgl. Hablitzel 2014; Odendahl 2011).

Das theoretische Fundament ist nicht überzeugend. Es gibt keine genuin wissenschaftlichen oder pädagogischen Argumente für Bologna. Die Kompetenzorientierung wurde durch die PISA-Kampagne der OECD eingeführt und an die Expertise Franz Weinerts geknüpft, der selbst zuvor die theoretische Unhaltbarkeit seiner Kompetenzdefinition zu bedenken gegeben hatte (vgl. Hoefele 2014). Das Modell hat sich nie einer breiten wissenschaftlichen Diskussion gestellt und bezieht die kritische wissenschaftliche Auseinandersetzung[4] ebenso wenig ein wie es deren Heterogenität abbildet.

Die Reform verweigert sich der Aufklärung über sich. Eine der Wissenschaft und dem Wissen als Aufklärung angemessene Hochschul- und Studienreform könnte nur darin bestehen, dem Wissen selbst und seiner freien Entwicklung durch denkende und verantwortliche Personen Raum zu geben. Die Reform müsste sich demgemäß der Erfahrung, dem Urteil und der Rückwirkung der Wissenschaftler/-innen und Studierenden aussetzen. Stattdessen setzt sie auf Steuerung (*One Way* und *Top Down*). Lehre (und Forschung) wird vermehrt von außerhalb der Wissenschaft vorgefertigt und an Studierende in gestanzten Einzelteilen zur Montage unter Zeit- und Zielvorgaben der Serienproduktion in Hallen oder Heimarbeit weitergereicht. Kritische Mitgestaltung ist nur als Produkt- oder Konsumwahl innerhalb des Modells, nie als Veränderung auf Modell- oder Systemebene möglich. Die nach derselben Logik vorgefertigten Evaluationskampagnen ändern daran wenig, denn ‚Rückmeldungen' werden nicht als Äußerungen betroffener und mitverantwortlicher Personen gewertet, sondern in kybernetischen Schleifen als ‚Verbesserung' der Systeme funktionalisiert. Diese Immunisierung gegen Alternativen zeigt sich inzwischen in Universitäten und Hochschulen in jedem Akt und auf jeder Ebene ihres akademischen Lebens.

Wissen als Aufklärung und aufklärende Wissenschaft werden weder als Motor der Reform noch innerhalb der Systeme, die sie hervorgebracht hat, virulent. Im Alltag des Studierens wird beides kaum noch sichtbar. Vielmehr zeigt die Verkürzung auf Erwerb und kurzfristige Nutzung positiven Wissens, dass Wissen als Verstehen von Sachansprüchen in Zusammenhängen, die unterschiedliche Perspektiven des Denkens und Handelns erschließen und zu einem verantwortlichen in der Welt Sein führen, kaum noch möglich ist. Wissen wird in der Kompetenzherstellungsindustrie zu einer beliebig verfügbaren Produktionsgröße, die erworben und entsorgt werden kann, ohne zu etwas zu verpflichten.

3.2 Humanisierung und Dehumanisierung

Reform bedeutet dem Wortsinn nach – gemäß der lateinischen Wurzel re-formare – etwas, das entglitten, misslungen oder gescheitert ist, in seine ursprüngliche bzw. wesentliche Form zurückbringen. Der Bologna-Prozess ist, gemessen an seinen eigenen Zielen ebenso wie nach politischen, rechtlichen und pädagogischen Maßstäben, gescheitert und bedarf daher seinerseits einer Reform, d. h. einer Kurskorrektur der Bildungspolitik, die sich auf das Wesentliche der Bildung konzentriert und dafür

---

4 Einen Überblick über massive Einsprüche und kontroverse Positionen zur aktuellen Bildungsreform siehe bei Frost (2006). Liessmann (2006) fordert ebenso wie Krautz (2007) und Dörpinghaus/ Uphoff (2012) die Abschaffung der Bildungsreform.

andere, bessere Wege findet. In diesem Sinne wäre es von zentraler Bedeutung, die viel beschworene ‚Humanressource' nicht nur auszubeuten, sondern auch zu schützen.

Die Eigenart der sogenannten Humanressource muss berücksichtigt werden. Mit der Bologna-Reform ist zugleich die Konjunktur der Rede von Humankapital und Ressourcenorientierung angestiegen. Qualität der Bildung wird an der Berechenbarkeit von Produkten und ihrer Herstellung in standardisierten Bauteilen bemessen, die optimal für ihre Verwertung vorbereitet werden sollen. Übersehen wird dabei, dass Qualität auch von der Berücksichtigung der Eigenart dessen abhängt, was be- oder gehandelt werden soll. Angesichts seiner hemmungslosen technologischen Transformationen zeigt sich das Humanum längst als bedrohte Art, dessen abweichende Selbstzeugnisse geachtet und gepflegt werden müssten, um seinen Wert und seine Würde zu erhalten.

Bildung braucht den Umweg zum Erfolg. Sinnvolle Bildung ist bei allem geschichtlich-gesellschaftlichen Wandel gebunden an Einsicht, Urteilskraft und lebendige Auseinandersetzung individueller Subjekte mit Sachansprüchen, die als solche verfehlt werden durch eine verrechnende Außensteuerung. Es gehört zu den Paradoxien des Phänomens Bildung, dass jede soziale und ökonomische Rendite des ‚Humankapitals' sinken muss, wo es direkt als solches berechnet und angezielt wird, dagegen nur da zu steigern ist, wo es den ‚Umweg' über eine freie und offene, nur der Sache und der humanen Selbstverständigung verpflichtete Geschichte des Einzelnen und der Institutionen in Kauf nimmt.

Subjektive Momente der Bildung sind nicht nach dem Vorbild von Maschinen zu konstruieren. Steuerung und Regulierung können sich zwar an vorgegebene Normen und Ziele anpassen, aber diese selber nicht angemessen ausweisen. Solange keine unzweifelhaft humanen Verhältnisse in Politik und Gesellschaft geschaffen sind, solange muss es neben Anpassung an Konjunkturen auch Widerstand gegen ihre Inhumanitäten geben.

4 Studienziel Anpassung?

Geht es überhaupt noch um Bildung in der Hochschule? Wenn Bildung weder als Politvokabel noch als beliebig zu definierender Terminus, sondern als Spur einer jahrhundertelangen philosophischen und pädagogischen Auseinandersetzung in Anspruch genommen wird, dann zeichnen sich darin Spannungen und Herausforderungen ab, die sich nicht auf Anpassung an gesellschaftliche und berufliche Bedarfe reduzieren lassen. Bildung erschließt sich erst in der Differenz zwischen Anpassung und Widerstand (vgl. ausführlich Frost 2010). Jede Gesellschaft ist darauf angewiesen, die kulturellen Techniken und Kenntnisse ihrer wichtigsten Praxen zu vermitteln und damit Individuen an Strukturen und Systeme anzupassen. Je schneller sich diese ändern, desto dringlicher erscheint eine beschleunigte und auf Dauer gestellte flexible Anpassungsleistung. Von solchen ‚Innovationen' sind jedoch Veränderungen und

Erneuerungen zu unterscheiden, die Ziele und Maßstäbe der je herrschenden Praxen nicht nur erfüllen, sondern auf ihren guten Sinn hin prüfen und andere Möglichkeiten ins Spiel bringen.

Bildung erzeugt Widerständigkeit, wenn sie sich auf Sachfragen einlässt, ohne ihnen schon den Ausgang vorzuschreiben. Erst wenn der gewaltsame Zugriff der *Verarbeitung* zurücktritt, können sich Sachen zeigen und *erarbeiten* lassen. Ohne die Widerständigkeit der Sache einzubeziehen, verliert Bildung ihre dialektische Spannung und verkehrt sich zu besinnungsloser Bewältigung, die bestenfalls Gleichgültigkeit, schlimmstenfalls unsachgemäßes Denken und Handeln bis hin zu Sachbeschädigung und Untreue zur Folge hat. Widerstand ergibt sich als Haltung bei Personen, die sich mit Anweisungen und positiver Übernahme von Wissen nicht zufriedengeben, sondern selbst nach Gründen und Perspektiven fragen. Und nur solche Personen sind auch fähig, Verantwortung zu übernehmen.

Welche Freiheit der Bildung, welche Widerständigkeit und Verantwortung trauen oder muten wir Studierenden zu? Die Gleichschaltung von Lehre in Modulen und kompetenzorientierten Studienplänen erlaubt kaum noch Beispiele wissenschaftlicher Freiheit und Verantwortung. Wie soll aber Verantwortung für Wissenschaft und Bildung gelernt werden? Wenn Studierenden Wissenschaft in Form von vorab zurechtgestutzten und verrechneten Modulen präsentiert wird, muss es niemanden wundern, wenn es ihnen zunehmend schwerer fällt, dahinter eine komplexe und immer fragwürdige Sachsystematik zu entdecken. Ihre eigene Auseinandersetzung mit Sachen kann kaum noch als Aufbruch zu einer individuellen Welterschließung erfahren werden, wenn alles, was es zu tun gibt, in Einzelschritten fixiert und mit Produktformeln belegt, ihr geistiges Abenteuer auf Kleingeist herabgewürdigt wird: Statt einer zu entdeckenden Welt gibt es nur fertige Produktbeschreibungen, denen man sich unterwerfen und anpassen muss. Das Abarbeiten an einer Sache wird so zum ‚Abstudieren' und mehr oder weniger blinden Erfüllen organisatorischer Vorgaben. Das Zeitregime der durchgetakteten Produktionszeit mit seiner ständig erinnerten Bringschuld trägt dazu bei, zu vergessen, dass Bildungsprozesse sachangemessen (Eigenzeit der Dinge) und personangemessen (Umwege, verschiedene Lernrhythmen, Reifeprozesse, Einsichten) sein könnten.

Die standardisierte Kompetenzproduktionshochschule stellt insgesamt kaum solche Bedingungen bereit, die junge Menschen einladen, Fragen zu stellen und sich zu begeistern, erwachsen zu werden und Verantwortung zu tragen. Verantwortung bedeutet, in Auseinandersetzung mit Sachfragen und in Ansehung von Mitmenschen je eigene Antworten zu finden. Genau das aber treibt der Geist von Bologna aus, indem er Sachansprüche zersetzt durch wünschbare und bestellbare Könnensanforderungen und indem er die Wahrnehmung von Menschen als Personen[5] durch ihre

---

5 „Es kennzeichnet Personen, dass sie, was ihre Meinungen, Wünsche und Emotionen anbelangt, zum Problem werden und sich um sich selbst kümmern können." (Bieri 2012: 235).

Einbindung in Steuerungsschleifen nivelliert. Auf diese Weise kann Wissenschaft kaum Gegenaufklärung, Bildung kaum Dehumanisierung wehren. Die sogenannte Bologna-Reform kann einer Prüfung durch die Standards des aufklärerischen Humanismus in keiner Weise standhalten. Ihre Korrektur ist Aufgabe einer sachzentrierten Wissenschaft und einer personzentrierten Bildung. Beides liegt im Interesse einer demokratischen Kultur, die sich der Widerständigkeit von Sachen und Personen aussetzt, um Möglichkeiten von Gemeinschaft zu erkunden – statt sich selbst vom Wettbewerb der Einzelinteressen ‚Sachzwänge' aufnötigen zu lassen.[6]

5 Fazit

Mit der zerstörerischen Wirkung von Bologna darf sich nicht abfinden, wem es um Bildung geht. Die erste Konsequenz der Widerständigkeit und (Mit-)Verantwortung ist die Reform der Reform. Unbeschadet der obersten Dringlichkeit dieser Aufgabe muss es im Alltag der Hochschulen in jeder einzelnen Handlung darum gehen, Studierende wie Lehrende aus den Fesseln der Steuerung und kurzsichtig kleinschrittigen Betriebsamkeit zu befreien, um sachliche und humane Ansprüche in den Mittelpunkt zu rücken. Die Immunisierung des Kompetenzbetriebs gegen die Widerständigkeit der Sachen und den Widerspruch von Menschen unterläuft sowohl kritische Auseinandersetzung als auch Dialog. Wer die Verpflichtung gegenüber Sachen und Mitmenschen der Verbindlichkeit von Standarderfüllung unter Terminverengung unterwirft statt umgekehrt diese daran zu bemessen, kann nicht ernsthaft hoffen, Menschen auf verantwortliches Handeln angesichts gesellschaftlicher, politischer und ökologischer Herausforderungen vorzubereiten. Funktionale Einsetzbarkeit ersetzt keine je eigene Wahrnehmungs- und Urteilsfähigkeit. Flexible Steuerbarkeit ersetzt nicht Rücksicht und Engagement.

Wissenschaft und Bildung aufeinander zu beziehen, mag ein allzu anspruchsvolles Projekt sein, um es je selbstverständliche Wirklichkeit werden zu lassen, aber schon für Platon war Unbildung Normalität – Bildung aber eine nur durch Umkehr und Einsicht zu erreichende Möglichkeit.

Literatur

Bieri, Peter (2012): Wie wäre es, gebildet zu sein? In: Hastedt, Heiner (Hrsg.): *Was ist Bildung? Eine Textanthologie*. Stuttgart, S. 228–240.
Burchardt, Matthias (2006a): Krise und Verantwortung – Prolog des dritten Humanismus. In: Kilian, Ulf (Hrsg.): *Leben//Gestalten in Zeiten endloser Krisen*, S. 123–129.

---

6 Vgl. dazu die Auseinandersetzung um Entdemokratisierung und Postdemokratie in Frost/Rieger-Ladich (2013).

Burchardt, Matthias (2006b): Abschied vom Menschen. In: *Vierteljahrsschrift für wissenschaftliche Pädagogik* 3/2006, S. 357–365.

Dörpinghaus, Andreas; Uphoff, Katharina (2012): *Die Abschaffung der Zeit. Wie man Bildung erfolgreich verhindert.* Darmstadt.

Frost, Ursula (Hrsg.) (2006): *Unternehmen Bildung. Die Frankfurter Einsprüche und kontroverse Positionen zur aktuellen Bildungsreform.* Sonderheft der Vierteljahrsschrift für wissenschaftliche Pädagogik, Paderborn usw.

Frost, Ursula (2010): Bildung bedeutet nicht Anpassung, sondern Widerstand. In: *Vierteljahrsschrift für wissenschaftliche Pädagogik* 3/2010, S. 312–322.

Frost, Ursula (2011): Die Universität als Ort der Bildung durch Wissenschaft. In: Honnefelder, Ludger; Rager, Günter (Hrsg.): *Bildung durch Wissenschaft?* Freiburg, München, S. 218–264.

Frost, Ursula; Rieger-Ladich, Markus (Hrsg.) (2013): *Demokratie setzt aus. Gegen die sanfte Liquidation einer politischen Lebensform.* Sonderheft der Vierteljahrsschrift für wissenschaftliche Pädagogik, Paderborn usw.

Gelhard, Andreas (2011): *Kritik der Kompetenz.* Zürich.

Hablitzel, Hans (2014): Europäische Bildungsunion und Euro-Bildungsnorm? In: *Bayerische Verwaltungsblätter* 8, S. 234–237.

Hoefele, Joachim (2014): Beyond the ‹Bildungs›-Wars. In: Kammasch, Gudrun; Lüdtke, Hartwig (Hrsg): *Krise des »Kompetenz«-Begriffs? Wege zu technischer Bildung.* Mannheim, Berlin, S. 113–121.

Krautz, Jochen (2007): *Ware Bildung. Schule und Universität unter dem Diktat der Ökonomie.* Kreuzlingen, München.

Krautz, Jochen (2013): Auf dem Niveau eines Heizungsthermostaten. In: *Frankfurter Allgemeine Zeitung* vom 30.08.2013.

Liessmann, Konrad Paul (2006): *Theorie der Unbildung. Die Irrtümer der Wissensgesellschaft.* Wien.

Masschelein, Jan; Simons, Marten (2005): *Globale Immunität oder Eine kleine Kartographie des europäischen Bildungsraums.* Zürich, Berlin.

Nida-Rümelin, Julian (2006): *Humanismus als Leitkultur. Ein Perspektivenwechsel.* München.

Odendahl, Kerstin (Hrsg.) (2011): *Europäische (Bildungs-)Union?* Berlin.

Ulla Klingovsky

Lehr- und Lernkulturen in der Hochschule – Bildungstheoretisch informierte Anfragen an die Gestaltung modularisierter Studiengänge

Abstract: Die Qualitätsentwicklung von Studium und Lehre ist ein Topos, der im Rahmen der Umbauten des europäischen Hochschulraums in der vergangenen Dekade eine verstärkte Aufmerksamkeit erfährt. In diesem Beitrag wird der Frage nachgegangen, welcher Logik die Transformation von Lehr- und Lernkulturen im Zeichen der Qualitätsentwicklung folgen. Am Beispiel der Modularisierung von Studiengängen wird gezeigt, dass der darin implizit mitgeführte Begriff der Qualität vorrangig an einer strukturell-organisatorischen Logik orientiert ist und damit eine betriebsförmige Idee der Hochschule verfolgt. Vor dem Hintergrund der Analyse plädiert der Beitrag für die Rückgewinnung pädagogischer Denk- und Handlungsformen in der Reformdebatte, um die gesellschaftliche Funktion der Bildungsinstitution Hochschule neu zur Verhandlung bringen zu können.

1 Einleitung

Mit Blick auf die Gestaltung von Lehr- und Lernkulturen in der Hochschule präsentiert sich die Qualitätsentwicklung von Studium und Lehre als ein Gegenstandsfeld, das intensiv umworben wird und dessen wissenschaftliche Orientierung scheinbar der Aushandlung bedarf. Der zeitliche Beginn dieses Aushandlungsprozesses fällt mit der in den 1990er-Jahren prognostizierten „Krise der Universität" zusammen (vgl. hierzu kritisch Maeße 2010: 1). Diese Krise artikulierte sich über zwei Schwerpunktsetzungen: Zum einen wurden eine Überfrachtung des Studiums, zu lange Studienzeiten, zu hohe Abbrecherquoten und eine Praxisferne des Studiums insbesondere an Universitäten problematisiert (Turner 2001). Zum anderen wurde den europäischen Hochschulen eine mangelnde internationale Wettbewerbsfähigkeit attestiert. Im Jahr 1999 schließlich wurde in der oberitalienischen Stadt Bologna als Reaktion auf diese Krise eine Erklärung abgegeben, die die Schaffung eines „Europäischen Hochschulraumes" vorsah und dem Bologna-Prozess seinen Namen gab.

In einer bemerkenswerten Analyse zeigt Maeße (2010), mit welchen politischen Strategien und Praktiken der Bologna-Prozess Strukturreformen an den Hochschulen ausgelöst hat und liefert damit auch einen Beitrag zur Erklärung der gegenwärtigen Prominenz der Aktivitäten rund um die Qualitätsentwicklung von Studium und Lehre. Zentrale These der diskursanalytischen Untersuchung der Logik eines bildungspolitischen Programms ist es, dass der „Bologna-Prozess streng genommen keine Reform, sondern eine Aufforderung zur Reform" (Maeße 2010: 132) darstellt. Der Bologna-Prozess wurde demnach weder in Bologna gemacht noch ist den Dokumenten der Erklärung zu entnehmen, was die politischen Reformstichworte wie „Qualitätssicherung", „Akkreditierung", „Exzellenz" oder „Wettbewerbsfähigkeit" genau bedeuten. Wissenschaftspolitiker/-innen, Hochschulangehörige und Bildungsexpert(inn)en waren und sind vielmehr aufgefordert, in der Suche nach möglichen Bedeutungen und naheliegenden Umsetzungsmöglichkeiten den Bologna-Prozess allererst zu realisieren.

Die Architekt(inn)en des europäischen Hochschulraums werden damit zu ‚Interpretationskünstlern', die sich, ausgehend von administrativen und politischen Texten, in diskursiv aufgespannten Handlungsfeldern verorten und darin selbstständig weitere Handlungen durchführen. Es konstituiert sich, ausgehend von partikularen Akten, ein hegemoniales Feld, in dem Bedeutungen selektiert und arrangiert und spezifische Vorstellungen von Qualität realisiert werden.

Ohne die komplexen strukturellen, politischen und ideellen Folgen der gegenwärtigen Dynamik in ihrer Gesamtheit aufklären zu können, beschränkt sich dieser Beitrag auf einige analytische Beobachtungen zu den Praktiken der Transformation von Lehr- und Lernkulturen an der Hochschule. Es besteht weitgehende Einigkeit, dass die Qualitätsentwicklung von Studium und Lehre wissenschaftlich rückgekoppelt sein und ihre Begründungslinien in Forschung und Theoriebildung suchen sollten. Allerdings ist der disziplinäre Zugriff auf diese Fragestellungen nicht ganz unerheblich, bringt er doch jeweils spezifische Akzentsetzungen hervor. Während im Rahmen der Hochschulforschung die Hochschuldidaktik primär aus erziehungswissenschaftlichen Zusammenhängen gelöst und tendenziell verstärkt mit soziologischen, betriebswirtschaftlichen, juristischen und verwaltungsbezogenen sowie psychologischen Zugängen erschlossen wird,[1] soll in diesem Beitrag eine bildungstheoretisch informierte Perspektivierung vorgenommen werden. Diese mikrodidaktische Analyse wird dabei von der These geleitet, dass die Modularisierung von Studiengängen einen Baustein zur Qualitätsentwicklung von Studium und Lehre darstellt. In der Analyse wird der Frage nachgegangen, welche Logik den im Bologna-Prozess vollzogenen Praktiken der Modularisierung implizit ist. Es ist davon auszugehen,

---

1 Als Forum der Hochschulforschung fungiert insbesondere die im Jahr 2006 gegründete Gesellschaft für Hochschulforschung (GfHf). Sie versteht sich als eine interdisziplinäre wissenschaftliche Fachgesellschaft, die Hochschulforscher/-innen aus verschiedenen Fachdisziplinen vereinigt und zum fächerübergreifenden Diskurs zum Forschungsgegenstand Hochschule beiträgt. Auftrieb erhielt die Hochschulforschung zuletzt nicht nur durch die Gründung des von Bund und Ländern geförderten Deutschen Zentrums für Hochschul- und Wissenschaftsforschung (DZHW), sondern auch durch den Wissenschaftsrat, der in einem umfangreichen Positionspapier Hochschulforschung als „interdisziplinäres Forschungsfeld" stärkt und in seinen Empfehlungen zur strukturellen Entwicklung der empirischen Wissenschafts- und Hochschulforschung in Deutschland einen institutionellen Ausbau unter Wahrung der Interdisziplinarität der Feldzugänge vorschlägt (Wissenschaftsrat 2014: S. 43–49).

dass – eben weil die alten „Ideen der Universität" (Ricken 2014: 14) darin nicht länger zu überzeugen vermögen – in diesen Praktiken eine neue Idee der Institution Hochschule aufscheint, die der Aufklärung bedarf, insbesondere mit Blick auf die praktisch-gestalterische Frage, wie die Hochschullehre aussehen könnte oder sogar sollte.

Den Krisen- und Reformdiskurs der vergangenen Jahre kennzeichnet allen voran ein neues Sprachspiel für Studium und Lehre (vgl. Liessmann 206: 114 ff.), mit dem die Transformation des europäischen Hochschulraums vorangetrieben wird. Als besonderes Kennzeichen dieses Sprachspiels kann die Behauptung gelten, man argumentiere ohne ideologische Vorannahmen, von denen die Diskussion zur Hochschulbildung stets affiziert gewesen sei. Da diese Anspielung durchaus als Verweis auf den Gründungsmythos der Universitätsidee verweist, scheint es angebracht, diese nun infrage stehende Idee zunächst kurz in Erinnerung zu rufen.

2 Bildung durch Wissenschaft

Vorbereitet durch die Überlegungen Immanuel Kants (vgl. Kant 1964), der im „Streit der Fakultäten" eine an der Vernunft und auf das freie und kritische Denken ausgerichtete philosophische Fakultät forderte, und anknüpfend an die Skizzen zu einer Berliner Universität von Friedrich Schleiermacher (1956) entwirft Wilhelm von Humboldt mindestens drei Strukturprinzipien, die als Kern der Humboldtschen Universitätsidee gelten können. Unabhängig davon, ob diese Ideen jemals real wurden, leiteten die Formeln „Freiheit der Wissenschaft", „Einheit von Forschung und Lehre" und „Bildung durch Wissenschaft" die Praktiken der Institutionalisierung des tertiären Bildungssektors bis tief in die Mitte des 20. Jahrhunderts.

Mit der Formel „Freiheit der Wissenschaft" unterstreicht Humboldt dabei seinen Anspruch, die Universität insbesondere vor den Inanspruchnahmen für ökonomische, kirchliche und staatliche Zwecke zu bewahren.[2] Dabei fungiert der Titel „Freiheit der Wissenschaft" auch als Rechtfertigungspraxis, Forschung von inhaltlichen Anfragen – sei es in Form von Erwartungen, Aufträgen oder gar Vorschreibungen – und von äußeren gesellschaftlichen Einmischungen freizuhalten. Mit der Kennzeichnung „Einheit von Forschung und Lehre" formuliert Humboldt einen notwendigen Zusammenhang von Forschung und Lehre, der zumeist als pädagogische Forderung an die Lehre interpretiert wurde. Hierbei ging es ihm vorrangig darum, die Lehre an die Forschung anzuschließen und ihre eigenen Inhalte darin weder veralten zu lassen noch zu bagatellisieren, sondern Lehr- und Lernverhältnisse mit einem endlosen Streben nach Wahrheit zu verbinden. Dieses Strukturprinzip nimmt schließlich

---

2 Ein Ansinnen, das spätestens mit und nach der – teilweise freiwilligen – Selbstaufgabe der deutschen Universitäten im Nationalsozialismus seine Begrenztheit aufwies.

in dem – in den gegenwärtigen Debatten nur noch wenig diskutierten – Prinzip der „Bildung durch Wissenschaft" seine institutionelle und praktische Gestalt an.

Mit diesem Strukturprinzip ist zum einen der Beitrag der Wissenschaft für die Bildung des Einzelnen gemeint, d. h. die Aufgabe, eine Lehr- und Lernkultur zu schaffen, in der sich sowohl die Wissenschaft als auch der Einzelne durch intensive Auseinandersetzung mit der Welt voran- bzw. gar hervorzubringen vermag. Ausdrücklich formuliert Humboldt diesen Zusammenhang durchaus in beide Richtungen: nicht nur die Bildung des Subjekts, sondern auch die Bildung der Wissenschaft als unabschließbare Prozesse zu betrachten. Sobald man aufhört „die Wissenschaft als etwas noch nicht ganz Gefundenes und nie ganz Aufzufindendes zu betrachten, und unablässig sie als solche zu suchen" (Humboldt 1966: 257), verliert sich das hochschulspezifische Streben nach Wahrheit und damit auch der hochschulspezifische Vermittlungsmodus, der sich von der Vermittlung fertiger und feststehender Erkenntnis fundamental unterscheiden sollte. Das Prinzip Bildung durch Wissenschaft verweist folglich auf eine Lehr- und Lernkultur, die Zugang zu ungelösten Problemen offeriert, die demonstriert, wie historisch rückbezogen Wissen generiert wurde und die das für die produktiv entdeckende Anschauung der Wirklichkeit notwendige wissenschaftliche Methodenarsenal vermittelt. Diese Prozesse der „freien Wechselwirkung" zwischen Subjekt und Welt (Objektivation) lassen sich für Humboldt nur um den Preis der Abrichtung auf ein sozial erwünschtes Lernverhalten und damit den Verlust von Wissenschaftlichkeit eindämmen. Ideengeschichtlich sollte mit dem Prinzip „Bildung durch Wissenschaft" gegenüber einer derartigen Verengung eben gerade die Möglichkeit der selbsttätigen Auseinandersetzung mit den vorfindlichen Wissensbeständen, Erklärungsansätzen und Problembeschreibungen und ihrer individuellen Aneignung betont werden. Als Selbstentfaltung sollte Bildung dabei keinem anderen Zweck untergeordnet sein, sondern ihren Zweck in sich selbst tragen, d. h. als offener Prozess verstanden werden, der sich eben gerade nicht auf spezifische, sozial erwünschte Resultate engführen lässt. Im Gegenteil, es sind gerade die sozialen Erwartungen und ein als selbstverständlich scheinender Status quo, zu denen sich die Einzelnen in ein freies Verhältnis setzen und diese – aus funktionalen Gründen ihrer Weiterentwicklung – problematisieren können sollten.

Nun wird von Kritikern der neuhumanistischen Universitätsidee mit einem gewissen Recht problematisiert, dass es wohl zu Beginn des 19. Jahrhunderts funktional gewesen sein mag, die Idee der „Bildung durch Wissenschaft" nur einer kleinen Elite zugänglich zu machen. Spätestens mit der Inklusionsdynamik in den 1960er- und 1970er-Jahren – und dem steigenden Anteil der Hochschulzugangsberechtigungen eines Altersjahrgangs – bis zur heute geforderten Durchlässigkeit einer Massenhochschule werden Fragen nach der Funktionalität der akademischen Ausbildung und Forderungen an eine Effizienzsteigerung der hochschulischen Lehrleistungsproduktion in neuer Dringlichkeit vorgetragen.

In einem zweiten Schritt sollen deshalb die Praktiken in den Blick geraten, mit deren Hilfe die Entwicklung funktionaler und effektiverer Studienstrukturen im Rahmen der Bologna-Reform befördert werden. Dabei wird die Logik dieser

Transformation genauer bestimmt und geprüft, welche neue Idee von Hochschullehre in der Qualitätsentwicklung von Studium und Lehre aufscheint. Interessant wird die Frage, wie sich die gegenwärtigen Praktiken an und in den Hochschulen beschreiben lassen, um die Logik der Transformation zu re(de-)konstruieren und damit zu markieren, wie das Verhältnis von Wissen, Bildung und Studieren auf eine spezifische (immer kontingente) Weise hervorgebracht wird.

3 Praktiken der Modularisierung

Das, was einst als überkommene Gestalt der Hochschulen galt und über einen erstaunlich langen Zeitraum durchaus auch als Kontinuität erfahrbar war, taugt kaum dazu, die gegenwärtigen Praktiken der Modularisierung angemessen zu beschreiben. Wenig verwunderlich ist daher, dass die klassischen Begriffe zu ihrer Kennzeichnung (sei es nun die Einheit von Forschung und Lehre, die Freiheit der Wissenschaft oder die Bildung durch Wissenschaft) zunächst überaus problematisch erscheinen: nicht nur, weil Forschung und Lehre – einst die beiden zentralen und unveräußerlichen Aufgaben der Universität – sich längst durch Modularisierung und die Einführung eines zentralen Credit-Systems wie dem European Credit Transfer System (ECTS) einerseits und die rasante Bedeutungszunahme von Drittmittelforschung andererseits radikal verändert haben, sodass sowohl deren Eigensinn als auch ihr Zusammenhang kaum noch erkennbar sind (vgl. bereits Schimank/Winnes 2001: 295), sondern vielmehr auch, weil die beobachtbare Qualitätsoffensive in Studium und Lehre längst andere Realitäten geschaffen hat.

Länderübergreifend wurden in einem Zeitraum von knapp zehn Jahren traditionelle Studiengänge reformiert, um der proklamierten Forderung nach europäischer Vergleichbarkeit nachzukommen und damit einerseits die Mobilität von Wissenschaftler/-innen und Studierenden zu erhöhen und andererseits eine stärkere Ausrichtung an den Erfordernissen des außeruniversitären Arbeitsmarkts zu gewährleisten. Die radikale Veränderung der Studiengangstrukturen führte im Bereich der Hochschuldidaktik zu einem „Shift from Teaching to Learning" (Barr/Tagg 1995) und zu studienbegleitenden kompetenzorientierten Modulprüfungen. Bildungsinhalte wurden auf ihren Beitrag zur Employability überprüft und der Workload als Maßeinheit für Studienleistungen kreiert. Schließlich wurde der Versuch unternommen, durch Akkreditierung und Reakkreditierung die dauerhafte Qualität der Studiengänge zu sichern.[3]

---

[3] Sehr aufschlussreich in diesem Zusammenhang: Dass die Güte von Studiengängen von privaten Akkreditierungsagenturen geprüft und bewertet wird, erachtet das Bundesverfassungsgericht in seinem Urteil vom März 2016 als verfassungswidrig. Mehr dazu unter URL: http://www.bundesverfassungsgericht.de/SharedDocs/Pressemitteilungen/DE/2016/bvg16-015.html (letzter Aufruf: 22.06.2016).

Im Rahmen der Bologna-Reform bestand bei den Befürwortern weitgehende Einigkeit darin, dass – um die genannten Strukturprobleme zu lösen – zunächst alle Studiengänge modularisiert werden müssen (vgl. Franz/Ruschin 2006: 4). Erst wenn die Studienmodule europaweit so standardisiert seien, dass sie länder- und hochschulübergreifend wieder zu ganzen Studiengängen kombiniert werden können und der Outcome des Lernens und der Kompetenzentwicklung vergleichbar werde, lasse sich die internationale Mobilität realisieren, die Abbrecherquote minimieren und die Employability der Absolvent(inn)en sichern. Stellten bislang mehr oder weniger isoliert voneinander zu studierende einzelne Lehrveranstaltungen die Maßeinheit des Studiums dar, bilden nun Module in den neuen Studiengängen die Grundeinheit. Um die Analyse der Praktiken der Transformation am Beispiel der Modularisierung vorzubereiten, soll zunächst gefragt werden, was genau mit einem Modul bezeichnet ist.

3.1 Der Modulbegriff

Der Begriff des Moduls entstammt der antiken Architektur. Vermittelt über die Geschichte der Mathematik, der Physik und der Technik nimmt er in den Sprachspielen der Studienreformdebatte einen zentralen Stellenwert ein. In der altgriechischen Architektur war das Modul eine maßgebende Einheit, ein Werkzeug zur maßrichtigen Herstellung eines architektonischen Ganzen. Über die Mathematik und Physik fand der Modulbegriff Eingang in die Fertigungsprozesse technischer Geräte. Hier bezeichnet ein Modul eine zu einer Schaltungseinheit zusammengefasste Gruppe von Bauelementen. Die Bedingung für das einwandfreie Funktionieren modularisierter Systeme ist eine alle Module einende Logik. Diese Logik muss eingehalten werden, damit die Module anschlussfähig sind. Im Bedeutungswandel des Modulbegriffs von der Architektur zur Technik ist also die Orientierung an einem Ganzen erhalten geblieben, das als logisch-sinnhafte Einheit verstanden wird.

3.2 Organisation, Koordination und Vermessung

Als Bildungsinstitution im tertiären Bildungsbereich ist die Hochschule für die Hochschulbildung ebenso zuständig wie gegenwärtig verstärkt für eine wissenschaftliche, d. h. akademische Berufsausbildung. Von einem qualitativ anspruchsvollen Studium müsste man den Erwerb eines systematischen, disziplinär erzeugten Handlungs- und Erklärungswissens, d. h. ein wissenschaftlich fundiertes Wissen der Disziplin für die Bearbeitung spezieller Probleme gesellschaftlicher Praxis erwarten. Mit der Modularisierung sollte dieser qualitative Anspruch eingelöst werden, wonach die Strukturierung des Hochschulstudiums also einer inhaltlich-sinnhaften Logik folgt. Bei Betrachtung der inhaltlichen Ausgestaltung fällt nun ins Auge, dass die einzelnen modularisierten Studiengänge weniger als inhaltlich logische und sinnhafte Einheit, sondern vor allem gemäß der Logik einer Organisationsstruktur entwickelt werden.

Dabei folgen die Praktiken der Modularisierung von Studiengängen zunächst einem vereinheitlichenden und quantifizierbaren Prinzip (vgl. Faulstich/Oswald 2010: 30). Denn wo modularisiert wird, wird gemessen: Die Berechnung von Studienleistungen erfolgt nach dem European Credit Transfer System (ECTS), wofür sich in Deutschland der Begriff der Leistungspunkte etabliert hat. Gemessen wird damit der Workload, also der Arbeitsaufwand, den Studierende für die Erreichung bestimmter Lernziele benötigen. Die für bestimmte studentische Aktivitäten vergebenen Leistungspunkte stellen so keine inhaltlichen Äquivalenzen von Studien fest, sondern vergleichen Arbeitszeiten. Die Bund-Länder-Kommission formuliert hierzu in ihrer Handreichung zur Modularisierung: „Ein Modul ist damit eine inhaltlich und zeitlich abgeschlossene Lehr- und Lerneinheit, die sich aus verschiedenen Lehrveranstaltungen zusammensetzen kann. Es ist qualitativ (Inhalte) und quantitativ (Anrechnungspunkte) beschreibbar und muss bewertbar (Prüfung) sein." (BLK 2003: 4)

Es sind eben jene strukturell-organisatorischen Bestimmungen, die aus Perspektive der Architekt(inn)en der Studienreform zu mehr Transparenz und Strukturiertheit, zu größerer Flexibilität und Planbarkeit, besserer internationaler Vergleichbarkeit und Anerkennung von Studienleistungen in immer kürzeren Studienzeiten führen. Modularisierungspraktiken können in diesem Sinne als Praktiken verstanden werden, mit denen Studienleistungen organisiert, zeitlich koordiniert, zusammengefügt und gegebenenfalls ausgetauscht werden können. In der Tat orientiert sich diese formalstrukturelle Organisationslogik weder am inneren Aufbau einer Wissenschaft, ihren theoretischen Paradigmen oder ihrer Methodik noch an ihren jeweiligen Problem- und Fragestellungen. Die organisationspolitische Lenkung verlagert sich auf die Definition und Überprüfung von (Lern-)Zielen und Kompetenzstandards. Im Sprachspiel der Reform werden die Begriffe Qualitätsmanagement, Evaluation, Wettbewerb und Deregulierung mit einer betriebswirtschaftlichen Bedeutung aufgeladen. Ihre zunehmende Verbreitung ist Ausdruck eines neuen bildungs- und wissenschaftspolitischen Gestaltungs- und Steuerungswillens (vgl. Keiner 2001).

In einer eindrucksvollen Analyse zeigt Rainer Kokemohr, inwiefern Modularisierungspraktiken dabei einer Deduktionslogik folgen (vgl. Kokemohr 2005: 104). Kokemohrs zentrale Argumente lassen sich wie folgt veranschaulichen: Zunächst liege der Deduktionslogik die Annahme zugrunde, man könne und müsse das, was in Studienprozessen realisiert werden soll, aus Zielen ableiten, die auf der abstraktesten Ebene definiert und über Zwischenschritte bis in die konkreteste Ebene hinein transformiert werden. Darüber hinaus stehe für die Konzeption der neuen Studiengänge und mithin der Module der wissensbasierte Aufbau verschiedener für die Berufsbefähigung von Hochschulabsolventen wesentlicher Kompetenzen im Zentrum. Vor diesem Hintergrund wird drittens expliziter als bisher nicht nur die Berufsfeldorientierung in die akademische Qualifizierung mit einbezogen, sondern es gilt, die Studienziele auch entsprechend zu formulieren, zu begründen und transparent zu machen. Hierzu werden die auf dem Arbeitsmarkt generierten Qualifikationsdeskriptoren und daraus abgeleiteten Qualifikationsziele entlang einer Studiendramaturgie vom Studiengang über das Studienfach und die Module bis zur einzelnen Lehr-Lern-Einheit in Qualifikationsniveaus unterteilt. Die definierten Niveaus der Studien- bzw. Lernziele unterscheiden sich vor allem hinsichtlich ihres Konkretisierungsgrads und ihrer Reichweite. Die Reichweite wird durch den zeitlichen Umfang der betreffenden Arbeitseinheiten definiert, während der Konkretisierungsgrad mit abnehmender Reichweite zunimmt. Zudem orientieren sich die jeweiligen Ziele jeder nachgeordneten Ebene an jenen der übergeordneten Ebene (vgl. Kokemohr 2005).

3.3 Planung und Steuerung von Qualität

Aus einer bildungstheoretisch informierten Perspektive ist evident, dass der beobachtbaren Top-Down-Bewegung ein spezifisches Kalkül innewohnt, bei dem sich ein Wille zur Wissensvermittlung und Kompetenzherstellung konstatieren lässt. Nun ist der Verwendungskontext Studium und Lehre allerdings ein in diesem Sinne problematischer. Die Genese wissenschaftlichen Wissens und neuer Bedeutungskontexte gehorcht ebenso wenig einem planbaren Kalkül wie Lern- und Studienprozesse selbst. Mit dem Phantasma von Planbarkeit und Herstellbarkeit im Rahmen der Bildungssysteme beschäftigen sich Luhmann und Schorr bereits im Jahr 1988. Sie gelangen zu dem Ergebnis, dass sich Lernen über Lehre nicht herstellen lässt, da das Handeln in diesem System einer doppelten Kontingenz unterworfen ist. Ihre zentrale These ist es, dass diese doppelte Kontingenz ein Technologiedefizit bildsamer Entwicklungsprozesse impliziert (vgl. Luhmann/Schorr 1988: 121). In den Erziehungswissenschaften gilt als allgemein anerkannt, dass dieses Technologiedefizit als grundlegende Bedingung des Handelns in Bildungssystemen zu bezeichnen ist (vgl. Tenorth 1999).

In der Analyse der Modularisierungspraktiken entsteht nun zuweilen der Eindruck, dass diese systematischen Bedingungen jedweden pädagogischen Handelns als solche nicht erkannt, sondern – im Gegenteil – systematisch zugunsten der Vorstellung von Machbarkeit und Kontrollierbarkeit ignoriert würden. Dabei lässt sich vermuten, dass die den Modularisierungspraktiken zugrunde liegende Deduktionslogik bereits im 19. Jahrhundert wurzelt, als die These der Herstellbarkeit von Bildungsprozessen diskutiert und bereits von Herbart in aller Deutlichkeit zurückgewiesen wurde. Zu einer wesentlichen Erkenntnis der damaligen Debatte über die Grenzen und Möglichkeiten der Erziehung wurde die Figur der „Bildsamkeit" und damit der Fragmentarität und Unstetigkeit von Bildungsprozessen überhaupt (vgl. Benner/Brüggen 2004: 174 ff.). Und obwohl sich die Deduktionslogik, die auch der Curriculumsrevision in den 1970er-Jahren zugrunde lag, längst als theoretisch unmöglich und praktisch undurchführbar erwiesen hat (vgl. Hameyer et al. 1983), beginnt man im Zuge der neuerlichen Reform wieder daran zu glauben, durch den Prozess der Modularisierung könne man Kompetenzen und einen berufsfeldorientierten Habitus herstellen.

Für eine bildungstheoretisch informierte Hochschuldidaktik liegt der Frage nach den Bedingungen für eine Qualitätsentwicklung von Studium und Lehre eine gänzlich gegensätzliche Prämisse zugrunde. Diese artikuliert sich in der pädagogischen Paradoxie von Freiheit und Zwang und zugleich der Aporetik aller pädagogischen Aufgaben, nämlich ein Ziel (in diesem Fall ein Lernziel) zu verfolgen, das nur vom anderen selbst erreicht und nicht erzwungen, hergestellt oder produziert werden kann (vgl. Wimmer 2005: 24). Das den Praktiken der Modularisierung zugrunde liegende deduktionslogische Kalkül verhilft aus dieser Perspektive einer längst tot geglaubten Denkfigur pädagogischer Steuerung zu neuem Aufschwung. Sie folgt der Annahme, die Politik oder wechselweise der Arbeitsmarkt könne die Qualifikationsdeskriptoren des Studiums definieren und die Fachwissenschaften das zu lehrende Wissen bereitstellen. In der Folge brauche die Psychologie lediglich die entsprechenden Steuerungstechniken liefern, die das Lernen so zu konstruieren erlauben, dass sich die Lernenden zielkonform entwickeln. In diesem Diskurs kommt der Hochschuldidaktik lediglich die Aufgabe zu, die von Arbeitsmarkt, Fachwissenschaften und Psychologie gelieferten Aussagen zu einem Werkzeugkasten für die Lehrenden zusammenzustellen.

3.4 Ein statischer Wissensbegriff

Allerdings bleibt nicht nur die Unmöglichkeit der Herstellung von Lern- und Bildungsprozessen sowie der abgeleiteten Lern- und Bildungsziele in der Reformdebatte seltsam unthematisiert. Auch der der Deduktionslogik und der Top-Down-Modularisierung implizite Wissensbegriff wird nicht problematisiert. Dabei ist es eben jener statische Wissensbegriff, der aus bildungsreflexiver Perspektive einer linearen Ableitung und rezeptiven Vorstellung von Lernen und Studieren Vorschub leistet (Höhne 2003: 132 ff.).

Der den Modularisierungspraktiken implizite Wissensbegriff scheint seltsam reduktionistisch angelegt. Diese Vorstellung von Wissen übersieht, dass die Sache, der Gegenstand, der objektive Gehalt längst nicht mehr das konkret erfassbare Ding „an sich" ist – der Mond, der Magnet, der fallende Körper oder ein Gedicht von Goethe, das Leben in der Renaissance, die lateinische Grammatik. Das Wissen und damit die Gegenstände von Lehr-Lern-Prozessen sind das vom Menschen verfremdete, eingeordnete, bezeichnete, abstrahierte, systematisierte und bewertete Ding: ein Element in einem strukturierten Feld von Wissen (Wissensfeld), das selbst viel schwerer zugänglich ist als die sogenannten Sachen, die es doch zu erklären behauptet. „Das Wissen ist keine Gesamtheit mehr, es ist plural und heterogen, ohne innere Einheit und Zusammenhang." (Wimmer 2005: 27)

Die deduktionslogischen Praktiken der Modularisierung hingegen unterstellen eine andere Wirklichkeit. Das von den Wissenschaften produzierte und vom Arbeitsmarkt geforderte Wissen scheint fraglos, wohl definiert, systematisiert und zuverlässig. Doch spätestens seit die sprachgeschichtliche Verwandtschaft des deutschen Begriffs „Wissen" mit dem platonischen Eidos aufgezeigt werden konnte (Husserl 1984: 729), Berger und Luckmann die These der „gesellschaftlichen Konstruktion des Wissens" theoretisch entfalteten (Berger/Luckmann 1969) und Foucaults große Arbeit über die Archäologie des Wissens zur Kenntnis genommen wurde (Foucault 1981), sollte deutlich geworden sein, dass weder bedeutsame Bildungsprozesse noch das wirklich Wissenswerte einer Disziplin einer planbaren oder herstellbaren Logik folgen. Das, was von den Hochschulen erwartet wird, kann auf gewisse Weise nicht erwirkt werden: Die Entwicklung wissenschaftlichen Wissens und die hierfür notwendige „freie Wechselwirkung" zwischen Ich und Welt benötigt entsprechende Bedingungen. Thematisierbares Wissen ist in kulturelle Diskurse eingebunden, und Lehr- und Studienprozesse sind interaktive Vergesellschaftungsprozesse, in denen Orientierungs- und Handlungswissen diskursiv aufgebaut und prozessiert werden (Klingovsky 2009: 105).

Der den Modularisierungspraktiken implizite Wissensbegriff vermag in der Logik der Deduktion und in dem Kalkül der Planbarkeit und Herstellbarkeit von Lern- und Studienleistungen seine eigenen Qualitätsdimensionen zu offenbaren. Eine derart gelagerte Qualitätsentwicklung von Studium und Lehre impliziert allerdings Effekte, die aus einer bildungstheoretisch informierten Perspektive das Ziel einer qualitativ und inhaltlich anspruchsvollen Gestaltung und Strukturierung von Studium und Lehre verfehlen. Vor diesem Hintergrund sollen nun in einem letzten Schritt einige Markierungen vorgenommen werden, auf welche Weise ein qualitativ anspruchsvollerer Zusammenhang von Wissen, Studium und Lehre in einer hochschulischen Lehr- und Lernkultur konkretisiert werden könnte.

4 Bildungstheoretische Markierungen

Aus bildungstheoretisch informierter Perspektive verweist sowohl die den gegenwärtigen Modularisierungspraktiken implizite Logik der Herstellung und Steuerung von Lern- und Bildungsprozessen an der Hochschule wie auch ihr statischer Wissensbegriff auf eine Idee betriebsförmiger Lehr- und Lernplanung. Gesteigert wird diese noch um eine Wettbewerbsidee, wonach mehr Konkurrenz unter den Hochschulen zu mehr Qualitätsentwicklung führe. Unabhängig von der mehr als streitbaren Vorstellung, mehr Konkurrenz führe zu besserer Qualität, stellt sich die Frage, ob der zugrunde liegende Qualitätsbegriff tatsächlich hält, was er verspricht.

Um die Qualität der Gestaltung von Lehr- und Lernkulturen an der Hochschule zu steigern, wird nun, ausgehend von einer strukturell-organisatorischen Vorstellung, die Hochschuldidaktik als Lösungsformel konzipiert. Dabei geraten zum einen die Hochschullehrenden in den Fokus. Ihre Kompetenzprofile sollen über hochschuldidaktische Qualifizierungsmaßnahmen entwickelt werden, damit sie in der Lage sind, die Verantwortung für eine anspruchsvolle Gestaltung von Lehr- und Lernkulturen zu übernehmen. Zum anderen boomt das Geschäft mit ‚innovativen' didaktischen Konzepten und Methodenbars, Wirksamkeit versprechenden Unterrichtsprinzipien und Erfolgsfaktoren. Bizarr an dieser Entwicklung ist vor allem, dass sich mit der Qualitätsoffensive korrespondierend ein pulsierender Weiterbildungsmarkt entwickelt. Unberücksichtigt bleibt allerdings, dass eine Qualitätsentwicklung von Studium und Lehre – wollte sie eine qualitativ und inhaltlich anspruchsvolle Modularisierung vollziehen – sich lösen müsste von einer individualisierten Methodendidaktik, einem ontologischen Wissensverständnis und einer didaktischen Herstellungs- und Steuerungslogik.

Dieser Gedanke müsste theoretisch und praktisch weiterentwickelt werden. Den Ausgangspunkt der Gestaltung einer bildungstheoretisch informierten modularisierten Lehr- und Lernkultur könnte dabei die Strukturiertheit des Wissens selbst darstellen. Der Topos „Bildung durch Wissenschaft" gewänne darin neue Aktualität. In Anbetracht der Performativität der Wissensgenese[4] wäre eine Lehr- und Lernkultur zu gestalten, in der nicht nur nach Genesis und Geltung des Wissen gefragt, sondern darüber hinaus die Prozesse des Lehrens und des Studierens selbst befragt werden können. Es würde ein anderer Zusammenhang von Wissen, Lehren und Studieren konstitutiv: Wissensangebote in der Lehre würden – um überhaupt produktiv zu werden – darin nicht zur Rezeption angeboten, sondern in von Lehrenden angeregten Aushandlungsprozessen von Studierenden kritisch rekonstruiert, modifiziert und transformiert.

Studienleistungen würden in einer derartigen Lehr- und Lernkultur nicht länger als Arbeitsleistungen gefasst, die in Zeitstunden zu bemessen sind, sondern als Leistung der Bedeutungsgenese gegenüber Wissenskonstruktionen. Die Formalisierung des Studiums und seine Ausrichtung auf den Kompetenzerwerb könnten zugunsten einer bedeutungsvollen Entwicklung von Wissensstrukturen und eines Aufbaus inhaltlich sinnvoller Handlungsfähigkeit gewendet werden. Der für Modularisierungspraktiken zentrale Kompetenzbegriff erschiene nicht länger als Fluchtpunkt einer trotz aller Bekundungen nicht mehr vorhandenen Gesamtheit von Wissensbeständen, sondern als inhaltlich bedeutsame Dimension in der Organisation von Studium und Lehre. Deren Grundlage bildet eine hochschuldidaktisch fundierte Modularisierung, der es gelingt, die Fachlogik bestimmter Wissensfelder mit einer hochschuldidaktischen Entwicklungslogik zu verschränken und damit eine inhaltlich anspruchsvolle Gestaltung und Strukturierung von Studium und Lehre vorzunehmen.

---

4 Die Performativität der Wissensgenese bezeichnet einen Prozess der Herstellung von Wissenskonstruktionen. Begreift man Wissen und Kultur als Ergebnis performativer Handlungen, wird die ‚Wiederholung' zum zentralen Einsatz der Wissensgenese. Sie steht im Zentrum performativer Prozesse, „in denen eine Bezugnahme auf Vorausgehendes erfolgt, die jedoch nie zu demselben Ergebnis führt" (Wulf et al. 2001: 13). In diesem Prozess kommt es stets zu einer performativen Veränderung und Gestaltung des Bestehenden.

5 Schlussbetrachtungen

Im Durchgang durch die Logik der Praktiken der Transformation hochschulischer Lehr- und Lernkulturen am Beispiel der Modularisierung wurde deren zugrunde liegende Idee für die Hochschule offenbar. Es dominiert ein Planungs-, Steuerungs- und Herstellungsansinnen, das zugleich mit einem reduktionistischen Wissensbegriff operiert. Der Topos „Bildung durch Wissenschaft" scheint aus dieser Perspektive nicht obsolet, sondern auf gewisse Weise noch nicht eingelöst. Wie eine Lehr- und Lernkultur an Hochschulen aussehen könnte, die Zugang zu systematischem disziplinärem Handlungs- und Erklärungswissen zur Bearbeitung spezifischer Probleme gesellschaftlicher Praxis eröffnet und dabei nicht in Lernen, Qualifikation und Befähigung aufgeht, sondern die Möglichkeit der selbsttätigen Auseinandersetzung mit den vorfindlichen Wissensbeständen, Erklärungsansätzen und Problembeschreibungen eröffnet, stellt aus dieser Perspektive weiterhin ein Forschungsdesiderat dar.

In Anlehnung an Norbert Ricken (2014) würde in einer solchen Perspektive des Weiteren deutlich werden, wie radikal sich auch der Begriff des Wissens im Laufe der Geschichte hochschulischer Lehr- und Lernkulturen verändert hat: Galt das Wissen im frühneuzeitlichen Horizont der Universität noch als gegeben und insofern auch als begrenztes Wissen (doctrina), so sollte es auch positivistisch gelehrt und gelernt werden (disciplina) (vgl. Stichweh 1994). Im Horizont der Aufklärung entwickelte sich eine Idee der Universität, die das Wissen eng mit Kants Vorstellung von der Aufklärung „Habe Mut, dich deines eigenen Verstandes zu bedienen!" (Kant 1964: 339) verbindet. Vor diesem Hintergrund konnte Humboldt seinen Topos von der „Bildung durch Wissenschaft" vorstellen, mit dem er „die objektive Wissenschaft mit der subjektiven Bildung" (Humboldt 1966: 255) verknüpfen wollte. Vor diesem Hintergrund dürfen ein reduktionistischer Wissensbegriff und die gegenwärtige Herstellungs- und Steuerungslogik durchaus befragt werden, ob sich in ihnen eine Idee von Hochschule zeigt, die auf Funktionalität und Zukunftsfähigkeit verweist. Demgegenüber ließe sich die Entwicklungsgeschichte der Hochschulen auch als reflexive Institutionalisierung modernen Zuschnitts beschreiben, in der das Wissen hinsichtlich seiner eigenen (theoretischen wie gesellschaftstheoretischen) Produktions- und Aneignungsbedingungen reflektiert wird und werden muss (vgl. Adorno 1977, Horkheimer 1937, Habermas 1968). Dabei könnte sich schließlich am Horizont auch eine gesellschaftskritische Institution abzeichnen, in der – wie Jacques Derrida eindrücklich in seiner Idee einer „Unbedingten Universität" formuliert hat – „nichts außer Frage steht" (Derrida 2001: 14) und stehen darf. Indem die Hochschulen sich in diesem Sinne als Bildungsinstitution entwerfen, könnte sich ihre gesellschaftliche Funktion geradezu paradigmatisch erweisen. Ihre Leistung bestünde darin, einer sich demokratisch aufklärenden Gesellschaft die Kontingenz ihrer Selbstverständnisse aufzuzeigen und damit einen auch öffentlich ausgetragenen Streit um gesellschaftliche Belange zu eröffnen (vgl. Masschelein/Simons 2010).

Literatur

Adorno, Theodor W. (1977): Tabus über den Lehrberuf. In: Adorno, Theodor W.: *Gesammelte Schriften* Bd. 10.2. Frankfurt/M., S. 656–673.

Barr, Robert B.; Tagg, John (1995): From Teaching to Learning: A new Paradigm for Undergraduate Education. In: *Change*, v. 27 (6), S. 13–26.

Benner, Dietrich; Brüggen, Friedhelm (2004): Bildsamkeit/Bildung. In: Benner, Dietrich; Oelkers, Jürgen (Hrsg.): *Historisches Wörterbuch der Pädagogik*. Weinheim, S. 174–215.

Berger, Peter L.; Luckmann, Thomas (1969): *Die gesellschaftliche Konstruktion der Wirklichkeit. Eine Theorie der Wissenssoziologie*. Frankfurt/M.

Bundesverfassungsgericht (2016): URL: http://www.bundesverfassungsgericht.de/SharedDocs/Pressemitteilungen/DE/2016/bvg16-015.html (letzter Aufruf: 22.06.2016).

Bund-Länder-Kommission (2003): *Modularisierung in Hochschulen. Handreichung zur Modularisierung und Einführung von Bachelor- und Masterstudiengängen*. H. 101. URL: http://www.blk-bonn.de/materialien.htm (letzter Aufruf: 30.04.2016).

Derrida, Jacques (2001): *Die unbedingte Universität*. Frankfurt/M.

Faulstich, Peter; Oswald, Lena (2010): Wissenschaftliche Weiterbildung. In: Hans-Böckler-Stiftung (Hrsg.): *Arbeitspapier* 200, S. 1–41.

Foucault, Michel (1981): *Archäologie des Wissens*. Frankfurt/M.

Franz, Heike; Ruschin, Sylvia (2006): Modularisierung als Schlüsselinstrument der Studienreform. In: Hochschuldidaktisches Zentrum Dortmund (Hrsg.): *Journal Hochschuldidaktik*, 17. Jg., Nr. 1, S. 4–6.

Habermas, Jürgen (1968): Erkenntnis und Interesse (Antrittsvorlesung von 1965). In: Habermas, Jürgen: *Technik und Wissenschaft als ‚Ideologie'*. Frankfurt/M., S. 146–168.

Hameyer, Uwe; Frey, Karl; Haft, Henning (Hrsg.) (1983): *Handbuch der Curriculumsforschung*. Weinheim, Basel.

Höhne, Thomas (2003): *Pädagogik der Wissensgesellschaft*. Bielefeld.

Horkheimer, Max (1937): Traditionelle und Kritische Theorie. In: *Zeitschrift für Sozialforschung*, Jg. 6 (1937), H. 2, S. 245–309.

Humboldt, Wilhelm von (1966): Über die innere und äußere Organisation der Höheren wissenschaftlichen Anstalten in Berlin (1810). In: Humboldt, Wilhelm von: *Werke. Bd. 4: Schriften zur Politik und zum Bildungswesen*. Stuttgart, S. 255–266.

Husserl, Edmund (1984): Logische Untersuchungen. Untersuchungen zur Phänomenologie und zur Theorie der Erkenntnis. In: Panzer, Ursula (Hrsg.): *Edmund Husserl. Logische Untersuchungen*, 2. Bd. Boston, Lancaster.

Kant, Immanuel (1964): Der Streit der Fakultäten (1798). In: Kant, Immanuel.: Werke in 6 Bänden (hrsg. von Wilhelm Weischedel), Bd. 6: *Schriften zur Anthropologie, Geschichtsphilosophie, Politik und Pädagogik*. Wiesbaden, S. 261–393.

Keiner, Edwin. (Hrsg.) (2001): *Evaluationen (in) der Erziehungswissenschaft*. Weinheim, Basel.

Klingovsky, Ulla (2009): *Schöne Neue Lernkultur. Transformationen der Macht in der Weiterbildung. Eine gouvernementalitätstheoretische Analyse*. Bielefeld.

Kokemohr, Rainer (2005): Internationalisierung der Universität, Standardisierung des Wissens und die Idee der Bildung. In: Liesner, Andrea; Sanders, Otto (Hrsg): *Bildung der Universität. Beiträge zum Reformdiskurs*. Bielefeld, S. 101–123.

Liessmann, Konrad Paul (2006): *Theorie der Unbildung*. Wien.

Luhmann, Niklas; Schorr, Karl Eberhard (1988): *Reflexionsprobleme im Erziehungssystem*. Frankfurt/M.

Maeße, Jens (2010): *Die vielen Stimmen des Bologna-Diskurses. Zur diskursiven Logik eines bildungspolitischen Programms*. Bielefeld.

Masschelein, Jan; Simons, Marten (2010): *Jenseits der Exzellenz. Eine kleine Morphologie der Welt-Universität.* Zürich.

Ricken, Norbert (2014): **Die wissentliche Universität – eine Einführung in Lage und Idee(n) der Universität.** In: Ricken, Norbert; Koller, Hans-Christoph; Keiner, Edwin (Hrsg.): *Die Idee der Universität – revisited.* Wiesbaden.

Schimank, Uwe; Winnes, Markus (2001): Jenseits von Humboldt? Muster und Entwicklungspfade des Verhältnisses von Forschung und Lehre in verschiedenen Hochschulsystemen. In: Stölting, Erhard; Schimank, Uwe (Hrsg.): *Die Krise der Universitäten. Sonderheft 0/2001 der Zeitschrift Leviathan – Zeitschrift für Sozialwissenschaften.* Opladen, S. 295–325.

Schleiermacher, Friedrich (1956): Gelegentliche Gedanken über Universitäten im deutschen Sinn (1808). Nebst einem Anhang über eine neu zu errichtende. In: Anrich, Ernst (Hrsg.): *Die Idee der deutschen Universität. Die fünf Grundschriften aus der Zeit ihrer Neubegründung durch klassischen Idealismus und romantischen Realismus.* Darmstadt, S. 219–308.

Stichweh, Rudolf (1994): Die Einheit von Forschung und Lehre. In: Stichweh, Rudolf: *Wissenschaft, Universität, Professionen: Soziologische Analysen.* Frankfurt/M., S. 228–245.

Tenorth, Heinz-Elmar (1999): Technologiedefizit der Pädagogik. Zur Kritik eines Mißverständnisses. In: Fuhr, Thomas (Hrsg.): *Zur Sache der Pädagogik.* Bad Heilbrunn, S. 252–266.

Turner, George (2001): *Hochschule zwischen Vorstellung und Wirklichkeit. Zur Geschichte der Hochschulreform im letzten Drittel des 20. Jahrhunderts. Abhandlungen zu Bildungsforschung und Bildungsrecht,* Bd. 7. Berlin.

Wimmer, Michael (2005): Die überlebte Universität. Zeitgemäße Betrachtungen einer „unzeitgemäßen" Institution. In: Liesner, Andrea; Sanders, Otto (Hrsg.): *Bildung der Universität. Beiträge zum Reformdiskurs.* Bielefeld, S. 19–42.

Wissenschaftsrat (2014): *Institutionelle Perspektiven der empirischen Wissenschafts- und Hochschulforschung in Deutschland.* Positionspapier, Drs. 3821-14. URL: http://www.wissenschaftsrat.de/download/archiv/3821-14.pdf (letzter Aufruf: 15.05.2016).

Wulf, Christoph; Göhlich, Michael; Zirfas, Jörg (Hrsg.) (2001): *Grundlagen des Performativen. Eine Einführung in die Zusammenhänge von Sprache, Macht und Handeln.* Weinheim, München.

Astrid Messerschmidt
Bildung unter widersprüchlichen Bedingungen des Lehrens und Studierens

Abstract: Lehren und Studieren an den Universitäten und Hochschulen findet unter machtvoll verwalteten Bedingungen statt, an denen die Lehrenden und Studierenden Anteil haben und an denen sie mitwirken, wenn sie erfolgreich sein wollen. Mit einem widersprüchlichen Bildungsbegriff folgt der Text einer bildungstheoretischen Spur der Kritik, auf der die Ansprüche an eine Hochschulbildung, die sich von Ausbildung unterscheidet, weder idealisiert noch verworfen werden müssen. Dabei werden Positionen aus kritischer Bildungstheorie und aus der älteren Kritischen Theorie aufgegriffen, die unterschiedliche Akzente für das Bildungsverständnis setzen. Sondiert werden die Bedingungen bürgerlicher Bildung, um daraus Konsequenzen für das Pädagogikstudium und insbesondere für die Lehramtsstudiengänge abzuleiten.

1 Einleitung

Wer Bildung institutionell zu verantworten hat, befindet sich nicht auf einer sicheren Seite, auf der es human, freiheitlich und selbstbestimmt zugeht – wobei alle drei Zuschreibungen gar keine sichere Seite versprechen können, wenn sie als in sich ambivalent verstanden werden. Schließlich werden im Namen der Humanität Kriege geführt, im Namen der Freiheit Finanzmärkte liberalisiert und die Spekulation auf Lebensmittel zugelassen. Im Namen der Selbstbestimmung werden Lernformen organisiert, die als „selbstgesteuert" bezeichnet werden und damit die Bereitschaft derer, die sich da selbst steuern, zum reibungslosen Funktionieren praktisch werden lassen. Die Bezeichnung für diese kontrollkonforme Lernform beinhaltet kaum eine normative Kraft. Genauso beliebig zu besetzen stellt sich der Bildungsbegriff dar, der keineswegs so einzigartig deutsch ist, wie immer wieder beschworen wird (vgl. Czejkowska 2010: 454). Wäre er das, was wäre besser daran? Die Anrufung einer Bildungskonzeption jenseits der verwalteten Welt der Wirtschaft und ihrer ökonomischen Verzweckungen erscheint wie ein Wunsch der Bildungsarbeiter/-innen,[1] unschuldig zu sein. Verdrängt wird darin die eigene institutionelle Beteiligung an eben jener Besetzung von Bildung, die mit dem Funktionieren der bürgerlichen Gesellschaft konform geht. Diese Gesellschaftsform kapitalisiert sich immer mehr, und ich schlage vor, eher von einer *Kapitalisierung* als vom Kapitalismus zu sprechen, um den Prozess und das

---

[1] Als Bildungsarbeiter/-innen bezeichne ich alle in den Bildungsinstitutionen Tätigen, denen eine professionelle Rolle bei der Vermittlung von Bildungsinhalten zugeschrieben wird.

eigene Mittun daran deutlich zu machen und weil der Kapitalismusbegriff die Phänomene der postindustriellen Wirtschaftsformen zu sehr vereindeutigt und auf eine Formel bringt, die oft die Auseinandersetzung eher verhindert. Alle scheinen schon zu wissen, was gemeint ist, ohne sich selbst zu meinen. Der Kapitalismusbegriff lässt sich allzu leicht als Distanzierungsformel gebrauchen, obwohl doch kaum etwas mir so sehr auf den Leib rückt und mich so sehr zu vereinnahmen in der Lage ist, wie die Anforderungen an eine verwertungsbereite Lebensform, der ein Zugriff auf alle Lebensbereiche ermöglicht worden ist, und an dieser Ermöglichung bin ich selbst beteiligt, solange ich erfolgreich in den Institutionen arbeiten will.

2 Radikale Verwaltung und bürgerliche Bildung

In dem Text „Kultur und Verwaltung" von 1960 spricht Adorno von der „Verselbständigung von Organisationen" (Adorno 1997: 124) und von einer „radikal vergesellschaftete[n] Gesellschaft" (Adorno 1997: 133). Die Verwaltung repräsentiert „notwendig, ohne subjektive Schuld und ohne individuellen Willen, das Allgemeine gegen jenes Besondere" (Adorno 1997: 128). Bei Adorno wird das keineswegs anklagend formuliert, sondern nüchtern festgestellt. Es ist daraus keine Sicherheit zu gewinnen für eine umfassende Kritik an der Verwaltung. Die Gegenpositionen, die beanspruchen, „autonom, kritisch, antithetisch" (Adorno 1997: 133) aufzutreten, sind abhängig von dem, wogegen sie rebellieren. Es ergeben sich zwei Möglichkeiten, auf diese Situation zu reagieren: Resignation oder die klassische Ideologiekritik, die das falsche Allgemeine entlarvt und den Ort, von dem aus sie das tut, nicht angeben kann. Das lässt Kritik in einem negativen Sinn utopisch werden – der Nicht-Ort der Kritik hat aus meiner Sicht weniger damit zu tun, dass es einen solchen Ort nicht gibt, sondern vielmehr damit, dass er nicht angegeben wird. Die in den letzten 20 Jahren in den Sozialwissenschaften formulierten Einsprüche gegen eine ortlose Kritik betrachte ich als Versuche, den Ort anzugeben, von dem aus gesprochen/kritisiert/analysiert wird – den Ort bspw. eines vergeschlechtlichten Subjekts, den Ort eines kolonialisierten und kolonialisierenden Subjekts, den Ort eines verbürgerlichten und damit eben verwalteten Subjekts. Peter Eulers „Kritik der Kritik" (Euler 1998) lese ich im Kontext kritischer Bildungstheorie als Aufforderung, die Kritik der Bildung den kritischen Positionen auszusetzen, die versuchen, ihren Ort anzugeben.

Wer Adornos „Theorie der Halbbildung" liest, wird mit sich selbst konfrontiert und begegnet der eigenen Bildungssozialisation. Denn es ist nicht davon auszugehen, jemand „wäre von der Tendenz zur sozialisierten Halbbildung ausgenommen" (Adorno 1972: 120). Wenn es nicht möglich ist, sich unter den gegebenen Bedingungen der Halbbildung zu entziehen, dann spricht die Kritik die Rezipient(inn)en des Textes selbst an. Gleichzeitig ermöglicht die Art und Weise, wie diese Kritik formuliert wird, an einigen Stellen doch, Halbbildung außerhalb von sich selbst zu diagnostizieren.

Nach meiner Lesart kommt dieses doppelbödige Lesen zustande, weil von keiner anderen als von bürgerlicher Bildung die Rede ist. Mit ihr ist einerseits die Sehnsucht nach den klassischen Bildungsinhalten verbunden, und andererseits ist sie das Einfallstor der Affirmation. Adorno stößt in seinen eigenen Formulierungen auf das Dilemma, bürgerliche Bildung radikal zu kritisieren und ihr doch auch anzuhängen und sie nicht aufgeben zu können.

Erst mit der Kritik des Ressentiments in der „Theorie der Halbbildung" ergibt sich das Moment des Non-Konformistischen, des Brechens mit allem, dem so leicht zugestimmt werden kann, weil es mich selbst nicht betrifft. Das Ressentiment steht für den Vorbehalt gegenüber anderen oder zu Fremden Gemachten, die als übermächtig erlebt werden. Es kennzeichnet eine Haltung der Abwehr durch Beharren auf den eigenen Vorstellungen, Selbstbildern und Weltbildern, die zugleich als unterlegen betrachtet werden. Im Ressentiment kann man sich selbst als Opfer übermächtiger Verhältnisse repräsentieren und braucht keine Verantwortung für eben diese Verhältnisse zu übernehmen. Sie erscheinen als schwierig, undurchschaubar und komplex und erzeugen das „Gefühl, an die Macht des Bestehenden doch nicht heranzureichen, vor ihm kapitulieren zu müssen" (Adorno 1972: 117). Um die Welt durchschaubar zu machen, wird auf das Mittel der Personalisierung gesetzt: „[O]bjektive Verhältnisse werden einzelnen Personen zur Last geschrieben oder von einzelnen Personen das Heil erwartet" (Adorno 1972: 118). In der Struktur des Ressentiments kommt die „Wahlverwandtschaft von Halbbildung und Kleinbürgertum" zum Ausdruck (Adorno 1972: 118). Verfolgungswahn, den Adorno in Begleitung des Ressentiments verankert, ist in der Konsequenz dessen nicht mehr als ein krankhafter Zustand anzusehen, sondern bildet ein Symptom verweigerter Selbstreflexion. Und erst diese Verweigerung ermöglicht mir, die „Angst vorm Unbegriffenen" (Adorno 1972: 117) zu kompensieren, indem ich äußere Verursacher für diese Angst identifiziere. Adorno weist das Erklärungsmuster der Undurchschaubarkeit als Ursache für die Angst radikal zurück und steht damit im Gegensatz zu gängigen Modernisierungstheorien, die ein schönes Angebot zur Plausibilisierung eigener Unfähigkeiten machen, indem sie nahe legen zu glauben, die Welt sei einfach zu kompliziert geworden. Für Adorno ist die Gesellschaft „durchsichtiger als je zuvor" (Adorno 1972: 117), wodurch es unmöglich wird, sich auf die Position des hilflosen Opfers undurchschaubarer Verhältnisse zurückzuziehen.

Halbbildung wird nach meiner Lesart erst dann zu einem kritischen Begriff, wenn ich sie nicht als Identitätsmarkierung verstehe, sondern als Form der Beziehung zur Welt, die Adorno mit „Entfremdung" kennzeichnet – ein Begriff, mit dem ich das Verschwinden von Fremdheit bezeichnet sehe. Entfremdung lässt keine Vermittlung zu, alles wird ihr unmittelbar und ermöglicht es mir, immer von der „Wahrheit" zu sprechen – davon, wie es ist und wie es gewesen ist. Die Kritik der Halbbildung wendet sich gegen jede Unmittelbarkeitserwartung und ist gerade darin eine genuin pädagogische Kritik. Das Pädagogische reflektiert den Abstand zwischen der Sache und ihrer Aneignung. Ihre Arbeit bezieht sich auf die Zwischenräume, deren Beschaffenheiten von sozialen und kulturellen Verhältnissen bedingt sind und davon, wie diese Verhältnisse auf die Subjekte wirken.

Ein Zustand, der „weder Kultur beschwört, ihren Rest konserviert, noch sie abschafft", macht Adornos Vision aus (Adorno 1972: 120), ein Weder-noch statt ein Sowohl-als-auch. Wenn die Kraft für dieses Weder-noch aus der Bildung kommen soll, bleibt es für mich fragwürdig, ob damit gemeint sein kann, „was einmal Bildung war" (Adorno 1972: 121). Eher könnte doch diese Kraft aus dem gewonnen werden, was noch nicht Bildung hat sein können, weil es immer Halbbildung gewesen ist. Entscheidend bleibt aus meiner Sicht, dass Adorno am Schluss seines Essays die Selbstreflexion einfordert, nicht nur die Reflexion auf die Halbbildung, die allzu leicht zur Kritik an den Halbgebildeten werden kann – und damit meint man niemals sich selber. Bildung zielt für Adorno auf die kritische Selbstreflexion der eigenen Halbbildung und meint keine Befreiung aus derselben. Denn von einer Bildung, in der Halbbildung sich erledigt hätte, verspricht sich Adorno nichts, jedenfalls nicht unter den gegebenen gesellschaftlichen Verhältnissen, und nur von diesen geht seine Kritik aus. Das Festhalten an einem unbeschädigten Bildungsbegriff abstrahiert nur von dessen Vereinnahmungen und Verzweckungen und lässt Bildungstheorie idealistisch erstarren. Daher lese ich die „Theorie der Halbbildung" als Theorie der Bildung – als Einsicht in Verhältnisse, die nichts anderes als Halbbildung ermöglichen und an denen ich selbst beteiligt bin.

3 Bildung zwischen Versprechen, Drohung und Norm

Als ein sozialer Faktor enthält Bildung ein Versprechen und eine Drohung zugleich: Versprochen wird die Möglichkeit des Aufstiegs bei gleichzeitiger Drohung, ohne Bildungsambition und Bildungserfolg ins soziale Abseits zu geraten. Auf eine doppelte Weise wird Bildung zur „Bedingung der Machtausübung" (Heydorn 2004a: 187): Wer den Bildungsaufstieg schafft, dem winkt die Macht über andere; und wer sich dem Anspruch unterwirft, der unterliegt einer Bildungsmacht, die über seine Lebenszeit verfügt. Es ergibt sich eine negative Dialektik der Bildung, wenn der eigene Bildungserfolg lediglich dafür eingesetzt wird, die Macht über andere auszuüben, die auf einen selbst ausgeübt worden ist und wird, eine Perpetuierung von Konformität. Es ist ausgesprochen fraglich, ob in der institutionalisierten Bildung heute noch die „dialektische Möglichkeit" steckt, von der Heinz-Joachim Heydorn in seiner Konzeption des inneren Widerspruchs der Bildung gesprochen hat (Heydorn 2004b: 57). Offensichtlich muss es sich bei Heydorns „dialektischer Möglichkeit" um eine positive Dialektik gehandelt haben, die Möglichkeit negativ dialektischer gesellschaftlicher Entwicklungen bleibt ungenannt – vielleicht deshalb, weil auf dem Hintergrund seiner zeitgeschichtlichen Erfahrungen etwas unaussprechbar gewesen ist und nur in Metaphern wie der von der Mündigkeit, die in Wirklichkeit „eine Blutspur" sei, zum

Ausdruck kommt (vgl. Messerschmidt 2009: 125). Im Unterschied zu dieser mit gutem Grund dramatischen Kennzeichnung stellen sich die inneren Brüche der Mündigkeit heute wesentlich abgekühlter dar, und es handelt sich vielleicht eher um Bruchstellen und Fragilitäten als um Widersprüche.

Wird Pädagogik in der Perspektive eines widersprüchlichen Bildungsbegriffs gelehrt, so wirkt sich dies auch auf die Beziehung von Studierenden und Lehrenden aus, da beide sich innerhalb dieser Widersprüche wahrzunehmen haben und die kritische Analyse derselben immer auf die Grenzen der eigenen Abhängigkeiten stößt – sei es in der sozialen Positionierung als Studierende oder als Forschende und Lehrende. Beide haben sich mit ihrer Integration in die institutionellen Machtverhältnisse auseinanderzusetzen. Studieren und Lehren wird in dieser Perspektive zu einem Prozess der Auseinandersetzung mit dem Kontext des eigenen Handelns und mit dessen Wirkungen auf die Art und Weise, sich in diesem Kontext als Studierende und Lehrende zu begegnen (vgl. Messerschmidt 2011). Kritik bedeutet in der Konsequenz der Anerkennung eigener Integration wesentlich Selbstkritik, und diese wird auch von den Bildungsarbeiter/-innen in universitären, schulischen und außerschulischen Feldern verlangt. Sie können sich nicht ungebrochen als Aufklärer/-innen über problematische gesellschaftliche Tendenzen positionieren, sondern anstelle dessen deutlich machen, wie sie selbst in die Verwertung ihrer selbst und anderer involviert sind. Erst wenn die beschädigten Positionen der Kritik offen gelegt werden, kann eine Debatte entstehen, bei der keine/-r befürchten muss, als nicht ausreichend kritisch und deshalb defizitär entlarvt zu werden.

Wie aber kann eine kritische Praxis im Studium und beim Forschen überhaupt erfolgen, wenn der gesellschaftliche und institutionelle Kontext in der Lage ist, jede Kritik zu vereinnahmen und für hegemoniale Steuerungsprojekte nutzbar zu machen? In seiner Vorlesung im Collège de France 1977/78 kommt Michel Foucault auf eine Ausprägung der Macht zu sprechen, die er mit dem Begriff der *Gouvernementalité* kennzeichnet, um damit einen Typus der Selbstregierung und Selbstregulation zu benennen. Die Gouvernementalität bezeichnet die Gesamtheit von Verfahren, Analysen, Reflexionen, Berechnungen und Taktiken, die es ermöglichen, sich selbst zu lenken und lenken zu lassen (vgl. Foucault 2000: 64 f). Die Pädagogik hat sich den Regierungstechniken und Selbstführungsmethoden bereitwillig angenommen, haben sie ihr doch zur Steigerung ihrer gesellschaftlichen Bedeutung verholfen. Es handelt sich um Praktiken, die auf Disziplinierung und Unterwerfung verzichten und stattdessen mit der Bereitschaft zur Selbstführung rechnen. Subjekte werden dabei als Selbstunternehmer angerufen, „als eigenverantwortliche Verwalter ihrer individuellen Potenziale und Ressourcen" (Münte-Goussar 2009: 44). Beispielsweise kann das Führen eines Portfolios als eine derartige Selbsttechnologie betrachtet werden. Seine steile Karriere im Bildungsbereich lässt sich damit erklären, dass diese Art der Selbstdokumentation subjektiver Lernprozesse „als eine Abwendung von einer fremdbestimmten Leistungsfeststellung hin zu einer selbstbestimmten Leistungsdarstellung" erscheint (Münte-Goussar 2009: 52). Die Widersprüche jeder institutionalisierten

Bildung können damit, zugunsten einer in den Lernenden verankerten Vorstellung eigenständiger Reflexivität, verdrängt werden. Assoziiert wird eine „neue Lernkultur [...], die auf Partizipation, Transparenz, Authentizität" aufbaut (Münte-Goussar 2009: 51). Es kommt zur Internalisierung eines unternehmerischen Selbstbildes, in dem Bildung als Investition in die Optimierung der eigenen Möglichkeiten aufgefasst wird. Es wäre zu einfach, darin eine Ökonomisierung von Bildung zu sehen. Vielmehr handelt es sich um die Ausblendung der ökonomischen Bedingungen bürgerlicher Bildung, wodurch deren innerer Widerspruch von Integration und Emanzipation undenkbar wird. Bildung erscheint in den Selbsttechnologien, wie sie neben anderen das Portfolio einführt, als Form der Selbststeuerung bei gleichzeitiger Verkennung der Unvereinbarkeiten von Steuerung und Autonomie. Auf die Selbstbilder von Studierenden hat diese Entwicklung starke Auswirkungen. Es wird für sie ausgesprochen schwierig, eigenes Unbehagen an den Zumutungen des Bildungssystems auszudrücken, wenn alles, was von ihnen verlangt wird, ein freiheitliches Aussehen annimmt, so als ginge es immer nur darum, ihre Selbstbestimmungsfähigkeit zu steigern. Kritik scheint von gestern zu sein, wenn das, was zu kritisieren wäre, stets als Freiheitsversprechen auftritt.

4 Kritische Lehrer(innen)bildung in Machtverhältnissen

In dem Rundfunkvortrag „Tabus über dem Lehrberuf" (Adorno 1971) beschreibt Theodor W. Adorno Ambivalenzen im Lehrerbild: „Die Macht des Lehrers wird verübelt, weil sie die wirkliche Macht nur parodiert, die bewundert wird." (Adorno 1971: 75) Die Wut auf die bewunderte Macht erzeugt eine Verachtung des Lehrerberufs. Stabilisiert wird das aufgrund einer „immanenten Unwahrheit" der Pädagogik, die keine rein sachliche Arbeit „um der Sache willen" leistet, sondern sich in der Vermittlung der Sache auf die Subjekte des Lernens bezieht und sich mit deren subjektiven Aneignungsprozessen befasst. Die Formulierung, eine Sache werde pädagogisiert, bringt eine Verachtung der Vermittlungsarbeit zum Ausdruck – so als könne man diese Sache rein haben, wenn es die Pädagog(inn)en nicht gäbe. Pädagogik hat es systematisch mit „unreinen" Gegenständen zu tun, die nicht unberührt bleiben von der Arbeit der Vermittlung, des Verständlichmachens, und die damit in besonderer Weise denjenigen ausgeliefert sind, die sie vermitteln.

Der Begriff der Professionalität hat in der Erziehungswissenschaft den der „Lehrperson" abgelöst – und beide Begriffe sind problematisch. Denn beide gehen von einer souveränen Positionierung aus, der „gute Lehrer" als empathische Persönlichkeit, der „professionelle Lehrer" als Lernexperte. Zum Ausdruck kommt dabei ein Subjektverständnis von Autonomie ohne Abhängigkeit, das in der Pädagogik eine lange Geschichte hat und sich trotz breiter Subjektkritik in Theorie und Praxis hartnäckig hält (Sattler 2009). Während in der Bildungstheorie eine intensive Debatte um die Relativierung der Autonomie geführt worden ist, bleibt das Professionsverständnis in den pädagogischen Handlungsfeldern immer noch von einem dominierenden Souveränitätskonzept umfassender Handlungsfähigkeit durchsetzt. Kompetenzkonzepte personalisieren zudem die gesellschaftliche Kategorie der Autonomie und vermitteln die Vorstellung, durch das Einüben modularisierter Kompetenzen eine professionelle Unangreifbarkeit erreichen zu können.

Der Blick auf eigene Abhängigkeiten und auf Verhältnisse, die dem eigenen Bildungsanspruch widersprechen, verunsichert und ist zugleich der Ausgangspunkt für eine kritische Professionalisierung in einem Berufsfeld, das sich mit jeder Selbstkritik schwer tut. Der Begriff der Profession vermittelt Selbstsicherheit, solange er nicht in Beziehung gesetzt wird zu den subjektkritischen Überlegungen, die soziale und institutionelle Bedingtheiten des professionellen Handelns betonen. Professionalität zu erreichen, bietet die Aussicht auf symbolische Anerkennung und materielle Absicherung. Schließlich ist der Beruf der Lehrer/-innen im Vergleich zu vielen anderen Berufen, die mittlerweile immer weniger Beruflichkeit aufweisen und immer weniger langfristige Perspektiven bieten, noch einer der sichersten. Das macht ein wesentliches Element seiner Attraktivität aus und fördert die Bereitschaft zur Anpassung an institutionelle Bedingungen. Die Institution Schule wirkt in das Studium hinein, wenn Studierende bereits im Studium die schulischen Normalisierungsanforderungen internalisieren und sich an der Universität quasi schon in der Schule befinden. Was Sicherheit verspricht, vertieft die eigene Unterwerfungsbereitschaft. Das Unbehagen daran bildet einen Anknüpfungspunkt für eine institutionskritische Auseinandersetzung, die das eigene Berufsbild und die damit verbundenen Wünsche und Ängste thematisiert.

Der Kritikbegriff der älteren Kritischen Theorie der Frankfurter Schule bietet Anknüpfungspunkte für die Auseinandersetzung mit der eigenen Integration in die kritisierten Verhältnisse. Dabei bleibt das Individuum Maßstab der Kritik, und die zentrale Denkfigur bleibt „das Umkippen von Befreiung in neue Herrschaft" (Steinert 2007: 226). Dem „nonkonformistischen Intellektuellen" kommt in diesem Theoriekontext die Aufgabe der Erinnerung zu, d. h. sein Aktivismus ist weniger nach vorne, sondern viel mehr geschichtlich ausgerichtet, um die Gesellschaft an ihre Versprechungen zu erinnern und die dazu in Spannung stehende „herrschaftliche Wirklichkeit" zu präsentieren (Steinert 2007: 230). Für Pädagog(inn)en steht damit keine „Position eines Aufklärers als Lehrer" zur Verfügung (Steinert 2007: 215), sondern vielmehr die Entwicklung von Ansatzpunkten der Rekonstruktion gebrochener Aufklärungsprozesse – eine Praxis der Erinnerungen an das, was auch von Pädagog(inn)en versprochen, aber nicht eingelöst wird. Im Studium geht es daher nicht darum, in einer distanzierten Pose über problematische gesellschaftliche Entwicklungen aufzuklären, sondern zur Diskussion zu stellen, wie Hochschulen selbst in diese Prozesse involviert sind und welche Möglichkeiten es gibt, kritische Perspektiven zu entwickeln. Wenn Lehrende in den Lehramtsstudiengängen dabei vermitteln, wie sie sich selbst als Akteur/-in in Verhältnissen neoliberalisierter Bildungssteuerungen wahrnehmen, kann eine Diskussion über den Umgang mit der eigenen Integration in zu kritisierende Verhältnisse eröffnet werden. Statt einer Position der Überlegenheit nehmen Lehrende dabei eine Position des Involviertseins ein und stellen Begriffe und Analyseperspektiven für Studierende zur Verfügung, um sich im Studium und im späteren Beruf nicht einfach mit den Gegebenheiten zu arrangieren, sondern die eigenen Handlungsspielräume zu erweitern.

Für pädagogisches Handeln kann daraus die Aufgabe erfolgen, vielfältige Analysen von Unfreiheit zu entwickeln und dabei die Erfahrung von Unfreiheit als sozialen Prozess zu begreifen, bei dem es um die eigene Einbindung in Machtverhältnisse geht und darum, wie Macht ausgeübt wird und wie die Mechanismen verlaufen, jemandem Freiheit zu entziehen. Für Lehrer/-innen bedeutet das vor allem, sich zu fragen, wodurch die Freiheitsräume von Schüler/-innen begrenzt werden und wie sie selbst dazu beitragen können, diese zu erweitern. Bildungstheoretisch folgt dieser Ansatz einem in sich widersprüchlichen Bildungsbegriff, mit dem an keinem ungebrochenen Bildungsideal mehr festgehalten werden kann. Auf der Spur einer „Dialektik der Mündigkeit" (Koneffke 1994) steht diesem Bildungsverständnis keine überlegene Position zur Verfügung. Vermittelt wird ein begriffliches und historisch reflektiertes Instrumentarium, mit dem pädagogisches Handeln in Widersprüchen bewusst gemacht und verändert werden kann (vgl. Messerschmidt 2009). Wird Pädagogik mit dieser theoretischen Positionierung gelehrt, so wirkt sich dies auch auf die Beziehung von Studierenden und Lehrenden aus, da beide sich innerhalb dieser Widersprüche wahrzunehmen haben und die kritische Analyse derselben immer auf die Grenzen der eigenen Abhängigkeiten stößt – sei es in der sozialen Positionierung als Studierende oder als Forschende und Lehrende. Beide haben sich mit ihrer Integration in die institutionellen Machtverhältnisse auseinanderzusetzen. Studieren und Lehren wird in dieser Perspektive zu einem Prozess der Auseinandersetzung mit dem Kontext des eigenen Handelns und mit dessen Wirkungen auf die Art und Weise, sich in diesem Kontext als Studierende und Lehrende zu begegnen.

5 Fazit

Die Allgemeine Pädagogik hat sich seit den 2000er-Jahren sehr viel mehr mit Machtverhältnissen befasst, als sie es vor der Auseinandersetzung mit der Machtanalytik Foucaults je getan hat (vgl. Ricken/Rieger-Ladich 2004; Pongratz et al. 2004). Doch ist dabei kaum die Praxis des Lehrens an der Universität berücksichtigt worden. James Clifford wendet das Konzept der Kontaktzone auf die Rezeptionsprozesse in ethnografischen Museen an. Das dort Ausgestellte ist häufig durch Prozesse der gewaltförmigen Aneignung, des Raubs und der Enteignungen an diesen Ort gekommen. Schon dadurch ergibt sich die Herausforderung, in dieser Zone über Macht und

Bemächtigung zu sprechen. Doch auch die Rezipient(inn)en der Exponate, die Besuchergruppen, sind in ihren Zugangsvoraussetzungen zum Museum ungleich positioniert. Es entsteht ein „Kontakt unter ungleichen Ausgangsbedingungen" (Sternfeld 2013: 52), den Clifford als „uneven reciprocity" bezeichnet (Clifford 1997: 193). Somit sind zwei Ebenen der Ungleichheit zu beachten: die institutionelle Ebene mit ihren historischen Ausgangsbedingungen und die intersubjektive Ebene mit ihren sozialen Verhältnisbestimmungen. Beide Ebenen sind auf dem Boden von Konflikten zustande gekommen, wobei das Ergebnis dieser Konflikte keine gleichberechtigte Gegenseitigkeit erzeugt hat, sondern die von Walter Benjamin benannte Geschichte „aller, die je gesiegt haben" widerspiegelt (Benjamin 1974: 696). Wer sich das bewusst macht, kann sich von den idealisierten und erfahrungsfernen Besetzungen des Pädagogischen lösen und Studierenden vermitteln, wie die eigene Verstrickung in die institutionellen Machtverhältnisse aussieht und wie ich dadurch selbst gebildet und sozialisiert worden bin. Weil jedoch die Metapher der Verstrickung Assoziationen des Schicksalhaften hervorruft und weil sie in der Aufarbeitungsgeschichte des Nationalsozialismus benutzt worden ist, um eigene Täterschaft zu relativieren, spreche ich lieber davon, involviert zu sein und schlage diese Perspektive auf das eigene Involviertsein in Machtdynamiken als Ansatzpunkt für eine selbstkritische Praxis des Lehrens an Universitäten und Hochschulen vor.

Literatur

Adorno, Theodor W. (1971): Tabus über dem Lehrberuf. In: Adorno, Theodor W.: *Erziehung zur Mündigkeit*. Frankfurt/M., S. 70–87.

Adorno, Theodor W. (1972): Theorie der Halbbildung. In: Adorno, Theodor W.: *Gesammelte Schriften Band 8: Soziologische Schriften* I (hrsg. von Rolf Tiedemann). Frankfurt/Main, S. 115–121.

Adorno, Theodor W. (1997): Kultur und Verwaltung. In: Adorno, Theodor W.: *Gesammelte Schriften* Band 8, S. 122–146.

Benjamin, Walter (1974): Über den Begriff der Geschichte. In: Benjamin, Walter: *Gesammelte Schriften* (GS) Band 1.2 (hrsg. von Rolf Tiedemann, Hermann Schweppenhäuser). Frankfurt/M., S. 693–704.

Clifford, James (1997): Museums as Contact Zones. In: Clifford, James: *Routes, Travel and Translation in the Late Twentieth Century*. Cambridge: Harvard University Press, S. 188–219.

Czejkowska, Agnieszka (2010): „Wenn ich groß bin, werde ich Humankapital!" Die Crux von Kompetenz, Performanz & Agency. In: *Vierteljahrsschrift für Wissenschaftliche Pädagogik*, 86. Jg., Heft 4/2010, S. 451–465.

Euler, Peter (1998): Gesellschaftlicher Wandel oder historische Zäsur? Die ‚Kritik der Kritik' als Voraussetzung von Pädagogik und Bildungstheorie. In: Jahrbuch für Pädagogik 1998 (hrsg. von Josef Rützel, Werner Sesink): *Bildung nach dem Zeitalter der großen Industrie*. Frankfurt/M., New York, S. 217–238.

Foucault, Michel (2000): Die Gouvernementalität. In: Bröckling, Ulrich; Krasmann, Susanne; Lemke, Thomas (Hrsg.): *Gouvernementalität in der Gegenwart. Studien zur Ökonomisierung des Sozialen*. Frankfurt/M., S. 41–67.

Heydorn, Heinz-Joachim (2004a): Zum Verhältnis von Bildung und Politik. In: Heydorn, Heinz-Joachim: *Studienausgabe*, Band 2, Wetzlar, S. 180–236.
Heydorn, Heinz-Joachim (2004b): Zu einer Neufassung des Bildungsbegriffs. In: Heydorn, Heinz-Joachim: *Studienausgabe*, Band 4, Wetzlar, S. 56–145.
Koneffke, Gernot (1994): Zur Dialektik der Mündigkeit. In: Koneffke, Gernot: *Pädagogik im Übergang zur bürgerlichen Herrschaftsgesellschaft*. Wetzlar, S. 7–19.
Messerschmidt, Astrid (2009): Verdrängte Dialektik. *Zum Umgang mit einer widersprüchlichen Bildungskonzeption in globalisierten Verhältnissen*. In: Bünger, Carsten et al. (Hrsg.): *Heydorn lesen! Herausforderungen kritischer Bildungstheorie*. Paderborn, S. 121–135.
Messerschmidt, Astrid (2011): Weiter bilden? Anmerkungen zum lebenslangen Lernen aus erwachsenenbildnerischer und bildungstheoretischer Perspektive. In: Kommission Sozialpädagogik (Hrsg.): *Bildung des Effective Citizen. Sozialpädagogik auf dem Weg zu einem neuem Sozialentwurf*. Weinheim, S. 13–24.
Münte-Goussar, Stephan (2009): Portfolio, Bildung und die Ökonomisierung des Selbst. In: *Pädagogische Korrespondenz. Zeitschrift für Kritische Zeitdiagnostik in Pädagogik und Gesellschaft*, Heft 40/2009, S. 44–67.
Pongratz, Ludwig A. et al. (2004): *Nach Foucault – Diskurs- und machtanalytische Perspektiven der Pädagogik*. Wiesbaden.
Ricken, Norbert; Rieger-Ladich, Markus (2004): Michel Foucault: *Pädagogische Lektüren*. Wiesbaden.
Sattler, Elisabeth (2009): Die riskierte Souveränität. *Erziehungswissenschaftliche Studien zur modernen Souveränität*. Bielefeld.
Steinert, Heinz (2007): Dialektik der Aufklärung als Ideologiekritik der Wissensgesellschaft. In: Winter, Rainer; Zima, Peter V. (Hrsg.): *Kritische Theorie heute*. Bielefeld, S. 207–234.
Sternfeld, Nora (2013): Kontaktzonen der Geschichtsvermittlung. *Transnationales Lernen über den Holocaust in der postnazistischen Migrationsgesellschaft*. Wien.

Eva Borst
Über die Notwendigkeit kanonisierten Wissens für die Wiederaneignung einer existenziell bedeutsamen Bildung

Abstract: Im Folgenden wird der Versuch unternommen, die Umstrukturierung der Hochschulen und eine damit verbundene inhaltliche Profilierung unter dem Aspekt der Streuung des Wissens und seiner beschleunigten Aneignung im Horizont neoliberaler Wirtschaftsweisen zu systematisieren. Besonderes Augenmerk liegt dabei auf einer Analyse der Schwarmintelligenz, die aufgrund ihrer hohen Flexibilität dazu verleitet, auf kanonisiertes Wissen als Fundament einer kritischen Bildung zu verzichten. Am Schluss des Textes werden Vorschläge unterbreitet, wie eine existenziell bedeutsame Bildung Eingang in die Hochschulbildung finden kann.

1 Einleitung

Ein existenziell bedeutsamer Bildungsbegriff ist notwendigerweise immer mit einer Kritik an den bestehenden Verhältnissen verbunden, die die materielle, die psychische und die physische Existenz einer Vielzahl von Menschen bedrohen. Zu gewärtigen ist dabei, dass sich seit den 1990er-Jahren eine Wirtschaftsweise etabliert hat, die die demokratischen Prinzipien der Gerechtigkeit, Solidarität, Mit- und Selbstbestimmung missachtet und im Begriff ist, nicht nur ein plutokratisches System zu installieren (vgl. Brown 2015: 15), sondern jede menschliche Regung unter das Diktat des Ökonomischen stellt: „Jedes Verhalten", so schreibt die US-amerikanische Politologin Wendy Brown, „ist ökonomisches Verhalten; alle Bereiche des Lebens werden in ökonomischen Begriffen und Metriken erfaßt und gemessen, auch wenn diese Bereiche nicht direkt monetarisiert werden" (Brown 2015: 8), so etwa Bildung.

Ein Weiteres gilt es aber zu bedenken: Der Versuch der neoliberalen Ideologen, die Privatisierung öffentlichen Gutes voranzutreiben und auf diese Weise Herrschaft über die Menschheit zu erlangen, erweist sich dort als besonders skrupellos, wo es um den Erwerb von Wissen geht. Bildung ohne Wissen ist keine Bildung. Diese Feststellung ist eigentlich banal, wäre da nicht der Versuch der großen Konzerne, bestimmtes Wissen vor allem im naturwissenschaftlichen Bereich für ihre Profitakkumulation zu nutzen und beispielsweise über das Patentrecht zu privatisieren (vgl. Crouch 2015: 91). Dieses patentrechtlich geschützte Wissen wird der Allgemeinheit entzogen und nur dann weitergegeben, wenn ein von den Konzernen festgelegter Geldbetrag für seine Verwendung gezahlt wird. Mit der Monopolisierung des Wissens eng verbunden ist die Steuerung der Forschung über die Vergabe von Drittmitteln. Wir wissen in der

Zwischenzeit, dass durch machtvolle Lobbyisten Gelder für erwünschte Forschungsprojekte vergeben werden, während das Interesse an kritischen Forschungsprojekten eher marginal ist (vgl. Demirović 2015: 14 f.), zumal die Bildungsindustrie sich anheischig macht, das Bildungssystem Schritt für Schritt zu privatisieren und zu kommodifizieren. Ein besonders hilfreiches Instrument dabei ist das Freihandelsabkommen TiSA, in dem festgelegt wird, dass die Daseinsvorsorge, darunter auch Bildung, zu privatisieren sei.[1]

Eine der wesentlichsten Folgen eines solchen Ausverkaufs von öffentlichem Gut ist die Zerstörung der demokratischen Zivilgesellschaft und die Etablierung eines autoritären Wirtschaftsregimes, das auf den Prinzipien des Sozialdarwinismus beruht und sich auf die Theorie der kulturellen Evolution stützt, die durch den Wirtschaftswissenschaftler Friedrich August von Hayek ihre besondere neoliberale Form erhielt. Konkurrenz, Vielfalt und Selektion sind nach dieser Theorie die treibenden gesellschaftlichen Kräfte, die in der Realität, u.a. im Bildungssystem, schon praktisch geworden sind. Diese politischen Rahmenbedingungen sind bei der Wiederaneignung eines existenziell bedeutsamen Bildungsbegriffs an den Hochschulen zentral und weisen darauf hin, dass die Durchsetzung einer am klassischen Begriff orientierten Bildung äußerst schwierig ist, weil es gute Gründe von interessierter Seite gibt, diese zu verhindern.

Um also überhaupt der Frage nach einem Bildungsbegriff im besagten Sinne auf den Grund gehen zu können, ist es unabdingbar, zuvor die Rahmenbedingungen zumindest ansatzweise zu analysieren, unter denen Bildung in einer dramatischen Weise deformiert und an Verwertungsinteressen angepasst werden soll. Den Fokus werde ich dabei auf die systematische Zerstreuung des Wissens richten. Thematisch wird dabei eine Perspektive, die zwar im naturwissenschaftlichen und betriebswirtschaftlichen Zusammenhang diskutiert wird, gerade im Kontext des Wissenserwerbs aber außerordentlich bedeutsam ist, weil sie das Pendant zur Entstrukturierung des Wissens darstellt und die Entmündigung der Subjekte vollendet. Gemeint ist die Schwarmintelligenz, die wohl auf das spezialisierte Wissen eines Individuums angewiesen ist, aber einer Gruppe und nicht dem Individuum dient.

Im Anschluss an die Ausführungen über die Schwarmintelligenz komme ich zur eigentlichen Frage, die da lautet: Wie kann trotz großer politischer Widerstände kritische Bildung an den Hochschulen wieder an Terrain gewinnen? Dass hierzu ein langer Atem von Nöten ist, versteht sich von selbst. Hoffnungslos ist dieses Unterfangen aber

---

[1] Der erste Versuch, der Bildungsindustrie den Weg zu ebnen, war das im Jahr 1995 verabschiedete *General Agreement on Trades in Services* (GATS), ein internationales, multilaterales Vertragswerk der Welthandelsorganisation (WTO), das den grenzüberschreitenden Handel mit Dienstleistungen regelt und deren fortschreitende Liberalisierung und Privatisierung zum Ziel hat. Kaum wahrgenommen wird indes in der Öffentlichkeit das Nachfolgeabkommen *Trade in Services Agreement* (TiSA), das sich ausschließlich auf Dienstleistungen bezieht und zwischen EU, USA, Kanada und weiteren 22 Staaten abgeschlossen werden soll.

nicht, denn die neoliberalen Reformer unterschätzen die jeder Bildung, sei sie noch so passgenau auf den Arbeitsmarkt hin getrimmt, zugrunde liegende Rationalität, die Widerstand gegen die gesellschaftlichen Zwänge hervorzubringen vermag.

2 Zur Bildungsreform

Mit der Einführung des Bachelor-Master-Systems an den deutschen Hochschulen geht ein eklatanter Verlust von Inhalten einher, der – wenn überhaupt – nur dann kompensiert werden kann, wenn die Hochschulabsolvent(inn)en sich je nach Angebotslage selbstständig fort- und weiterbilden. Diese Phase nach der Hochschule wird gerne mit dem Begriff „Lebenslanges Lernen" belegt, wobei so getan wird, als handele es sich dabei um eine Errungenschaft, die die Möglichkeit der Verfolgung eigener Interessen mit einschließt, in Wirklichkeit aber auf einen unsteten Arbeitsmarkt hin ausgerichtet ist. Besonders problematisch ist diese planmäßige Entstrukturierung der Hochschulbildung dort, wo es um den Master-Abschluss geht. Zwar sind die meisten Master-Studiengänge als konsekutiv ausgewiesen, sie sollen also auf den Bachelor fachlich aufbauen. Aber durch den von der Bildungspolitik erzwungenen Konkurrenzdruck, einer dadurch erforderlichen Profilierung im Binnenverhältnis der Hochschulen und durch den erwünschten Wechsel der Hochschule am Übergang von Bachelor zu Master kommt es immer wieder, so meine Erfahrungen, zu großen Wissensunterschieden bei den Studierenden, sodass theoretisch anspruchsvollere Seminarveranstaltungen kaum möglich sind. Zumal die Studierenden nicht unbedingt einen Bachelor-Abschluss in der Erziehungswissenschaft haben müssen, sondern durchaus auch aus anderen Disziplinen kommen, etwa aus der Soziologie oder den Philologien, ist es notwendig, sie zunächst alle auf denselben Stand zu bringen in der Hoffnung, in der zweiten Hälfte des Semesters eine etwas avanciertere Theoriebildung betreiben zu können.

So sympathisch diese Interdisziplinarität auf den ersten Blick auch erscheinen mag, so verheerend wirkt sie sich doch auf das Selbstverständnis der einzelnen Disziplinen aus, die nun eben nicht mehr, zumindest in der Lehre, ihre Erkenntnisse vertiefen, sondern sich allerhöchstens in ihrer Breite präsentieren können. Aber auch diesem Anliegen ist aufgrund der Beschleunigung des Studiums und seiner starken Verschulung durch die Modularisierung kaum nachzukommen. Diese Verflachung des Hochschulstudiums weist auf einen weiteren problematischen Punkt hin, der die wissenschaftliche Qualifikation von Hochschullehrer/-innen betrifft. Langfristig führt nämlich diese strukturell bedingte und konkurrenzindizierte Verwässerung der Inhalte zu einer Spezialisierung innerhalb der Professorenschaft, die letztlich das Fach in seiner disziplinären Gänze zu beschädigen vermag. Dieses rückläufige Moment, also die strukturell in der Hochschulbildung angelegte Reduzierung von Bildungsinhalten und die daraus resultierende Spezialisierung, ist zu berücksichtigen, wenn von einer existenziell bedeutsamen Bildung die Rede ist. Damit ist das Bildungssystem als Ganzes angesprochen, denn Beschleunigung, Verflachung und Zerstreuung des Wissens in Form von Profilierung und Spezialisierung können wir auch in der Schule und in der Weiterbildung beobachten. Wenn der Erziehungswissenschaftler und Berater der Hessischen Landesregierung Wassilios Fthenakis beispielsweise für die Elementarbildung schon vorsieht, dass das von ihm so genannte *statische Bildungsvorratsmodell* durch ein *dynamisches Bildungserneuerungsmodell* ersetzt werden soll und der Bildungskanon ausdrücklich der Vergangenheit angehört (vgl. Hessisches Ministerium für Soziales und Integration und Hessisches Kultusministerium 2014), dann ist damit schon in den frühen Jahren der Heranwachsenden gesetzt, was in späteren Bildungsbiografien schließlich zur sozialisierten Selbstverständlichkeit aufrückt: Das Bildungssubjekt nimmt nur noch das für den Augenblick Nützliche auf; weder kann dieses ephemere Wissen sich an schon bestehende Bildungsinhalte assimilieren noch erhält es einen Wert über seinen kurzfristigen Gebrauch hinaus. Das beschleunigte Durchschleusen der Studierenden durch die Hochschule mit dem Ziel der Employability, wie sie u. a. auch vom Wissenschaftsrat ausdrücklich befürwortet wird, hat zum Ergebnis, dass Wissen nicht mehr in seinen Zusammenhängen begriffen wird und substanzlos bleibt. Es ist weder historisch-gesellschaftlich anschlussfähig noch trägt es dazu bei, über die eigenen Vorstellungen, Meinungen und Vorurteile als Resultat gesellschaftlicher Determination kritisch zu reflektieren, d. h. dort in Distanz zum Eigenen zu treten, wo es notwendig ist; sich seiner selbst zu entfremden, um sich Neuem zu öffnen, eine intellektuelle Neugierde zu entwickeln, die Kritikfähigkeit mit einschließt.

Unter den Stichworten *Flexibilisierung* und *Optimierung* haben die Erneuerer der Hochschule eine beispiellose neoliberale Reorganisation angestoßen (vgl. beispielsweise Demirović 2015), hinter der machtvolle Eliten stehen, denen es vor allem darauf ankommt, keine Kritik an ihren marktradikalen Ideen aufkommen zu lassen und einen Pool an Humankapital zu produzieren, das je nach Bedarf eingesetzt werden kann. Mit anderen Worten: Wissen verkommt zur Produktivkraft und wird umstandslos als Bildung bezeichnet, wo es doch eigentlich nur noch um Qualifikation geht, der allerdings menschliche Maßstäbe abhandengekommen sind. Dass der Wissenschaftsrat in seinen Papieren von 2014 und 2015 zum Verhältnis von Hochschule und Arbeitsmarkt eher verschämt noch von Persönlichkeitsbildung spricht, ist angesichts der geforderten Anpassung an den Arbeitsmarkt noch nicht einmal mehr ein schwacher Abglanz dessen, was Bildung einmal bedeutet hat: nämlich die Bedingung der Möglichkeit zur Mündigkeit zu schaffen, die immer auch Urteils- und Kritikfähigkeit mit einschließt und die Befreiung des Menschen zum Menschen (Heydorn 1995) ermöglicht. Obwohl nicht realisiert, sollte im Begriff der Bildung zumindest der Idee nach der Gedanke der Humanität aufgehoben sein.

Besagte systematische Entstrukturierung und Flexibilisierung des Wissenserwerbs hat ihre Ursachen sicherlich in einer rasant voranschreitenden Technologie, vor allem im IT-Bereich. Daher ist zur Reproduktion der Gesellschaft zweifellos eine qualifizierte Ausbildung notwendig. Aber Qualifizierung alleine ohne Reflexion auf die mit der Berufstätigkeit je verbundenen gesellschaftlichen Auswirkungen in historischer Verantwortung entspricht einer rein instrumentellen Vernunft, die die Barbarei schon in sich trägt. Adorno und Horkheimer konnten noch von der instrumentellen Vernunft reden, weil sie trotz aller Vorbehalte gegenüber der total verwalteten und – man kann getrost hinzufügen – ökonomisierten Welt an einer menschlichen Vernunft festhalten. Anders die Neoliberalen, die die Vernunft des Menschen in Abrede stellen und sich Darwin und Lamarck anschließen. Nicht vernünftiges Handeln um einer humanen und gerechten Gesellschaft willen sei der Motor der geschichtlichen Bewegung, sondern allein die Fähigkeit einer Gruppe sich gegenüber einer anderen Gruppe durchzusetzen, also Selektion und nicht etwa Solidarität ist demnach der Antrieb für wirtschaftlichen Erfolg, ein Erfolg freilich, der immer nur einzelnen Gruppen zugutekommt, während andere den Verlierern angehören. Dem zugrunde liegt die besonders von Friedrich August von Hayek[2] vertretene Auffassung einer *kulturellen Evolution*, die sich gewissermaßen hinter dem Rücken der Vernunft unbewusst und schicksalsmächtig vollzieht (vgl. von Hayek 1996: 87). Der Mensch kann sich der kulturellen bzw. der gesellschaftlichen Entwicklung nur fügen, er kann sie aber nicht beeinflussen oder gar qua seiner Vernunft unter rationalen Gesichtspunkten verändern. Schicksal und Zufall werden so zu den bestimmenden Faktoren im Getriebe der Welt. Die Substituierung der Vernunft durch ein kaum noch zu kontrollierendes Fatum, das nach von Hayek durch den wirtschaftlichen Erfolg oder Misserfolg charakterisiert und allein vom Reichtum an Privatbesitz abhängig ist, korrespondiert mit Konkurrenz und Selektion als notwendige Begleiterscheinungen einer auf Wettbewerb hin ausgerichteten Gesellschaft. Der Abschied von Vernunft und Aufklärung, die Hinwendung zu einer gewissermaßen unerklärlichen wirtschaftlichen Macht,[3] die der menschlichen Einflusssphäre weitgehend entzogen ist, erklärt, warum in den 1990er-Jahren mit Beginn der Ausweitung neoliberalen Gedankengutes Wilhelm von Humboldt als Stichwortgeber für eine humanistische Bildung mit Unterstützung der Medien aus dem Wahrnehmungshorizont verbannt und als ideologische Fracht über Bord geworfen wurde.

Was aber hat die kulturelle Evolution à la von Hayek mit der Zerstreuung des Wissens zu tun? Und was mit der Beliebigkeit der Inhalte? Zur Beantwortung dieser

---

[2] Friedrich August von Hayek (1899–1992) gilt auch heute noch als einer der einflussreichsten Theoretiker des Neoliberalismus. „Die Kulturentwicklung ist im wesentlichen ein unbewußter Prozeß, ein Prozeß, in dem die Individuen genauso durch Zufall oder das Schicksal ausgewählt wurden wie in der biologischen Evolution." (von Hayek 1996: 87)

[3] Von Hayeks Vorstellungen gewinnen geradezu religiöse Züge, wenn er behauptet, dass der Glaube an das Privateigentum tatsächlich einem Glauben entspringe (vgl. von Hayek 1996: 107 f.) und sich abstrakten Strukturen verdanke, die den „körperlosen Gestalten" der Geisterwelt vergleichbar seien: Das „Ungreifbare" habe eine „reale Existenz" (von Hayek 1996: 92), es sei aber wissenschaftlich nicht nachweisbar.

Fragen erscheint es sinnvoll, sich einem Thema zuzuwenden, das bislang kaum Eingang in die bildungstheoretische Diskussion gefunden hat. Ausgehend von der Annahme, dass angesichts der Fülle des Wissens und seiner vermeintlich zunehmend beschleunigenden Veränderung eine Kanonisierung sowie eine kritische Kommentierung (vgl. Assmann/Assmann 1987) auf der Ebene eines geschichtlich fundierten Dialogs mit dieser Kanonisierung nicht mehr möglich sei, wird neuerdings eine Form des Umgangs mit Wissen empfohlen, die höchst problematisch ist und in einem eklatanten Widerspruch zur aufklärerischen Tradition des Bildungsbegriffs steht. Die Rede ist von der Schwarmintelligenz.

3 Schwarmintelligenz

Schwarmintelligenz[4] fördert weder Subjektkonstitution noch Kritikfähigkeit. Auch beruht sie nicht auf vernünftigen Entscheidungen einzelner Subjekte, die sich über ein verbindlich Allgemeines verständigen. Sie ist im Gegenteil darauf gerichtet, ein Problem zum Erhalt des Schwarms zu lösen. Ihre Wurzeln liegen in der Verhaltensforschung und der Soziobiologie, und sie wird besonders im Rahmen betriebswirtschaftlicher Innovationen im Dienste von Optimierung und Effizienz diskutiert. Schwarmintelligenz erfüllt dabei den Zweck der Problemlösung einer (vermeintlichen) Gemeinschaft, ohne dass der Problemlösungsprozess als ein Verstehensprozess zu begreifen ist. Jedes einzelne Mitglied hat seinen spezifischen Anteil am Erhalt des Systems, ohne allerdings die Reichweite seiner Handlungen ermessen zu können und ohne in irgendeiner Weise zu wissen, was andere Mitglieder des Schwarms denken. Jedes Mitglied ist somit auf eine spezifische Art Spezialist/-in des eigenen, eng umgrenzten Bereichs.

Damit Schwarmintelligenz funktioniert, so jedenfalls ihre Befürworter (vgl. SwarmMind 2012), muss gewährleistet sein, dass jedes Individuum seine eigene Sicht auf ein ihm nicht in seiner Gänze zugänglichen Problems unabhängig von anderen darlegt.[5] In anderen Worten: Schwarmintelligenz dient einem außerhalb des Schwarms liegenden Zweck. So ist etwa dasjenige Unternehmen am erfolgreichsten, das die innovativsten Ideen, die der Schwarm hervorbringt, zu vermarkten und den Gewinn zu steigern vermag; d. h., der Schwarm muss so zusammengesetzt sein, dass

---

4 Die Gedanken dieses Absatzes wurden von mir schon einmal in der Schweizer Zeitschrift „Widerspruch" (Borst 2013) formuliert.
5 Die erste Ausgabe einer Zeitschrift, die sich ausschließlich mit der Schwarmintelligenz beschäftigt, ist im Januar 2012 in englischer und deutscher Sprache online erschienen: SwarmMind. Capturing insights on collective intelligence. URL: http://swarm-mind.com/1/GE/index.htm (letzter Aufruf: 10.03.2016). Thematisch befasst sich die Zeitschrift mit Bildung, Demokratie, Führung und Globalisierung. Sie verhehlt kaum den ökonomischen Aspekt.

er auf Erfolg programmiert ist. Diese von mir mit Absicht gewählte Maschinenmetapher verweist auf die absolute Verdinglichung kognitiver Leistungen, die offenbar nur noch dann als sinnvoll erscheinen, wenn sie dazu beitragen, einer bestimmten Gruppe oder Gemeinschaft Vorteile zu verschaffen. Die Ausnutzung der Schwarmintelligenz für betriebswirtschaftliche Zwecke folgt dabei freilich anderen als den natürlichen Gesetzen. Für einen Heringsschwarm etwa ist das Verhalten der Individuen für den Bestand des ganzen Schwarms überlebenswichtig und daher auch für jedes einzelne Individuum, also für alle. Wenn indessen betriebswirtschaftliches Kalkül zum bestimmenden Moment der Schwarmintelligenz wird, steht etwas ganz anderes im Vordergrund: die Profitmaximierung. Insofern in der Regel Mitarbeiter/-innen eines Unternehmens im kapitalistischen Wirtschaftssystem nicht am Gewinn beteiligt sind, steht außer Frage, dass das, was uns da als Schwarmintelligenz entgegen tritt, nichts anderes ist, als ein propagandistisch aufgeblähtes Herrschaftsinstrument zum Vorteil Weniger, das auf die Ausbeutung der geistigen Potenziale der Vielen abzielt. Genau genommen kann in diesem Fall nicht mehr von Schwarmintelligenz gesprochen werden, weil sie eben gerade nicht dem Schutz der Vielen dient, sondern einer Elite, die für sich beansprucht, die Intelligenz einer großen Zahl von Menschen im eigenen Interesse zu nutzen. Bei Lichte betrachtet handelt es sich um ein Steuerungsmodell, das nach dem evolutionstheoretischen Muster Vielfalt, Selektion und Variation funktioniert und dessen zentraler Ausgangspunkt die existenzielle Notwendigkeit ist.

4 Zur Streuung des Wissens im Bildungssystem

Im Zuge der Herausbildung einer neoliberalen Gesellschaftsordnung wird der traditionelle Bildungsbegriff durch den Begriff des Lernens ersetzt und die Wissensgesellschaft ausgerufen (vgl. Höhne 2003; Rabl 2013). Fortan gilt es, dasjenige Wissen aufzunehmen, das, den schwankenden Zyklen des Marktes angepasst, möglichst ertragreich vermarktet werden kann. Es erhält freilich erst dann seinen Wert, wenn es von der Wirtschaft abgerufen wird. Gekennzeichnet ist es durch eine große Streuung, die sich netzwerkartig verzweigt und auf viele Bildungsinstitutionen verteilt ist. Nicht nur staatliche, sondern immer mehr private Träger bilden in diesem Geflecht die Knotenpunkte, die dem Bildungssubjekt kaum noch Orientierung bieten. Die Entscheidung für ein bestimmtes Bildungsangebot bleibt allein dem Individuum überantwortet. Das aus dieser Beliebigkeit resultierende *fluide Wissen* ist ein Wissen, das weder bildend angeeignet werden muss noch einen verbindlichen Allgemeinheitsanspruch besitzt. Es ist weder kanonisiert noch historisch fundiert. Es entsteht im Zuge seiner Verwertbarkeit und vergeht im Modus seiner Unbrauchbarkeit. Die Streuung des Wissens ist aber nicht zufälliges Ergebnis einer Neujustierung der Bildungslandschaft, sondern sie ist planvoll und mit propagandistischen Mitteln (vgl. Krautz 2012) systematisch in Szene gesetzt.

Nach von Hayeks Auffassung wird der Markt zum entscheidenden Faktor des Wissenserwerbs. Nicht jedes Wissen ist daher von Interesse. Es ist jeweils nur das Wissen notwendig, das einen Wettbewerbsvorteil verspricht: „Der Wettbewerb ist nicht nur die einzige uns bekannte Methode zur Nutzung des Wissens und der Fertigkeiten, [...], sondern auch die Methode, mit der wir alle dazu gebracht wurden, einen guten Teil des Wissens und der Fertigkeiten, die wir besitzen, zu erwerben." (von Hayek 2003: 381)

Da der Markt als Kommunikationssystem fungiere, auf das zu reagieren den Individuen aufgegeben ist, sei er es auch, der Wissen generiert: Es handelt sich also um „ein Kommunikationssystem, das wir den Markt nennen und das sich als ein wirksamer Mechanismus zur *Nutzung verstreuter Informationen* erweist als irgendeines, das der Mensch bewußt geschaffen hat" (von Hayek 1996: 14, Hervorhebung E. B.).

Der „Markt ist", wie Bröckling süffisant schreibt, „klüger als seine Teilnehmer" (Bröckling 2007: 99). In einem solchen System ist es nur folgerichtig, das Wissen nicht nur institutionell zu streuen, sondern es auch auf viele Köpfe zu verteilen, damit der Markt entsprechend seines jeweils veränderten Zustandes auswählen und selegieren kann. In letzter Konsequenz heißt das, dass es in der Macht des Schicksals liegt, ob das, was wir gerade lernen und dem Markt zur Verfügung stellen können, auch tatsächlich gefragt ist. Selbst wenn wir uns an jenen Strukturen orientieren, die gerade erfolgreich waren, könnten diese heute oder morgen schon nutzlos sein. Folgen wir den Grundsätzen der kulturellen Evolution, so ist all das Wissen nützlich, das einer Gruppe oder Gemeinschaft Erfolg bringt.

Vor diesem Hintergrund erst wird verständlich, warum das Bildungssystem nach den Grundsätzen der Vielfalt und Selektion umgebaut und Abstraktionsvermögen, Übungen im Denken und Kritik als nicht zielführend für eine neoliberale Gesellschaft angesehen werden. Erkenntnistheoretisch macht aber das, was von Hayek behauptet, ohnehin keinen Sinn, denn auch die Evolutionstheorie selbst ist nur eine *theoretische Anordnung*, kein wie auch immer geartetes Naturgesetz. Auf soziale Prozesse übertragen liegt allerdings die große Gefahr in ihrer totalisierenden Wirkung: einerseits, weil eine Vergemeinschaftung nach dem Vorbild der Identifikation mit einer Gruppe im Sinne der Schwarmintelligenz individuelle Bedürfnisse nicht berücksichtigt und dem Individuum nur insoweit Selbstständigkeit zugestanden wird, als sie der Gruppe nützt; andererseits, weil Konkurrenz und Wettbewerb die Zivilgesellschaft zerstören, indem bedeutsame Bildungszusammenhänge zum Verschwinden gebracht werden.

Unter diesen Voraussetzungen wird die Frage nach einem tragfähigen Bildungsbegriff für die Hochschule zu einer herausfordernden Aufgabe, die ohne eine Veränderung der strukturellen Rahmenbedingungen kaum zu bewältigen ist.

Dessen ungeachtet aber liegt in der Streuung des Wissens und der dadurch hervorgerufenen Beliebigkeit der Bildungsinhalte ein Potenzial, das trotz aller Optimierungsfantasien der Wirtschaft uneingeholt bleibt und eine Überschreitung des auferlegten Zwangs erlaubt. Jedem Bildungsprozess liegt ein nicht intendiertes Moment zugrunde, das Anlass zu einem kritischen Perspektivwechsel sein kann. Da es sich bei der Schwarmintelligenz im Unterschied zu Tierschwärmen um eine kulturelle Leistung handelt, sie also notwendig auf Rationalität und Reflexion verwiesen bleibt, wohnt auch ihr etwas Unkontrollierbares inne, das weder gemessen noch gesteuert werden kann.

5 Zur Kanonisierung des Wissens

Es müsste deutlich geworden sein, dass ein existenziell bedeutsamer Bildungsbegriff nur dann zu etablieren ist, wenn sich zugleich die Strukturen des Bildungssystems ändern. Selbst wenn der Begriff auch unter ungünstigsten Bedingungen die Möglichkeit der Kritik und eines daraus resultierenden Widerstandes gegen die neoliberalen Zumutungen enthält, so handelt es sich doch um eine Hoffnung, die wenig Zuversicht verspricht, wenn es nicht gelingt, aus der verordneten Passivität herauszukommen und ungewöhnliche Wege einzuschlagen, etwa die Kooperation mit außeruniversitären Einrichtungen oder die Zusammenarbeit mit sozialen Bewegungen. Aber auch politische Bildung an der Hochschule als verpflichtendes Fach für alle Disziplinen wäre denkbar.

Eine der Hauptforderungen freilich ist die Abschaffung des strikt modularisierten Bachelor-Master-Systems mit all seinen negativen Begleiterscheinungen und die Entschleunigung des Studiums durch die Wiedereinführung des Diplomstudiengangs, der sowohl für die Lehrenden als auch für die Studierenden Gelegenheit schafft, frei in Lehre und Forschung zu sein, d. h. ohne Controlling, Evaluation, Zielvereinbarungen und dem Zwang zu Drittmitteln, der forschendes Lernen über den Horizont bloßer Employability hinaus fördert und für die Studierenden eine Vielfalt an Angeboten bereithält. Dieser rein appellativen Aufforderung wird, so ist zu befürchten, niemand nachkommen, schon gar nicht angesichts der Tatsache, dass sich die Bildungsreform vor allem für die Bildungs- und Finanzindustrie durch die avisierte Privatisierung zu rechnen scheint.

Nichtsdestoweniger ist es notwendig, inhaltliche Alternativen zu diskutieren. Ein Vorschlag, über den zu reden wäre, ist dem Umstand geschuldet, dass mit der Zerstreuung des Wissens nicht nur eine Beschleunigung der Wissensaufnahme einhergeht. Sie hat auch eine Geschichtsvergessenheit zur Folge, die dazu verführt, Geschichte als lästigen Ballast hinter sich zu lassen, sie zu negieren und als irrelevant für gegenwärtige und zukünftige Entscheidungen abzutun. Besonders Fthenakis dynamisches Bildungserneuerungsmodell, das sich ja gerade in der Streuung des Wissens und seiner Flexibilisierung bemerkbar macht, gefährdet die für das Bildungssubjekt entscheidende Einsicht in historische Vorgänge, die ganz wesentlich zur Schärfung des Urteilsvermögens beitragen, zu Markern innerhalb der eigenen Biografie werden und nachhaltig die subjektive Erfahrung beeinflussen. Die Natur des Menschen, so formulierte es einmal Heinz-Joachim Heydorn, ist seine Geschichte. Und diese Geschichte liegt in den Händen des Menschen und bleibt nicht etwa, wie das Modell der kulturellen Evolution uns weismachen will, dem puren Zufall überlassen. Wer nur noch auf den flüchtigen Augenblick sieht, vermag nicht mehr über Veränderungen, die zudem möglicherweise ethisch-moralisch verkommen sind, nachzudenken. Der Soziologe Harald Welzer weist beispielsweise sehr eindrucksvoll nach, dass sich die ethisch-moralischen Grundlagen im Nationalsozialismus innerhalb weniger Jahre so verändert haben, dass der Massenmord an der jüdischen Bevölkerung spätestens seit 1942 ohne große Widerstände möglich war. Seinerzeit wurde etwas zur Normalität, was einige Jahre zuvor durchaus noch als verwerflich galt (vgl. Welzer 2008: 223). Dieser Wandel war u. a. auch deshalb möglich, weil die Bedingungen zur kritischen Reflexion massiv durch den Nationalsozialismus eingeschränkt und Intellektuelle des Wortes beraubt wurden. Viele von ihnen gingen ins Exil oder kamen in den Vernichtungslagern zu Tode. Die Wiederholung einer solchen Tragödie zu verhindern, sind die Nachgeborenen aufgefordert. Der gegenwärtig zu beobachtende verächtliche Umgang mit Geflüchteten, eine sich allmählich konstituierende völkische Bewegung und das selbstbewusste Auftreten der Rechtsradikalen sind untrügliche Anzeichen für ein Klima der Angst, die den Widerstand gegen menschenverachtendes Verhalten äußerst wirksam schwächen kann.[6]

Daher ist es nicht nur entscheidend, über die Verbrechen des Faschismus aufzuklären, sondern gewissermaßen in „antizipierte[n] Retrospektionen" (Welzer 2008: 259), also im Vorgriff auf die Zukunft im Modus des Futurum II – wie wird es gewesen sein – Bedrohungen oder Gefährdungen wahrzunehmen. Die Fähigkeit zu einer solch komplexen Denkfigur ist Welzer zufolge in „dem Wunsch, einen anderen Zustand zu erreichen als den gegebenen" (Welzer 2008: 259) angelegt. Er setzt aber neben einem kreativen Vorstellungsvermögen auch die Anerkennung des „humanspezifische[n] Vermögen[s]" voraus, „die persönliche Existenz in einem Raum-Zeit-Kontinuum zu situieren und auf eine Vergangenheit zurückblicken zu können, die der Gegenwart vorausgegangen ist" und den Zweck hat, „Orientierungen für zukünftiges Handeln zu ermöglichen" (Welzer 2008: 259). In anderen Worten: Es ist unbedingt notwendig, auf den dem Wandel zugrunde gelegten Referenzrahmen zu reflektieren, den Welzer als shifting baselines bezeichnet, also als eine Grundstruktur jeder geschichtlichen Bewegung, die aber unbewusst sich ereignet und das (moralische) Selbstverständnis der Menschen unbemerkt beeinflusst.

Eine der wesentlichsten Dimensionen einer kritischen Bildung ist die historisch-gesellschaftliche Bestandsaufnahme dessen, was war, um überhaupt dem schlechten

---

[6] Spiegel Online schreibt: „Flüchtlingsunterkünfte werden immer häufiger zum Angriffsziel aggressiver Fremdenfeinde: Nach einer Erhebung des Bundeskriminalamts (BKA) gab es im vergangenen Jahr *1005 Attacken auf Asylunterkünfte.* Davon haben demnach 901 einen eindeutig rechtsradikalen Hintergrund. Die Zahl hat sich damit binnen eines Jahres verfünffacht: 2014 waren es noch 199 Attacken, von denen 177 einen solchen Hintergrund hatten." URL: http://www.spiegel.de/politik/deutschland/fluechtlingsheime-bundeskriminalamt-zaehlt-mehr-als-1000-attacken-a-1074448.html (letzter Aufruf: 09.03.2016).

Gewesenen zumindest gedanklich mit einem besseren Zukünftigen begegnen und Handlungsoptionen entwickeln zu können. Betrachten wir dieses Problem aus der Perspektive der Pädagogik, so ist schon immer, etwa bei Schleiermacher, die Überlieferung derjenige Ankerpunkt, an dem Kritik im Sinne einer Humanisierung der Gesellschaft ansetzen kann. Es geht also um nichts Geringeres als um die Kanonisierung des Wissens, die in unterschiedlichen Gesellschaften und Kulturen sehr unterschiedlich aussehen kann. Es geht wohlverstanden *nicht* um den Kanon bürgerlicher Provenienz als Stütze für konformes Verhalten. Der Kanon, von dem hier die Rede ist, ist derjenige, worauf zwar Tradition und Kultur aufruhen, er ist aber für die Entwicklung eines kritischen Bewusstseins unverzichtbar, denn es handelt sich dabei um dasjenige Wissen, das uns unsere Herkunft zu erklären vermag, uns Hinweise auf unsere Identität gibt und dabei hilft, Macht- und Herrschaftsprozesse zu erkennen. Zweifellos ist dieser Kanon kein statisches Bildungsvorratsmodell, sondern ein höchst lebendiges Gebilde, das der ständigen Kommentierung bedarf und daher der Veränderung unterworfen ist.

Heute wie damals ist es die fortschreitende Technologie, die jedes Mal aufs Neue die Frage aufwirft, ob sie der Menschheit im Sinne der Menschlichkeit dient oder ob sie nicht vielmehr erst die Barbarei hervorbringt und vorantreibt. Eine eindeutige Antwort auf diese Frage kann es nicht geben. Immerhin aber ist die Reflexion auf die der Technik immanenten Dialektik die Voraussetzung für ein Nachdenken, das es erlaubt, Widersprüche zu erkennen und zu analysieren. In diesem Sinne, um noch einmal auf die Wiederaneignung eines existenziell bedeutsamen Bildungsbegriffs zu sprechen zu kommen, sind nicht nur die Geistes-, Sozial- und Gesellschaftswissenschaften in der Verantwortung. Gerade auch die Naturwissenschaften, die Wissenschaften der Informationstechnologie und die betriebs- und volkswirtschaftlichen Disziplinen müssten angesichts einer für die Menschheit bedrohlichen Situation ihr Lehrangebot an dieser Dialektik ausrichten und über die Folgen ihrer Entwicklungen diskutieren. Die kritische Auseinandersetzung mit der Zerstörung der natürlichen Ressourcen, mit Krieg und Gewalt, mit Neokolonialisierung und ethnischen Säuberungen, alles Ursachen für Flucht und Vertreibung, sowie eine kritische Beschäftigung mit den grundsätzlichen Überlegungen zu Biotechnologie, Transhumanismus, Künstlicher Intelligenz und Geo-Engineering müssten zum verpflichtenden Bestandteil des Studiums werden, etwa in Form eines Studium Generale.

Zweifellos ist es für eine kritische Wissenschaft wichtig, einen Ort an der Hochschule zu haben. Dieser Ort aber wird gegenwärtig, ausgelöst durch betriebswirtschaftliche Steuerungsmodelle, zunehmend enger, sodass ein Bewusstsein über die Funktion der Hochschulen und der Universitäten als öffentliche Einrichtungen des kritischen Denkens allmählich verschwindet. Der Wechsel des Referenzrahmens vollzieht sich langsam, aber stetig, und es steht zu befürchten, dass mit dem systematischen Umbau der Universitäten und der Hochschulen zu reinen Qualifikationsmaschinen die „Zerstörung der Rationalität in den Bildungsinstitutionen" (Demirović 2015) insgesamt einhergeht und das Unmittelbare wieder an Raum gewinnt. Aber:

„Wo Rationalität ist, ist auch Negation, die Möglichkeit einer Negation. Die Möglichkeit einer großen Bezweiflung." (Heydorn Bd. 3/1995: 291)

Ob die Etablierung einer an den Menschenrechten und der Humanität orientierten Bildung an den Hochschulen tatsächlich gelingen kann, ist von der Widerstandskraft einer Vielzahl von Menschen gegen die Destruktivität des Neoliberalismus und, nicht ganz unwesentlich, von einer entsprechenden Bildungspolitik abhängig.

6 Fazit

Zwar ist eine Kanonisierung des Wissens eine historische Notwendigkeit und unerlässlich für das Überleben der Menschheit nicht nur in ethisch-moralischer Hinsicht, sondern auch unter dem Aspekt technologischer Neuerungen. Ohne eine grundlegende Umstrukturierung der gesellschaftlichen Rahmenbedingungen freilich hat es eine kritische Bildung schwer, sich zu etablieren. Ein bestimmter Inhalt, in diesem Fall die Kanonisierung des Wissens, kann nicht von der Form, in der er auftritt, getrennt werden, und das bedeutet, dass wir stets aufs Neue damit konfrontiert sind, über die politischen und ökonomischen Bedingungen, die Bildung verhindern oder erlauben, zu diskutieren. Besonders bemerkenswert erscheint die mangelnde Entschlusskraft der Universitäten und Hochschulen selbst, sich dem neoliberalen Oktroy zu widersetzen und statt zu reinen Ausbildungsstätten zu verkommen ihre Stellung als Institutionen der unbedingten Reflexion, der Gelehrsamkeit und der kritischen Kommentierung zu festigen.

Literatur

Assmann, Aleida; Assmann, Jan (1987): Kanon und Zensur. In: Assmann, Aleida; Assmann, Jan (Hrsg.): *Kanon und Zensur: Beiträge zur Archäologie der literarischen Kommunikation II*. München, S. 7–27.
Borst, Eva (2013): Schwarmintelligenz. Über die Beliebigkeit von Bildungsinhalten. In: *Widerspruch. Beiträge zu sozialistischer Politik*. 32. Jg., Heft 63, S. 163–171.
Bröckling, Ulrich (2007): *Das unternehmerische Selbst*. Frankfurt/M.
Brown, Wendy (2015): *Die schleichende Revolution. Wie der Neoliberalismus die Demokratie zerstört*. Berlin.
Crouch, Collin (2015): *Die bezifferte Welt. Wie die Logik der Finanzmärkte das Wissen bedroht*. 2. Aufl. Berlin.
Demirović, Alex (2015): *Wissenschaft oder Dummheit? Über die Zerstörung der Rationalität in den Bildungsinstitutionen*. Wiesbaden.
Hayek, von Friedrich August (1996): *Die Anmaßung von Wissen. Neue Freiburger Studien*. Hrsg. von Wolfgang Kerber. Tübingen.
Hayek, von Friedrich August (2003): Gesammelte Schriften in deutscher Sprache. Hrsg. von Alfred Bosch et al. Abt. B: *Bücher, Bd. 4: Recht, Gesetz und Freiheit. Eine Neufassung der liberalen Grundsätze der Gerechtigkeit und der politischen Ökonomie*. Tübingen.

Hessisches Ministerium für Soziales und Integration und Hessisches Kultusministerium (Hrsg.) (2014): *Bildung von Anfang an. Bildungs- und Erziehungsplan für Kinder von 0–10 Jahren in Hessen*. 6. Aufl. Wiesbaden.
Heydorn, Heinz-Joachim (1995): *Werke in 9 Bänden*. Hrsg. von Irmgard Heydorn, Hartmut Kappner, Gernot Koneffke, Edgar Weick. Vaduz/Liechtenstein.
Höhne, Thomas (2003): *Pädagogik der Wissensgesellschaft*. Bielefeld.
Krautz, Jochen (2012): Bildungsreform und Propaganda. Strategien der Durchsetzung eines ökonomistischen Menschenbildes in Bildung und Bildungswesen.
In: *Demokratie setzt aus. Sonderheft der Vierteljahrsschrift für wissenschaftliche Pädagogik*, S. 86–128.
Rabl, Christine (2013): *Partiale Perspektiven. Zur Reformulierung eines bildenden Umgangs mit Wissen*. Baltmannsweiler.
Spiegel Online (2016): URL: http://www.spiegel.de/politik/deutschland/fluechtlingsheime-bundeskriminalamt-zaehlt-mehr-als-1000-attacken-a-1074448.html (letzter Aufruf: 09.03.2016).
SwarmMind (2012): URL: http://www.swarm-mind.com (letzter Aufruf: 10.03.2016).
Welzer, Harald (2008): *Klimakriege. Wofür im 21. Jahrhundert getötet wird*. 3. Aufl. Frankfurt/M.
Wissenschaftsrat (2014): *Empfehlungen zur Gestaltung des Verhältnisses von beruflicher und akademischer Bildung*, Drs. 3818–14. Bielefeld.
Wissenschaftsrat (2015): *Empfehlungen zum Verhältnis von Hochschulbildung und Arbeitsmarkt*. Drs. 4925–15. Bielefeld.

Birgit Schaufler
Kompetenzen erwerben, um Bildung zu besitzen? Ein Versuch, Hochschulbildung im Modus des Seins zu denken

Abstract: Der folgende Beitrag nimmt die Veränderungen der hochschulischen Bildungspraxis, die aus dem fortgeschrittenen Bologna-Prozess erwachsen sind, zum Ausgangspunkt, um Hochschulbildung über deren ökonomische Verwertbarkeit hinaus als Aspekt eines lebenslangen Bildungsprozesses zu erfassen. Hierfür werden die unterschiedlichen Welt- und Selbstzugänge in den Modi des Habens und des Seins gegenübergestellt und ihre Tragfähigkeit bezogen auf den hochschulischen Lehr-Lern-Zusammenhang überdacht. Ziel ist es, daraus Anhaltspunkte für eine erweiterte Sicht auf Bildung an und durch Hochschulen zu gewinnen.

1 Einleitung

Die Hochschulen haben im letzten Jahrzehnt eine Phase der radikalen Wandlung durchlaufen. Die Umstellung des Studienangebotes auf Bachelor- und Master-Studiengänge brachte nicht allein vielfältige strukturelle und inhaltliche Veränderungen, sie begünstigte auch die Entwicklung neuer Kulturen des Lehrens und Lernens an Hochschulen. Ausgehend von der vernehmbaren Klage, das Lernen an Hochschulen sei zum bloßen Konsumieren singulärer Wissensbestandteile und das Lehren zur nutzerfreundlichen Bereitstellung von prüfungsrelevantem Material geworden, geht dieser Text dem wechselseitigen Haben-Wollen und Liefern-Müssen aufseiten aller Beteiligten nach. Dieses Nachgehen erfolgt nicht streng systematisch, sondern stellt den eher erkundenden Versuch dar, ein Phänomen zu beleuchten, das längst bekannt sein dürfte und in unterschiedlichen Diskursräumen hinlänglich erörtert ist, dessen bildungspraktische sowie bildungstheoretische Reichweite aber vergessen oder verdrängt wurde, seine Bedeutung verschiedentlich verkleidet und dessen kritische Betrachtung möglicherweise verleidet wurde. Im Mittelpunkt stehen *das Haben* und *das Sein* als grundsätzlich denkbare Existenzweisen des Menschlichen. Sie beinhalten unterschiedliche Arten der Orientierung sich selbst und der Welt gegenüber und haben wesentlichen Einfluss darauf, was ein Mensch denkt, wie er fühlt und handelt. Die Modi des Habens und des Seins sollen im Folgenden aus verschiedenen Perspektiven beleuchtet und in ihren Bezügen zur Bildung an und durch Hochschulen betrachtet werden.

2 Markt der Kompetenzen

Das Lehren und Lernen an Hochschulen wird geregelt durch Studienprüfungsordnungen, die in der Logik des Europäischen bzw. Deutschen Qualifikationsrahmens die Vermittlung von Wissen, Fähigkeiten und Kompetenzen als Ziele formulieren. Der Qualifikationsrahmen beinhaltet eine Heuristik zur Systematisierung von Bildungsabschlüssen und beruflichen Qualifikationen, um deren Bewertbarkeit und damit Vergleichbarkeit im internationalen Kontext zu ermöglichen. Dafür werden die Kompetenzkategorien „Fachkompetenz" und „Personale Kompetenz" unterschieden und jeweils acht Kompetenzniveaus definiert.

Das Inkrafttreten des Deutschen Qualifikationsrahmens am 01.05.2013 und die darin vorgegebene Verwendung des Kompetenzbegriffs brachten es mit sich, dass Regelwerke im deutschen Bildungssystem vielfach neu formuliert wurden und sich die Akteure/Akteurinnen in einem hochdynamisierten Feld mehrfach neu- und umorientieren mussten. Vorgaben für kompetenzbasierte Prüfungsformen und neu konzipierte kompetenzorientierte Ausbildungs- und Studienprüfungsordnungen sind Beispiele dafür, wie der Kompetenzbegriff die Bildungsbereiche gegenwärtig dominiert. Die sich aufdrängende Frage nach dem grundsätzlichen Verhältnis der Begriffe Kompetenz und Bildung wurde vonseiten der Wissenschaft thematisiert, wobei das Denken darüber, wie so oft im Innovationsüberschwang, eher ein *Nach*denken denn ein *Vor*denken war.

Die Bologna-Reform zielt vor allem auf Beschäftigungsfähigkeit. Ihr liegt folgerichtig ein Kompetenzbegriff zugrunde, der die berufliche Handlungskompetenz ins Zentrum stellt und damit das Wissen und Können meint, welches die Berufsausübung ermöglicht und den Anforderungen der Arbeitswelt genügt. Das gesamte Bildungssystem ist darauf ausgerichtet, „den Lernenden den Erwerb einer umfassenden Handlungsfähigkeit zu ermöglichen."[1] In dieser Formulierung wird das Lernen dem Prozess des Erwerbens gleichgesetzt. Wissen, Fähigkeiten und Kompetenzen sind demnach etwas, das man bekommen oder sich nehmen und hernach besitzen kann. Ähnliches scheint für die Qualifikationen zu gelten, die den vorgegebenen Kompetenzniveaus zuzuordnen sind. So steht im Kommentar des Bundesministeriums für Bildung und Forschung zum Deutschen Qualifikationsrahmen zu lesen, dass die einzelnen Kompetenzniveaus sichtbar machen „[...], was die Inhaberin oder der Inhaber einer Qualifikation weiß, versteht oder in der Lage ist zu tun."[2] Inhaber/-in oder Besitzer/-in einer Qualifikation ist man, insofern man ein Zertifikat für einen bestimmten Bildungsabschluss in Händen hält. Kompetenzen erwirbt man, indem

---

[1] Bundesministerium für Bildung und Forschung. URL: http://www.dqr.de/content/2314.php (letzter Aufruf: 10.05.2016).
[2] Bundesministerium für Bildung und Forschung. URL: http://www.dqr.de/content/2258.php (letzter Aufruf: 10.05.2016).

man entweder berufliche Erfahrungen oder Teilnahmescheine Kompetenz vermittelnder Lehrangebote sammelt.

Der in diesen Formulierungen vermittelte Modus des Habens[3] impliziert die Quantifizierbarkeit von Gelerntem und (ver-)führt die Lernenden zur mengenmäßigen Anhäufung von Inhalten anstatt zu einer Anreicherung von Bedeutung. Tendenziell zieht ein Haben-Können ein Haben-Wollen nach sich, nicht selten auch ein Mehr-Haben-Wollen als andere. Dies gilt umso mehr, da kompetenzorientierte Seminarausschreibungen den Anschein erwecken, anstrengungslos und quasi automatisch die gelisteten Kompetenzen zu bekommen. Input gleich Output – und dies nach dem Alles-oder-Nichts-Prinzip. Dahinter steckt einerseits die Idee eines Warenmarktes, auf dem sich Kund(inn)en und Händler/-innen treffen, um Güter auszutauschen und jeweils aktuelle Bedarfe zu befriedigen. Dahinter ist andererseits auch eine Form der Machbarkeitsideologie zu erspüren: Jeder und jede kann alles überall und jederzeit haben. Es liegt in der Hand der einzelnen Person, jedwede Kompetenz, verschiedenste Fähigkeiten und jedes verfügbare Wissen zu erwerben und zu besitzen.

Im Deutschen Qualifikationsrahmen wird der anvisierte Kompetenzerwerb im Hinblick auf unterschiedliche Bildungsbereiche differenziert. Während etwa das Lernen in Schulen auf den Erwerb von Wissen und Kulturtechniken sowie die Förderung sozialer Interaktion ausgerichtet ist, zielt die „[...] hochschulische Ausbildung [...] auf die Befähigung zum selbständigen wissenschaftlichen Arbeiten gemäß fachlichen Standards in Übereinstimmung mit der gesellschaftlichen Verantwortung von Forschung."[4] Es scheint so, als ob der Warencharakter von Wissen und Fähigkeiten bezogen auf die Hochschulen abgeschwächt wirkt.

Ungeachtet dessen, dass viele Schulen weit mehr sind als ein Markt, auf dem Kulturgüter angeboten, Versatzstücke „universellen" Wissens gehandelt und Bildungsabschlüsse erworben werden, um etwas in der Hand zu haben, wenn man in das Erwachsenenleben eintritt, stellt sich die Frage, wie sich vor dem Hintergrund der Abgrenzung von Schule und Hochschule die gegenwärtigen Veränderungen im hochschulischen Lehr-Lern-Kontext deuten lassen, die mit dem Sammelbegriff „Verschulung" gemeinhin negativ belegt werden. Gemeint sind damit nicht allein der seit der Bologna-Reform höhere Strukturierungsgrad und die damit einhergehende gestiegene Verbindlichkeit für Lehrende wie Lernende. Es wird damit auch eine bestimmte Art des Lernverhaltens und der Lehrgestaltung beschrieben, die wiederum auf eine spezifische Haltung schließen lässt, die der Logik des Habens, Erwerbens und Anbietens folgt. Studierenden ist es heute wichtig, Gehörtes und Gelesenes festzuhalten,

---
[3] Zur grundsätzlichen Unterscheidung der Modi des Habens und des Seins vgl. Marcel 1954 (frz. Original 1935), Staehelin 1972 (erschienen 1969), Fromm 2016 (erschienen 1976).
[4] Bundesministerium für Bildung und Forschung. URL: http://www.dqr.de/content/2314.php (letzter Aufruf: 10.05.2016).

bei sich zu haben und mit nach Hause zu nehmen. Dafür gibt es Lernplattformen, Festplatten, Ordner und vielfältige weitere Arten von Speichermedien. Bei Bedarf werden die Inhalte aus den externen Speichern in das Gedächtnis aufgenommen und dort verwahrt, bis die Speicherinhalte in Prüfungen wieder herausgegeben werden, um sie bei den Prüfenden gegen Noten einzutauschen. Was sich liest wie ein besonders ausgeklügeltes Logistiksystem, geschieht meist in stillschweigender Übereinkunft zwischen Lernenden und Lehrenden.

Die Entwicklung ist Ausdruck einer zunehmenden Orientierung an ökonomischen Prinzipien. Diese haben – ausgehend von den Forderungen der Arbeitswelt – ihren Weg über die Bildungspolitik in die hochschulischen Prozesse und Strukturen genommen und dringen zwangsläufig auch in die konkreten pädagogischen Interaktionen ein. Studierende unterstützen dieses System, indem sie ihre Erwartungen dem Angebot anpassen. Angesichts der hohen Prüfungsdichte und der Verkürzung des Studiums, in welchem individueller Studienerfolg in Zeiteinheiten und Leistungspunkten gemessen wird, ist nicht verwunderlich, dass Studierende ihre eigenen Berechnungen bezüglich Effektivität und Effizienz eines Lernangebotes anstellen. Die Lehrenden hingegen tendieren im Fortschreiten des Bologna-Prozesses dazu, sich der studentischen Erwartungshaltung zu beugen – mehr oder weniger, eher bereitwillig, eher resigniert oder widerstrebend. Sie erlangen auf diese Weise gute Rückmeldungen in Lehrevaluationen, die in die Hochschulrankings und in die Akkreditierung des Studienganges einfließen. Insofern diese öffentlich zugänglichen Bewertungssysteme für Bildungsqualität stehen, fühlen sich Studieninteressierte mit entsprechenden Erwartungen angesprochen.

Dieses Studium bleibt bei aller Nachvollziehbarkeit der ökonomischen Dynamik und trotz einiger positiver Entwicklungen, etwa in Bezug auf Transparenz, hinter dem zurück, was ein akademisches Studium sein könnte und sein sollte: ein Teil eines lebenslangen Bildungsprozesses. Insofern Bildung über den Erwerb verwertbarer Kompetenzen hinausgeht, ist sie als Aspekt des Seins zu begreifen. Kompetenzen sind Teil eines Äußeren: Man kann sie sich zu eigen machen, darüber verfügen, sie besitzen und verlieren, sie *haben*. Bildung betont eher ein Inneres im Sinne einer existenziellen und unmittelbaren Weise des Da- und Soseins.

3 Paradoxon der Aneignung von wissenschaftlichem Wissen

Der Bildungsauftrag der Hochschulen ist in den Hochschulgesetzen der Länder festgeschrieben. Exemplarisch heißt es hierzu im Bayerischen Hochschulgesetz (Art. 2, 6): „Die Fachhochschulen vermitteln durch anwendungsbezogene Lehre eine *Bildung*, die zur selbstständigen Anwendung wissenschaftlicher Methoden und künstlerischer Tätigkeiten in der Berufspraxis befähigt; in diesem Rahmen führen sie anwendungsbezogene Forschungs- und Entwicklungsvorhaben durch"[5] (Hervorhebung B. S.). Die Bildung, die an den Hochschulen vermittelt wird, dient der Befähigung der Absolvent(inn)en für eine spezifische Berufspraxis. Sie unterscheidet sich von der beruflichen Ausbildung an Berufsschulen und Berufsfachschulen durch ihren dezidierten Bezug zur Wissenschaft. Dieser Bezug drückt sich in den Curricula und Prüfungsordnungen aus und ist fixiert in der Vorgabe, dass die an Hochschulen hauptberuflich lehrenden Personen in der Regel eine wissenschaftliche Qualifikation in Form einer Promotion nachweisen müssen. Hochschulische Bildung ist im engeren Sinne wissenschaftliche Bildung.

Bereits Friedrich Schleiermacher, der sich Anfang des 19. Jahrhunderts „Gelegentliche Gedanken über Universitäten in deutschem Sinn" machte, umschreibt in seiner gleichnamigen Schrift den besonderen Auftrag der Universität, den jungen Menschen, der in der Schule erste Kenntnisse erworben hat, nun in einen neuen „Lebensprozeß" zu begleiten. Er schreibt:

> Die Universität hat es also vorzüglich mit der Einleitung eines Prozesses, mit der Aufsicht über seine ersten Entwicklungen zu tun. Aber nichts Geringeres ist dies als ein ganz neuer geistiger Lebensprozeß. Die Idee der Wissenschaft in den edleren, mit Kenntnissen mancher Art schon ausgerüsteten Jünglingen zu erwecken, ihr zur Herrschaft über sie zu verhelfen auf demjenigen Gebiet der Erkenntnis, dem jeder sich besonders widmen will, so daß es ihnen zur Natur werde, alles aus dem Gesichtspunkt der Wissenschaft zu betrachten, alles Einzelne nicht für sich, sondern in seinen nächsten wissenschaftlichen Verbindungen anzuschauen, und in einen großen Zusammenhang einzutragen in beständiger Beziehung auf die Einheit und Allheit der Erkenntnis, dass sie lernen, in jedem Denken sich der Grundgesetze der Wissenschaft bewußt zu werden, und eben dadurch das Vermögen selbst zu forschen, zu erfinden und darzustellen, allmählich in sich herauszuarbeiten, dies ist das Geschäft der Universität. (Schleiermacher 1808: 143 f.)

In den sprachlichen Wendungen Schleiermachers findet sich nicht ein Hauch des Habens oder Erwerbens, sondern es finden sich vielmehr vielfache Hinweise auf das Erwecken, das Sein, das Zur-Natur-Werden. Etwa zeitgleich formuliert Wilhelm von Humboldt, es sei „[...] eine Eigenthümlichkeit der höheren wissenschaftlichen Anstalten, dass sie die Wissenschaft immer als ein noch nicht ganz aufgelöstes Problem behandeln und daher immer im Forschen bleiben, da die Schule es nur mit fertigen und abgemachten Kenntnissen zu thun hat und lernt" (Humboldt 1809/1810: 230). Dieser gemeinsame Zugang zeichne das Verhältnis zwischen Lehrenden und Studierenden an Universitäten aus: Beide „sind für die Wissenschaft da" (Humboldt 1809/1810: 230). Das Dasein im Sinne des beschriebenen Soseins verweist auf den existenziellen Modus des Seins, der immer zugleich auf den fortlaufenden Prozess des Werdens reflektiert.

---

[5] Bayerische Staatskanzlei. URL: http://www.gesetze-bayern.de/Content/Document/BayHSchG-2 (letzter Aufruf: 10.05.2016).

Während sich das Haben auf konkrete und beschreibbare Dinge bezieht, bezieht sich das Sein auf lebendiges Erfahren, das seinem Wesen nach „unbeschreiblich" ist. Das Sein bedeutet unabhängiges freies Denken, das sich durch Aktivität auszeichnet und sich mit der Welt und den Sinnfragen des Lebens auseinandersetzt, am eigenen Wachsen interessiert ist und zugleich aus der Isolation des Ich heraustritt und sich auf sein Gegenüber bezieht (vgl. Fromm 2016: 110). Es ist dynamischer Ausdruck der eigenen Subjektivität mit ihren spezifischen Möglichkeiten und Zugängen zur Um- und Mitwelt.

Wissenschaft schafft Wissen. Dieses Wissen wird in Wort oder Schrift verfügbar gemacht und kann in dieser symbolischen Form vermittelt werden. Das Wissen, das in Büchern festgehalten ist, stellt aber lediglich eine objektivierte Vermittlungsform des Wissens dar. Die Fixierung der wissenschaftlichen Erkenntnis in Buchstaben, Worten und Sätzen, Zahlen und Grafiken verschleiert den eigentlichen Gehalt wissenschaftlichen Wissens, welcher darin gründet, dass jegliche Aussage über die Welt vorläufigen Charakter hat. Wissenschaft ist in diesem Sinne ein unendlicher Prozess der Hervorbringung und der steten Umformung von Wissen, im eigentlichen Sinne also ein Prozess der fortlaufenden (Wissens-)Bildung. Die Objektivierung des wissenschaftlichen Wissens verfolgt alleine den Zweck, die Erkenntnis zu kommunizieren, zu reflektieren, zur Diskussion zu stellen. Dazu ist es notwendig, dass der Bildungsprozess des Wissens transparent ist und die Menschen, die das Wissen generieren, sichtbar werden.

Die Menschen, die Wissenschaft betreiben, agieren mehr als Fragende denn als Wissende. Sie gehen grundsätzlich davon aus, dass jedes Wissen unsicher ist und repräsentieren eine Bescheidenheit, die aus dem Wissen erwächst, dass sie eben nichts (sicher) wissen. Im besten Fall stehen sie ihren Erkenntnissen in Demut gegenüber, prinzipiell jederzeit dazu bereit, die Erkenntnisse zu prüfen, neu zu bewerten, weiterzuentwickeln oder zu verwerfen. Die fortlaufende Auseinandersetzung mit den Phänomenen der Um- und Mitwelt endet nicht bei der eigenen Person, sondern schließt diese sowohl im Hinblick auf das Verstehen- und Erklären-Wollen als auch hinsichtlich der positiven Bewertung ihrer dynamischen Entwicklung ein. Der offene Horizont ihres Denkens färbt ab auf ihre Existenz als Wissenschaftler/-innen, die sich dadurch auszeichnet, dass sie sich stets als Person begreift, die auf einem Weg, also in beständiger Entwicklung ist.

Wissen im Modus des Habens drückt sich in der Formulierung „ich habe Wissen" aus, während Wissen im Seins-Modus als ein „ich weiß" oder „ich bin wissend" erscheint. Der Deutsche Qualifikationsrahmen gibt die Vermittlung von Wissen als Zieldimension vor und bewegt sich hiermit vorwiegend im Haben-Modus. Das Haben im Sinne des Vermittelns und Aneignens setzt aber ein Objekt voraus, das einen bekannten Gehalt und eine bestimmbare Gestalt besitzt. Wissenschaftliches Wissen indes ist fluides, prozesshaftes Wissen. Seine Verfügbarkeit im Haben erscheint als Widerspruch in sich.

Wissen im Sein beginnt mit der Dekonstruktion des vermeintlich Sicheren und fährt fort im kritischen und tätigen Streben nach immer größerer Annäherung an die

„Wahrheit". In diesem Sinn ist das Ziel von Wissen „nicht Gewissheit [...], sondern der sich selbst bewahrheitende Vollzug der menschlichen Vernunft. Für den *Wissenden* ist Nichtwissen ebensogut wie Wissen, da beide Teile des Erkenntnisprozesses sind [...]" (Fromm 2016: 58) und weiter: „Das höchste Ziel der Existenzweise des Seins ist *tieferes Wissen*, in der Existenzweise des Habens jedoch *mehr Wissen*" (Fromm 2016: 58).

In diesem Kontext ist eine Tendenz zur Re-Ontologisierung von Wissensbeständen zu verzeichnen. Wissen wird als universelle Erkenntnis über feststehende Tatsachen angesehen und als solche zur Kenntnis gegeben. Indem man Wissen in dieser Weise aus seinen Entstehungskontexten herauslöst, wird es zum (hand-)habbaren Gut. Mithin wird das Problem der Abkopplung von Wissenschaft und Bildung evident.

4 Dialektik von wissenschaftlicher und berufsorientierter Bildung

Schleiermacher und Humboldt, die beiden konzeptionellen Denker höherer wissenschaftlicher Bildung, verweisen auf die wissenschaftliche Ausrichtung, die Universitäten von Schulen unterscheidet. Schleiermacher pocht auf den qualitativen Unterschied zwischen den beiden pädagogischen Institutionen und warnt: „Verderblich, wenn die Universitäten [...] in der Tat nur fortgesetzte Schulen werden, [...] dabei aber, was ihnen eigentlich obliegt, nämlich den allgemeinen wissenschaftlichen Geist zu wecken und ihm eine bestimmte Richtung zu geben, darüber vernachlässigen [...]" (Schleiermacher 1808: 148).

In der Organisation wissenschaftlicher Bildung ist mit Humboldt „das Princip zu erhalten, die Wissenschaft als etwas noch nicht ganz Gefundenes und nie ganz Aufzufindendes zu betrachten, und unablässig sie als solche zu suchen" (Humboldt 1809/1810: 231). Sobald die Wissenschaft aufhöre zu suchen und sich einbilde, Wissenschaft „brauche nicht aus der Tiefe des Geistes heraus geschaffen, sondern könne durch Sammeln extensiv aneinandergereiht werden, so ist Alles unwiederbringlich und auf ewig verloren" (Humboldt 1809/1810: 232).

Verloren wäre einerseits die Wissenschaft selbst, die sich im Sammeln und Horten von Wahrheiten gewissermaßen selbst ihrer Identität beraubte und sich zur inhaltslosen „leeren Hülse" entwickelte. Aber auch für die Gesellschaft und ihre sich bildenden Mitglieder stellt die Abtrennung von einer lebendig suchenden und schaffenden Wissenschaft einen Verlust dar: „Denn nur die Wissenschaft, die aus dem Innern stammt und in's Innere gepflanzt werden kann, bildet auch den Charakter um, und dem Staat ist es ebenso wenig als der Menschheit um Wissen und Reden, sondern um Charakter und Handeln zu thun" (Humboldt 1809/1810: 232). *Charakter(um-)bildung* verweist darauf, dass sich Wissenschaft in der Bildung verwirklicht und daraus ihre soziale Legitimation und Kraft erhält. Bildung indes wird ihrerseits von wissenschaftlichen Erkenntnissen belebt, die sowohl Einzelnen als auch Gesellschaften als Orientierung dienen. Laut Humboldt liegt das Wesen „höherer wissenschaftlicher Anstalten" darin begründet, dass „innerlich die objective Wissenschaft mit der subjectiven Bildung" verknüpft werden (Humboldt 1809/1810: 229). Damit wird Wissenschaft in der Bildung subjektiv und Bildung in der Wissenschaft objektiv. Es käme darauf an, diesen dynamischen Vermittlungszusammenhang von wissenschaftlicher Forschung bzw. Theoriebildung und individuellem Bildungsprozess zu bewahren und zu stärken, anstatt sie voneinander abzutrennen.

Hochschulen für angewandte Wissenschaften sind anders als Universitäten oder Schulen Bildungseinrichtungen, die in ihrem Auftrag und Selbstverständnis berufsorientierte Bildung und wissenschaftliche Bildung vereinen. Daraus ergibt sich eine dialektische Spannung, die wahrgenommen, aufgegriffen und konstruktiv umgewandelt werden kann, keinesfalls aber negiert werden sollte oder durch Scheinlösungen aufgehoben werden darf. Gegenwärtige Tendenzen, sich über einen verkürzten Kompetenzbegriff auf die Vermittlung, faktische Aneignung und Überprüfung der Verfügbarkeit von habbarem Wissen und Fähigkeiten zu konzentrieren, vermitteln vermeintlich Handlungssicherheit im professionellen Feld. Bezogen auf die Person ist dies eine fragile Sicherheit, da das Angeeignete nicht in das Sein integriert wird, sondern im Äußeren bleibt, für die Person beliebig ist und keine nachhaltig transformierende Kraft entwickeln kann. Dieser Mangel zeigt sich insbesondere dort, wo Unvorhergesehenes von der handelnden Person neue und kreative Problemlösungen fordert oder proaktiv Innovation stattfinden müsste. Was für die persönliche Entwicklung gilt, gilt gleichermaßen für die Professionsentwicklung und auch für die Disziplinentwicklung. Für die Bildungsinstitution und die organisatorische Rahmung des Lehr-Lern-Kontextes erwachsen aus der Benennbarkeit und Bewertbarkeit von Kompetenzen, Wissensaspekten und Fähigkeiten in der Logik des Habens Vorteile, die sich in der äußerlich besseren Vergleichbarkeit und leichteren Handhabbarkeit von Prozessen ausdrücken; gleiches gilt für die Bildungspolitik. Es scheint nun die Aufgabe der lehrenden, wissenschaftlich gebildeten Personen zu sein, zwischen den unterschiedlichen Ansprüchen zu vermitteln und Möglichkeiten zu schaffen, im konkreten Lehr-Lern-Geschehen die Balance zwischen sicherem Haben und unsicherem Sein, zwischen Erwerben und Werden immer wieder neu herzustellen – im engeren Sinn also reflexive Bildungsprozesse zu ermöglich.

5 Versuch der Integration

Wenn Studierenden vermittelt wird und sie sodann davon ausgehen, wissenschaftliches Wissen, berufsbezogene Fähigkeiten sowie personale, soziale und fachliche Kompetenzen durch Teilnahme an einer akademischen Lehrveranstaltung *bekommen* zu können, folgen sie damit dem in Teilen nachvollziehbaren Wunsch, mit einem berechenbaren zeitlichen und energetischen Aufwand ihre angestrebten akademischen

Bildungsabschlüsse zu erhalten. Sie folgen damit aber auch den Versprechungen der Bildungspolitik und der Bildungseinrichtungen, die die Idee des Erwerbs in ihren Bildungsangeboten sprachlich unterstützen: Kompetenzen werden wie Waren angeboten, erwartbare Verfügung von konkretem Wissen wird klar benannt, Fertigkeiten werden aufgezählt und ihr zukünftiger Besitz versprochen. Nicht zuletzt verfangen sich auch Lehrende im Anbieten und nachfragebezogenen didaktischen Handel(n) auf dem Markt der Bildungsgüter. Sie greifen auf den Katalog der zu vermittelnden Objekte zurück und neigen dazu, den Studierenden zu geben, was diesen versprochen scheint. Was bleibt, ist ein Unbehagen. Dozent(inn)en, die meist eine lange Lerngeschichte haben und Bildung mit eher reduzierten technischen Möglichkeiten des Speicherns und Vervielfältigens, des allzeitigen, überörtlichen, globalen Verfügen-Könnens erfahren haben, verspüren ein Unwohlsein, das sich in der pädagogisch-didaktischen und in der bildungstheoretischen Reflexion verstärkt. Dennoch neigen die Akteure/Akteurinnen dazu, in der wechselseitigen Bezugnahme aufeinander dem verbreiteten Missverständnis von Bildung, das akademische Bildung auf Habbares reduziert, zu folgen und das Missverständnis aufrechtzuerhalten.

Der skizzierte Besitz von Wissen, Fähigkeiten und Kompetenzen reicht nicht aus, um sich zu bilden, um gebildet zu werden und gebildet zu sein. Zwar sind Objekte, die man besitzen kann, nicht per se negativ, sie werden es aber dann, wenn sie den Prozess der Bildung blockieren, dann, wenn wir uns an sie klammern und sie in dieser Funktion unsere Freiheit und unsere Bereitschaft, selbstständig und unabhängig zu denken, einschränken. Auch der Erwerb an sich ist nichts Schlechtes, insbesondere dann, wenn man etwas erwirbt, um es zu behalten. Man kann sich etwas zu eigen machen, sodass es Anteil hat am tätigen Ausdruck und der Erneuerung der eigenen Kräfte. Problematisch wird es, wenn wir etwas erwerben, lediglich um es zu besitzen, es sporadisch zu nützen und rasch wegzuwerfen. Die Befassung mit Wissensinhalten, das Einüben von Fertigkeiten und Fähigkeiten sowie die Ausbildung von Kompetenzen können einen Beitrag dazu leisten, Bildung als Form des Seins zu leben. Es muss gewissermaßen eine Umwandlung vom Haben zum Sein erfolgen oder besser eine dynamische Relationierung zwischen Erwerb und Werden. Im fortlaufenden Prozess der Bildung vereinen sich auf diese Weise das Haben und das Sein: Bildung haben und darüber verfügend, denkend und handelnd in der Welt agieren können. Gebildet sein und aus diesem Sein heraus verantwortlich und (selbst-)bewusst handeln.

Der französische Philosoph und Theologe Gabriel Marcel weist in seinem Hauptwerk „Sein und Haben" (im französischen Original „Être et avoir", herausgegeben im Jahr 1935 in Form eines philosophischen Tagebuchs) auf die Dialektik dieser beiden von ihm eingeführten Existenzweisen hin, indem er schreibt:

> Unsere Besitztümer fressen uns auf […]; das ist eigenartigerweise um so richtiger, je träger wir Objekten gegenüberstehen, die selbst träge sind, und das ist um so falscher, je lebhafter und aktiver wir mit etwas verbunden sind, das wie die ständig durch persönliche Schöpfung erneuerte Materie ist (ganz gleich, ob das der Garten desjenigen ist, der ihn kultiviert, der Hof

desjenigen, der ihn bebaut, das Klavier oder die Violine des Musikers oder das Laboratorium des Wissenschaftlers). In all diesen Fällen strebt das Haben nicht mehr danach, sich zu vernichten, sondern sich zu sublimieren, *sich ins Sein zu verwandeln*. (Marcel 1954: 177 f., Hervorhebung B. S.)

Es muss folglich darum gehen, die Objekte der wissenschaftlichen hochschulischen Bildung zu beleben. Um einem Missverstehen vorzubeugen sei betont, dass darunter nicht verstanden wird, dass Lehrende den Studierenden als Unterhalter oder Animateure gegenübertreten sollen. Belebte Objekte in obigem Sinn sind die dynamischen Denkfiguren, die den Erkenntnisprozessen der Wissenschaft eigen sind: Fragen und Hinterfragen, Zweifeln und Anzweifeln, Lösen und Auflösen, Erhalten und Aushalten von Widersprüchen.

Gründend auf dem Impuls, wissenschaftliche Objekte im Sinne Marcels zu beleben, lassen sich Anhaltspunkte formulieren, die auf der Ebene der hochschulischen Didaktik dazu beitragen können, aus der Aneignung heraus- bzw. über sie hinausführend ein Anverwandeln anzubahnen. Im besten Fall befördert dieses Anverwandeln eine Weise hochschulischer Bildung, in der sich das Haben im Sein aufhebt. Folgende Aspekte mögen hier der Anregung dienen:
– Bildung benötigt Zeit und Muße: Insofern Bildung ein lebenslanger Prozess der Selbst- und Weltvergewisserung ist, ist dieser im Modus des Seins als Werden zu begreifen. Das Werden im Sinne des Sichbildens benötigt Zeit. Es lässt sich nicht rhythmisieren, sondern folgt einer Eigengesetzlichkeit. Fortschritte, Rückschritte, Umwege, Sprünge und Schübe sind essenziell und brauchen Raum.
– Bildung benötigt Anregung und Herausforderung: Entwicklung vollzieht sich immer dort, wo Veränderungsanreize wirksam werden. Da nicht eingeschätzt werden kann, welche Anregungen bei welcher Person wie wirken, ist es wünschenswert, auf möglichst viele unterschiedliche Weisen anzuregen, zu perturbieren, neugierig zu machen. Bedeutsam scheint es, den Herausforderungsgrad gut zu treffen und die Lernenden zugleich zu ermutigen, Verunsicherung zuzulassen, Herausforderungen anzunehmen und Veränderung zu wagen.
– Bildung braucht lebendige Begegnung und Dialog: Die personale Lehre ermöglicht Bildung in anderer Weise als Bücher, Datenbanken und Selbstlernprogramme. Diese Medien übersteigen in Umfang und Differenzierung die beschränkte Repräsentanz von Inhalten durch die Person des oder der einzelnen Lehrenden und sind wesentlich für die selbstbestimmte Annäherung und Auseinandersetzung mit Themen. Im Dialog mit einem konkreten menschlichen Gegenüber wird aber dessen eigenes Werden gegenwärtig: Denkwege werden nachvollzogen, Konfrontation wird erlebt, Begeisterung wird spürbar. In der gemeinsamen Auseinandersetzung wird nicht nur deutlich, dass die Befassung mit Themen ein steter gelebter und zu lebender Reflexionsprozess ist, sondern auch die Gegenstände der Befassung werden lebendig und zeigen ihren unabgeschlossenen Charakter.

Student(inn)en sind Studierende. Sie sind Menschen, die im biografischen Verlauf ihres lebenslang andauernden Bildungsprozesses eine gewisse Zeit an einer Hochschule verbringen, um zu studieren. Dem Wortsinn nach (lat. *studere* „streben, sich bemühen") bemühen sie sich um etwas. Dieses Bemühen zeigt sich im Umfeld der Bologna-Strukturen, möglicherweise grundgelegt in der schulischen Sozialisation, in jedem Fall unterstützt durch Bildungspolitik und Hochschulorganisation, gegenwärtig in weiten Teilen als Bemühen um Besitz: Wissen, Fähigkeiten, Kompetenzen, Zertifikate und gute Noten. Diesem Haben-Wollen und Haben-Müssen verwertbarer Güter steht die Idee hochschulischer Bildung gegenüber, die die studierende Person in ihrem veränderlichen Sein erfasst und deren Entwicklungsprozess begleitet und unterstützt.

6 Fazit

Um in einem fremden Feld – etwa einem Beruf – anzukommen, reicht es nicht aus, Landkarten zu kaufen, einen Kompass zu erwerben und Kenntnis über das Wetter zu haben. Das ist sicherlich nützlich. Wesentlich aber ist, dass man den Weg geht, die Erfahrung des Fortkommens macht, sich beständig neu orientiert und sein Ziel vor Augen hat, sich Begleitung und Unterstützung sucht und annimmt und sich letztendlich als Gehende/-r begreift. In dieser Perspektive wird die Doppelaspektiertheit von Haben und Sein erkennbar, die aus der unauflösbaren Verschränkung eines Äußeren und eines Inneren, einer Struktur und eines Prozesses erwächst. Die *Relation* dieser Aspekte lässt sich nicht in einem Vorher und einem Nachher, in einem Wirkenden und einem Bewirkten denken, sondern ist vielmehr ein sinnerfülltes Ganzes, das sich selbst interpretiert. Die *Relationierung* von Haben und Sein ist Aufgabe und Ziel der Hochschulbildung, sofern sie sich als zeitlicher Abschnitt, themenbezogener Ausschnitt und Katalysator des individuellen lebenslangen Bildungsprozesses begreift.

Literatur

Bayerische Staatskanzlei: *Bayerisches Hochschulgesetz.* URL: http://www.gesetze-bayern.de/Content/Document/BayHSchG-2 (letzter Aufruf: 10.05.2016).
Bundesministerium für Bildung und Forschung: *Der Deutsche Qualifikationsrahmen.* URL: http://www.dqr.de/content/2314.php (letzter Aufruf: 10.05.2016).
Bundesministerium für Bildung und Forschung: *Der Deutsche Qualifikationsrahmen.* URL: http://www.dqr.de/content/2258.php (letzter Aufruf: 10.05.2016).
Fromm, Erich (2016): *Haben oder Sein. Die seelischen Grundlagen einer neuen Gesellschaft.* 43. Aufl. München (Erstveröffentlichung 1976).
Humboldt, Wilhelm von (1809/1810): *Über die innere und äussere Organisation der höheren wissenschaftlichen Anstalten in Berlin.* Berlin. Verfügbar unter URL: http://edoc.hu-berlin.de/miscellanies/g-texte-30372/229/PDF/229.pdf (letzter Aufruf: 10.05.2016).

Marcel, Gabriel (1954): *Sein und Haben*. Paderborn (frz. Original „Être et avoir", 1935).
Schleiermacher, Friedrich Daniel Ernst (1808): *Gelegentliche Gedanken über Universitäten in deutschem Sinn*. Berlin. Verfügbar unter URL: http://edoc.hu-berlin.de/miscellanies/g-texte-30372/123/PDF/123.pdf (letzter Aufruf: 10.05.2016).
Staehelin, Balthasar (1972): *Haben und Sein. Vom Wesen der zweiten Wirklichkeit der Natur jedes Menschen*. Hamburg.

Tilly Miller
Hochschulbildung angesichts globaler Krisen und Katastrophenszenarien

Abstract: Der folgende Beitrag thematisiert die Frage, welche Bildungsaufgaben sich für Hochschulen angesichts zunehmender globaler Krisen, Katastrophenszenarien und gesellschaftlichem Problemdruck stellen. Mit dem Begriff des Leben-Lernens wird das Anliegen geschärft. Diskutiert wird nicht ein idealistischer Bildungsbegriff, sondern ein Bildungsverständnis, das Widersprüche, Paradoxien, Komplexität und Kontingenz berücksichtigt. Der Beitrag fokussiert auf eine Stärkung der globalen Mitverantwortung von Lehrenden und Studierenden. Bildungstheoretische und praktische Überlegungen werden mit Hilfe politikwissenschaftlicher und soziologischer Perspektiven erweitert und vertieft.

1 Einleitung

Wer die Möglichkeit hat, an einer Hochschule zu studieren, gilt grundsätzlich als privilegiert. In Aussicht stehen, um mit Bourdieu (1987) zu sprechen, *kulturelles Kapital* (Bildung, Wissen, Kompetenzen, akademische Abschlüsse und Titel) und *soziales Kapital* (wichtige Gruppenzugehörigkeiten, Kontakte und Netzwerke). Beide Kapitalien lassen sich dann beruflich in *ökonomisches Kapital* transformieren. Angesichts solcher Privilegien, gleich ob und wie sie im Einzelfall realisiert werden, relativiert sich womöglich der Druck und die Notwendigkeit, über Hochschulbildung bzw. über die Bildung Privilegierter nachzudenken. Die Diskurse kreisen gegenwärtig ohnehin um andere Themen, vorrangig um hochschulpolitische Anforderungen hinsichtlich Ökonomisierung, Effizienz, Wettbewerbsfähigkeit, Rankings, Akkreditierung und Exzellenz. Mit Blick auf die Studierenden geht es vorrangig um Berufsqualifizierung, Kompetenzen und Employability.

Bildung ist zum Mantra des 21. Jahrhunderts geworden. Bildung gilt als Voraussetzung für Teilhabe. Die EU hat den Begriff „Lebenslanges Lernen" aufgegriffen und sieht Bildung eher als Wettbewerbs- und Beschäftigungspromotor. Favorisiert wird vor allem der Kompetenzbegriff. Der Einzelne soll befähigt werden, mithilfe von Wissen und Können komplexe Aufgaben zu bewältigen. Die Hochschulen haben sich kompetenzorientiert umstrukturiert und modularisiert. Kritische Stimmen warnen hingegen vor einer Indienstnahme des Subjekts für alle möglichen Verwertungsinteressen (vgl. Miller 2012: 188–203; Reichenbach 2008). Individuelles Vermögen (Wissen, Können, Wille) werden mit Erwartungen der Umwelt verknüpft. Anders formuliert: Kompetenzen zielen auf Performanz und lassen sich der Systemverwertung zuführen (vgl. Hof 2002). So gibt es berechtigte Sorge, dass Subjekte unter dem Kompetenzlabel

Gefahr laufen, ihre „Kapitalien" zu veräußern und Selbstausbeutungsprozessen zu unterliegen. Das ist freilich nur die eine Seite der Medaille, die andere Seite ist, dass Kompetenzen eine wichtige Voraussetzung für ein selbstbestimmtes Leben sind. Es geht also nicht darum, Kompetenzen gegen Bildung auszuspielen, sondern sie als Teil von Bildung zu begreifen, dies jedoch mit dem deutlichen Hinweis, dass Bildung einen weit über Kompetenzen hinausgehenden Zugang zum Subjekt und seiner Auseinandersetzung mit der Welt hat. Dieser umfassende Zugang erfährt allerdings seit Jahren auf allen Bildungsebenen, schulisch wie außerschulisch, einen Bedeutungsschwund. Was aber heißt dies für das Subjekt und die Welt angesichts risikoreicher gesellschaftlicher und globaler Veränderungsprozesse und Herausforderungen? Die These dieses Beitrags ist, dass gerade angesichts der vielfältigen Herausforderungen Bildung ins Zentrum gerückt gehört. Wie bringen sich also Hochschulen als tradierte Bildungsinstitutionen darauf bezogen in Stellung? Was ist ihr Bildungsanspruch? Welche Bildungsleistungen sind von ihrer Seite gefordert?

2 Leben-Lernen als eine Bildungsdimension von Hochschulen

Bildungstheoretiker/-innen sind sich einig: Hochschulbildung umfasst vor dem Hintergrund ihrer traditionellen Entwicklung mehr als Wissens- und Qualifikationsvermittlung. Hochschulbildung ist Teil des lebenslangen Lernens und zielt nicht nur auf forschenden Erkenntnisgewinn, sondern ebenso auf Persönlichkeitsentwicklung, auf Selbstbestimmung und Verantwortung, auf Weltverstehen und Weltmitgestaltung. Was aber soll nun vor dem Hintergrund eines solchen Bildungsverständnisses gelernt werden? Göhlich (2012: 29 ff.) benennt hierzu vier Aspekte. Bildung zielt auf *Wissen-Lernen · Können-Lernen · Lernen-Lernen · Leben-Lernen*.

Mit den ersten drei Aspekten lassen sich typische Lernkategorien an Hochschulen veranschaulichen. Für die Hochschulen zentral ist die Aneignung von theoretischem *Wissen*, in der Regel bezogen auf die jeweiligen disziplinären Gegenstände. Des Weiteren geht es um das *Können*, gleich ob forschendes Können oder theoriegeleitetes Können in der Bewältigung von Anforderungen der Praxis.[1] Können setzt die Verbindung von Theorie und Praxis voraus. Der dritte Aspekt verweist auf die Kompetenz, das *Lernen zu lernen*, also Bescheid zu wissen, wie gelernt werden kann, beispielsweise mit Hilfe von Lernstrategien und Lernformen (erfahrungsbezogen, dialogisch, entdeckend etc.), und es geht um das Lernen des Umgangs mit komplexen Wissens- und Datenbeständen. Für diese drei Aspekte lassen sich nicht nur klare Kompetenzen formulieren,

---

[1] In professionsorientierten Studiengängen spielt über das Können hinaus auch die professionelle Haltung eine wichtige Rolle (vgl. von Spiegel 2013: 82 ff).

sondern es lassen sich auch ohne Zweifel Mitnahmeeffekte für Bildungsprozesse erwarten. Wissen, Können und das Wissen um das Lernen können sich als gesellschaftliche Schrittmacher erweisen. Sie können zu kritischen Denkoffensiven anregen, die Handlungen folgen lassen. Chancen für subjektive Selbstbemächtigungsprozesse sind also zu erwarten. Überhaupt: Im Labor Hochschule werden Subjekte mehr oder weniger in ihrem Inneren angestoßen und in ihrer Selbstreflexion gestärkt. So gesehen sind solche bildenden Mitnahmeeffekte bedeutsam und keineswegs zu unterschätzen. Trotzdem sind sie eher beliebig und umfassen noch nicht, was mit dem vierten Aspekt von Göhlich (2012) gemeint ist: dem *Leben-Lernen*. Hier geht es um Orientierung finden, Überleben-Lernen, Lebensbewältigung, Verantwortung übernehmen.

Der Begriff *Leben-Lernen* setzt Bildung und Bildungsansprüche in einen gesellschaftlichen Kontext, und von hier aus lässt sich Leben-Lernen mit Blick auf Hochschulbildung angesichts gesellschaftlicher und globaler Herausforderungen und Probleme weiterdenken.

Leben-Lernen eröffnet gleichsam bildungstheoretische Optionen, vor allem auch dahingehend, ideelle Bildungsvorstellungen zu reformulieren und die damit einhergehenden hehren Bildungsziele in die Zone menschlicher und sozialer Unfertigkeiten, Brüche und Verwerfungen zu transformieren. Leben-Lernen eröffnet das Denken in Ambivalenzen, Widersprüchen und Paradoxien. Wenn Bildung auf Identitätsbildung, Reflexivität und Weltvermittlung vor dem Hintergrund humaner Werte zielt, dann bedeutet Leben-Lernen, diese Ansprüche in den Spannungshorizont von Praxis hineinzutragen, einer Praxis widerstreitender kultureller Codes und sozialer Strukturierungen, einer Praxis von Optionen, Glücksversprechungen, von Scheitern und Bedrohungen.

Bildung, ein Kind des Humanismus und der Aufklärung, bietet einen Gral von Begriffen wie Freiheit, Selbstbestimmung und Emanzipation, Gerechtigkeit, Toleranz, Bewusstheit, Reflexivität, Identitätsvergewisserung, Weltaneignung, Vernunft und Verantwortung. Schon längst sind anstelle der Vernunft- und Fortschrittsgläubigkeit vor allem des 19. Jahrhunderts Zweifel getreten – Zweifel am Menschen und seinen Möglichkeiten, die großen Werte tragfähig zu transformieren. Wurde im Marxismus des 19. Jahrhunderts die kommunistische Gesellschaft noch als Heilsgesellschaft gedacht, in der alle Machtbeziehungen aufgehoben sind, sieht etwa Michel Foucault (1994) im 20. Jahrhundert nicht mehr die Möglichkeit eines Ausstiegs aus gesellschaftlichen Machtverhältnissen. Ernüchterung ist eingekehrt, die sich zu steigern scheint, blickt man gegenwärtig beispielsweise auf die politischen Krisenherde der Welt, auf die verheerenden Auswirkungen des islamistischen Terrors, auf die inneren Veränderungsprozesse Europas, die einen deutlichen Schub nach rechts, nach Dehumanisierung und Ausgrenzung zeigen. Lösungen sind derzeit nicht in Sicht, eher Prozesse, die Sorge bereiten müssen, nicht nur für das gesellschaftliche und globale Zusammenleben, sondern auch für das Subjekt in der Rolle des Bürgers und Weltbürgers.

Wenn sich Bildung diesen Herausforderungen stellen will, braucht sie zuvorderst ein Menschenbild, das nicht allein von der Vernunftfähigkeit des Menschen ausgeht, sondern dessen ganze Spannbreite auslotet. Das jüdisch-christliche Menschenbild beispielsweise hilft, einem idealisierten Menschenbild Nüchternes entgegenzuhalten. Der Mensch wird hier zur Freiheit, Vernunft und zum schöpferischen Tun hin angelegt gedacht. Er wird aber ebenso in seiner Bedürftigkeit und Unzulänglichkeit gesehen, in seinem Scheitern, in seiner Brüchigkeit und in seinen Grenzen. Er wird gesehen inmitten der Unzulänglichkeit der Welt, ihrer Katastrophen und ihrer immer wieder fehlenden Sorge um Mensch und Natur (vgl. Rahner 1966). Die Menschheitsgeschichte zeigt die vielfältigen Errungenschaften des Menschen wie auch seine Destruktivität. Zu den Errungenschaften zählen ohne Zweifel die Formulierung und Institutionalisierung universaler Werte wie Menschenwürde, Freiheit, Gerechtigkeit, Toleranz, Solidarität sowie neuerdings Nachhaltigkeit und die Ächtung von Krieg. Sie sind gleichsam der Kompass für ein humanistisch verwurzeltes Bildungsverständnis und der Kompass für Leben-Lernen. Aber sind sie tatsächlich ein ausreichender Kompass, um mit den gesellschaftlichen Herausforderungen und Schattenseiten umgehen zu lernen? Das gilt es im Folgenden näher zu betrachten, um daraus Folgerungen für die Bildung zu ziehen.

3 Beschreibungsfolien sozialstruktureller Dramaturgien und ihre Bedeutung für die Bildung

Die globalen Problemszenarien sind in der Fachliteratur hinreichend beschrieben. Stichworte dazu sind: weltweite ökonomische Risiken durch Wirtschafts- und Finanzkrisen eines ungezügelten globalen Kapitalismus und Konsumismus, Raubbau natürlicher Ressourcen, Armut, Hunger und mangelnde Verteilungsgerechtigkeit, drohende Klimakatastrophe, Bevölkerungswachstum, Scheitern der Funktionseliten in den reichen und armen Ländern, daraus erwachsende Korruption und Ausbeutung; zu nennen sind problemverstärkende kulturelle Narrative, die eine Unterordnung und Ausbeutung der Frau und das Dominanzstreben des Mannes verstetigen. Weitere Problemkreise sind religiöse Fundamentalismen, Gewalt, Terror und Krieg und damit einhergehend Flucht und Migration, die wiederum Renationalisierungstendenzen und politische Radikalisierungen zur Folge haben, wie wir sie derzeit in Europa erleben. Die digitale Technologie schafft neue kommunikative Verständigungsmöglichkeiten und erzeugt gleichzeitig neue Gefahren des Datenmissbrauchs, von Cyber-Angriffen auf politische Institutionen und Unternehmen, des mangelnden Schutzes personeller Identität wie auch naiver Selbstveräußerungen, Gefahren von Massenmanipulation und -hetze. Kriminalität und Terror gewinnen neue Plattformen durch die Digitalisierung. Wir müssen es hier bei einer Auswahl von Stichworten belassen, um die Dimension der Risiken zu benennen, die überall ihre Schatten werfen.[2]

---

[2] Zur weiteren Auseinandersetzung siehe u. a. Bartosch/Gansczyk 2009; Beck 2008; Giddens 2001; Brock 2008; Radermacher/Beyers 2011; Randers 2012; Senge u.a. 2011; Stiglitz 2006.

Als Wissensgesellschaft mit ihren digitalen Verarbeitungsmöglichkeiten verfügen wir über nie dagewesene Wissensgehalte über die globale Welt im Allgemeinen und über deren Herausforderungen und Probleme im Besonderen. Wir wissen Bescheid über zentrale Ursachen des Klimawandels und die Notwendigkeit von Klimaschutz, wir wissen um die Ursachen von Armut und Reichtum, wir verfügen über Wissen über die innere Zerstörungskraft der auf Spekulation basierenden Finanzökonomie. Wir wissen um die Fallstricke der Konsumgesellschaft und der damit einhergehenden Risiken des quantitativen Wachstums. Somit: Wir verfügen über enormes Wissen hinsichtlich humanitärer Krisen, wirtschaftlicher Krisen, Umweltkrisen und politischer Krisen. Insbesondere Hochschulen und Forschungseinrichtungen produzieren eine Fülle von Erklärungswissen und Problemlösungswissen. Das Problem ist, dass dieses Wissen durch die Systeme und die Inhaber von Schlüsselpositionen nicht zureichend in Handeln überführt wird.

Wie lässt sich der mangelnde Wissenstransfer erklären? Und weiter: Wie steht es überhaupt um die Chancen, die globalen Weltprozesse und Problemszenarien zu verstehen und sie mitzugestalten? Im Folgenden werden sozialwissenschaftliche Denkfiguren herangezogen, um diesen Fragen nachzugehen. Es sollen die Herausforderungen für das Subjekt in Bezug auf Weltverstehen, Urteilen, Entscheiden und Handeln verdeutlicht werden und zwar Herausforderungen im Kontext
- rationaler Systemlogiken und von Komplexität,
- globaler Strukturen und Global Players,
- versteckter Kontrollmechanismen freiheitlicher Gesellschaften und subjektivem Verstrickt- und Involviertsein in soziale Dramaturgien.

Wenn Bildung und Leben-Lernen auf Weltverstehen und verantwortliches Mitgestalten gerichtet sind, dann gilt es zu reflektieren, in welcher Welt wir überhaupt leben. Erst durch eine begründete Vorstellung davon lassen sich die aktuellen Bildungsanforderungen herausstellen. Sicherlich wäre es vermessen zu glauben, dies mit einigen theoretischen Hintergrundfolien leisten zu können. Zu komplex zeigt sich das Weltgeschehen, zu vielschichtig sind die Wirkfaktoren. Trotzdem dienen nachfolgend skizzierte Denkfolien als Angebot, Welt nicht nur in ihren gegenwärtigen Ausformungen und Mechanismen zu verstehen, sondern auch die damit einhergehenden Herausforderungen für das Subjekt zu benennen.

3.1 Rationale Systemlogiken und Komplexität

Aus einer systemtheoretischen Perspektive sind Menschen nicht nur in Systeme eingebunden, sondern orientieren sich nach deren rationalen Logiken. Luhmann beschreibt die funktional differenzierte Gesellschaft (Luhmann 1997/Bd. 2, Kap. 4) als Ordnungskonzept der Moderne, in der Funktionssysteme wie beispielsweise Wirtschaft, Politik, Recht oder Wissenschaft mithilfe ihrer jeweiligen Steuerungsmedien, binären Codes und Programmen (Luhmann 1997 Bd. 1, Kap. 2) operieren. Die Funktionssysteme operieren arbeitsteilig, und es gibt kein Steuerungszentrum für die Gesellschaft. Auch kann kein Funktionssystem ein anderes ersetzen. Diese Arbeitsteilung birgt einerseits das Potenzial einer hohen funktionsspezifischen Leistungsfähigkeit, beispielsweise im Bereich Güterversorgung, in der Wissensproduktion oder in der Gesundheitsversorgung. Andererseits operieren die Systeme autopoietisch geschlossen und produzieren dadurch aufs Ganze gesehen Probleme und Risiken. Der Geldlogik der Wirtschaft etwa entsprechen nicht ökologische oder soziale Rücksichtnahmen. Darauf bezogenes Wissen hat geringe Relevanz. Politik kommuniziert in Logiken der Macht und nicht in hehren Ansprüchen nach einer vernünftigen Gemeinwohlgestaltung. Die Systeme operieren sozusagen in einer, was Vernunft und Vielschichtigkeit betrifft, unterkomplexen Borniertheit. Systeme bilden sich, so Luhmann, über Kommunikation heraus. Systemmitglieder wiederum sind Träger der Kommunikation und orientieren sich an den rationalen Logiken der Funktionssysteme. Je mehr sie das tun, desto mehr Erfolg dürfen sie für sich erwarten. Wer sich an die rationalen Geldlogiken eines Unternehmens anpasst, darf Karriereperspektiven erwarten. Wer als Studierender im Wissenschaftssystem Forschungskompetenz und Leistungsbereitschaft zeigt, hat Karrierechancen. Man muss dem Theorem Niklas Luhmanns (1997/Bd. 1: 132), dass insbesondere organisierte Systeme das Verhalten der Systemmitglieder „in hochgradig spezifischer Weise" regeln können, nicht unkritisch folgen. Das Theorem vermag nämlich nicht die Einflusskraft von Systemmitgliedern gegen rationale Systemlogiken und ihren Beitrag für nicht-funktionale Sinnkonstruktionen erklären. Trotzdem schärft Luhmann den Blick auf den Anpassungsdruck, dem Subjekte in sozialen Systemen ausgesetzt sind, und wappnet gegen voreilige Annahmen, im Subjekt läge alle Veränderungskraft und Veränderungschance. Das Subjekt muss nämlich als personelle Gegenmacht und als Umwelt des Systems gegen rationale Systemlogiken ankämpfen, wenn es Elemente in das System implementieren will, die dessen rationaler Logik nicht oder nur schwer zugänglich sind. Selbst Führungskräfte stoßen hier an ihre Gestaltungsgrenzen. Systembeeinflussung setzt deshalb nicht nur Bewusstheit, Haltung, Systemwissen und Kraft zum Widerstand voraus, sondern auch die Bereitschaft, gegebenenfalls Systemsanktionen zum eigenen Nachteil in Kauf zu nehmen.

Die funktionale Differenzierung birgt grundlegende Herausforderungen für das Subjekt und für die Chancen eines vernünftigen, das heißt auf das Ganze gerichtete verantwortliche Systemhandeln. Insbesondere drei zentrale Fragen stellen sich:

1. Wie kann es gelingen, dass Funktionssysteme über ihre rationalen Logiken hinaus werthafte und sachliche Perspektiven kommunizieren und verarbeiten, die für das menschliche Leben und Überleben von zentraler Bedeutung sind?
2. Wie kann es gelingen, dass Funktionssysteme überhaupt die Voraussetzungen haben, ihr generalisierendes Steuerungsmedium zu verarbeiten, ohne von Logiken des Geldes überfrachtet zu werden? Luhmann macht deutlich, dass Geld als Zahlungsmittel in allen Funktionssystemen nicht nur zirkuliert, sondern die

Systemkommunikation überlagert. Wissenschaft in ihrer Erkenntnisaufgabe beispielsweise muss sich an marktförmigen Logiken ausrichten. Gesundheitssysteme funktionieren zunehmend nach ökonomisierten Logiken, mit dem Resultat, dass Operationen eine wichtige Einnahmequelle darstellen, gleich, ob sie für den Patienten nötig oder unnötig sind.
3. Wie kann die Autonomie und Selbstbestimmung der Subjekte trotz Systemeingebundenheit und damit verbundener Abhängigkeiten wie auch Privilegien gestärkt werden? Wie können Systemmitglieder unterstützt werden, reflexiv, kritisch und systemtranszendierend mit rationalen Systemlogiken umzugehen?

Es wäre vermessen, auf diese Fragen einfache Antworten zu geben. Diese gibt es nämlich nicht, sondern es gilt zunächst einmal, die gegebenen Funktionsbedingungen auszuloten.

3.2 Globale Strukturen und Global Players

Die Weltgesellschaft strukturiert sich nach funktional-differenzierten Logiken westlicher Gesellschaften. Die globalen Machtakteure wie etwa internationale politische Verbünde, Konzerne, Banken und Weltbank, Internationaler Währungsfond, UNO u. a. operieren im Rahmen freiheitlich-demokratischer Ordnungsvorstellungen und Vereinbarungen. Sie agieren vor dem Hintergrund von rechtlichen Rahmenbedingungen und westlichen Werten wie Freiheit, Wohlstand, Gerechtigkeit, Sicherheit und Frieden. Innerhalb dieses wertekonfigurierten Frames vollziehen sich dann die Problemszenarien mit inhärenten Mechanismen der Unrechts- und Risikoproduktion. Michel Hardt und Antonio Negri (2003) bezeichnen die globalen Machtakteure in ihrer vielfachen Vernetzung als in der Form noch nie dagewesen und als Regime neuen Stils. Mit ihrer spezifischen liberalen und ökonomischen Herrschaftslogik dehnen sich diese umfassend aus.

Erscheinungsformen der neuen Weltordnung sind grenzüberschreitende Bewegungen von Waren, Geld, Dienstleistungen, Menschen (Touristen, Arbeitssuchende, Flüchtlinge, neue Sklaven, Illegale, Terroristen und Kriminelle), Kulturmodi, Fundamentalismen, Informationen, Wissen, Technologie, Hilfen, Fabrikanlagen und Ausrüstungen, bedrohliche Konflikte und Kriege, globalisierte Kriminalität und Gewalt. Es überschneiden sich dabei ökonomische, politische und kulturelle Sphären. Kulturelle Kolonialisierung, Unterdrückung, Ausbeutung und Zerstörung gehen einher mit Chancen und Möglichkeiten der Befreiung. Humanisierung geht einher mit Dehumanisierung. In den komplexen Szenarien gibt es kein territoriales Machtzentrum mehr, stattdessen aber Beschleunigung und Dynamisierung, immer schneller aufbrechende Krisenereignisse und Krisenherde in der Welt. Zu beobachten ist nicht nur ein zunehmender Spagat zwischen Arm und Reich, sondern auch das Hineinbrechen der ersten, zweiten und dritten Welt in die Sozialstrukturen der wohlhabenden westlichen Nationalstaaten. Zu beobachten ist der zunehmende Kontrollverlust der global agierenden Systemakteure, d. h. die Möglichkeit, steuernd eingreifen zu können. Stattdessen wird reaktiv versucht, die immer neu aufbrechenden Krisenszenarien zu handhaben.

Das Ganze wirft angesichts der Irrationalität der Rationalität in der freiheitlichen Moderne immense Ratlosigkeit auf. Was kann hier inmitten von Paradoxien das Subjekt tatsächlich bewerkstelligen? David-gegen-Goliath-Vergleiche tun sich auf. Ohne Zweifel, es braucht Gegenentwürfe und bürgerorientierte Wiederaneignungsprozesse von Teilhabe, Macht und Mitgestaltungsmöglichkeiten. Prozesse sind hier bereits längst im Gange beispielsweise im Rahmen von Bürgerbeteiligung, Freiwilligenengagement, Bürgerprotest, Nichtregierungsorganisationen (NGOs). Die Zivilgesellschaft[3] gewinnt in diesem Zusammenhang an Bedeutung. Sie umfasst eine Vielzahl von Gruppen und Akteuren und stellt mitnichten eine einheitliche Gegenmacht gegen die Global Players dar. Zu viele unterschiedliche Interessen bündeln sich in ihr. Auch sie wirft Ambivalenzen auf. Die Zivilgesellschaft hat nicht durchgängig die besseren Antworten, auch sie ist anfällig für pointierte Problemlösungen, mediale Emotionalisierungen und für Manipulation. Das Potenzial der Zivilgesellschaft liegt dort, wo sie Scharnier ist, bei wichtigen Fragen Werthaftigkeit, Sachlichkeit und Kontextbezogenheit zu verbinden und verantwortbare Gegenentwürfe in den gesellschaftspolitischen Prozess einzubringen. Somit ist die Zivilgesellschaft mit den in ihr handelnden Subjekten ein wichtiger Hebel für verantwortliche gesellschaftliche und globale Mitgestaltung, eingedenk des Wissens, dass auch aus ihr heraus zugleich neue Probleme generiert werden und dass sie sich gegen machtvolle Systemakteure in komplexen Szenarien zu behaupten hat. Die Stärkung der Zivilgesellschaft ist auf nationaler wie auf globaler Ebene von Bedeutung. Die Rolle des Staatsbürgers/der Staatsbürgerin erweitert sich durch die Rolle des Weltbürgers/der Weltbürgerin (Höffe 2004). Sie auszufüllen setzt voraus, sich in einer komplexen und ambivalenten Gemengelage zurechtzufinden.

3.3 Versteckte Kontrollmechanismen freiheitlicher Gesellschaften und subjektives Verstrickt- und Involviertsein in soziale Dramaturgien

Wie lässt sich das Subjekt vor dem Hintergrund der bisher skizzierten Systemwelt nun der Welt zuordnen? Sind Subjekt und Welt zwei unterschiedliche Größen? Ist das

---

3 Zum Begriff der Zivilgesellschaft siehe Habermas (1990: 46): „Den institutionellen Kern der ‹Zivilgesellschaft› bilden jedenfalls nicht-staatliche und nicht-ökonomische Zusammenschlüsse auf freiwilliger Basis, die von Kirchen, kulturellen Vereinigungen und Akademien über unabhängige Medien, Sport- und Freizeitvereine, Debattierclubs, Bürgerforen und Bürgerinitiativen bis zu Berufsverbänden, politischen Parteien, Gewerkschaften und alternativen Einrichtungen reichen."

Subjekt der Welt ausgesetzt, ist es ein Gefäß, das von dorther gefüllt oder gar manipuliert wird? Weder eine systemtheoretische Denkweise noch eine kritische Denkweise französischer Sozialtheoretiker wie etwa Michel Foucault, Gilles Deleuze oder auch Pierre Bourdieu lassen eine dichotome Denkweise zu, die etwa lautet: Das Subjekt ist den machtvollen problem- und risikoproduzierenden Systemen ausgesetzt. Im Gegenteil, sie legen dar, wie Subjekte problematische Strukturen mitproduzieren, unbewusst oder gewollt, etwa aufgrund von Vorteilserwartungen, Status-, Anerkennungs- oder Sicherheitsbedürfnissen. Aus dieser Perspektive kann es dann nicht darum gehen, um mit Astrid Messerschmidt (siehe Beitrag „Bildung unter widersprüchlichen Bedingungen des Lehrens und Studierens" in diesem Band) zu argumentieren, vom Subjekt aus den kritischen Blick nach draußen zu richten, hin zur Unzulänglichkeit der Welt, sondern darum, das eigene Verstrickt- und Involviertsein zu reflektieren.

Deleuze (1993) beispielsweise sensibilisiert für das fein ziselierte Macht- und Kontrollsystem moderner Gesellschaften. In dieses ist der Mensch nicht lediglich eingeordnet, sondern er ordnet sich im Rahmen seiner Freiheitsgrade selbst ein. Individualisiert und vermeintlich frei zieht er inmitten von elektronischen Informationsmaschinen seine Bahnen, trägt sich zu Markte, stellt sich marktförmig ausgerichteten Bildungsanforderungen, wählt zwischen einer Fülle von Waren und Dienstleistungen und wird nie fertig damit. An diese Gedanken anschlussfähig sind dann auch die gegenwärtig immer stärker zu beobachtenden Selbstoptimierungsstrategien der Subjekte durch Sport, Lernen und Kompetenzerwerb, Ernährung oder chirurgische Körpermodellierungen. Auch sie lassen sich als Teil von Kontrollschemata interpretieren, die den eigenen Marktwert zu steigern helfen (s. a. Boltanski/Chiapello 2006).

Wenn wir uns Deleuzes Impulse aus den 1990er-Jahren in Erinnerung rufen, dann entsteht folgendes Bild für die gegenwärtige und zukünftige freiheitliche Kontrollgesellschaft: Handys liefern permanent Informationen über Standorte und Kontakte. Ausgeweitet werden Ortungsmöglichkeiten durch neue Verkehrsleit- und Navigationssysteme. Die Selbstpräsentationsfreudigkeit vieler Menschen auf Social-Media-Plattformen liefert eine Menge verwertbarer Daten beispielsweise für Unternehmen und Geheimdienste. Freiwilligkeit und Kontrolle gehen Hand in Hand. Die Überwachung öffentlicher Plätze mittels Videokameras korrespondiert mit öffentlichen und privaten Sicherheitsanliegen, ebenso die aufwändigen Sicherheitskontrollen von Flughäfen und öffentlichen Gebäuden gegen Terroranschläge. All dies scheint plausibel und notwendig und wird in den Alltag als „normal" integriert. Die Ausmaße der Kontrollen nehmen dabei schleichend zu, was neue Fragen hinsichtlich Freiheit, Sicherheit und Datenschutz aufwirft. Für das Problem gibt es keine glatten Antworten, denn was würde ein lässiger Umgang mit Fragen der Sicherheit bedeuten? Die damit einhergehende Verunsicherung drückt beispielsweise Katharina Schulze, Sprecherin der bayerischen Grünen-Landtagsfraktion, aus. Sie sagt, die derzeitige Situation zeige, dass es in einer komplexen Welt keine einfachen Antworten gibt. Sie plädiert für einen gesellschaftlichen Diskurs über die Ausbalancierung von Freiheit und Sicherheit (vgl. Kellermann 2016: 6). Die Frage ist nur, wie die Ergebnisse des Diskurses lauten und wie sie in die politischen Entscheidungssysteme gelangen.

Das Subjekt ist involviert und verstrickt in die sozialen Dramaturgien. Dies nicht nur, weil es womöglich unreflektiert verdeckten gesellschaftlichen Kontrollmechanismen unterliegt, sondern es produziert und reproduziert, wie es Pierre Bourdieu (1987) mit seinem Habitus-Konzept ausführt, auch gewollt problematische Strukturen aufgrund von Macht- und Statusvorteilen. So ist es nicht erstaunlich, wenn Studierende im Rahmen von Lehre und Forschung Kompetenzen erwerben wollen, um sich ihren lebensweltlichen und den vor allem beruflichen Anforderungen nicht nur stellen zu können, sondern auch, um sich gesellschaftlich anerkannte Privilegien zu sichern. Der Erwerb von Wissen und Können mag dann attraktiver erscheinen als müßiges Reflektieren und kritische Bewusstseinsbildung hinsichtlich der schier unlösbaren Probleme der Welt und der Frage, wie man sich als Subjekt dazu verhält.

Diese theoriegeleiteten Skizzierungen sollen verdeutlichen, worauf sich Bildung einlässt, wenn sie den Anspruch hegt, unter dem Theorem Leben-Lernen die großen Fragen und Probleme der Welt im 21. Jahrhundert mit der Forderung nach Selbstbestimmung zu verknüpfen. Das moderne Subjekt, so lässt sich argumentieren, ist verkettet mit der Problem- und Risikoproduktion in der globalen Welt, und ebenso ist es dem Steuerungsverlust moderner (Welt-) Gesellschaft ausgesetzt. Es ist den inhärenten gesellschaftlichen Kontrollmodi und den rationalen Logiken von Funktionssystemen unterworfen. Dort ist es vor allem interessant als Leistungsträger und Konsument. Umgekehrt: Die Welt braucht das Subjekt, um sich sinnhaft weiterzubilden in Richtung Humanisierung, um die großen Ideen nicht zu verlieren. Aber das scheint immer mehr eine Herkulesaufgabe zu werden. Bildung wird sich vor diesem Hintergrund in Bescheidenheit üben müssen, ohne ihre hehren Ansprüche aufzugeben. Ein Paradox!

Möglicherweise mag der Trend zur Kompetenzorientierung eine Antwort auf all die hier skizzierten Fragen und Schwierigkeiten sein, auf das zunehmende Hineingeworfen-Werden des Menschen in eine nicht mehr überschaubare und handhabbare Welt- und Lebenskomplexität. Denn bei Kompetenzen geht es um Performanz und die Bewältigung konkreter Handlungssituationen. Über die Kompetenzschiene lässt sich noch eine gewisse Selbstwirksamkeit erwarten, ohne der Megakomplexität des globalen und strukturellen Problemdramas zu unterliegen. Kompetenzen bergen die Chance, sich erfolgreich im Strom der Zeit zu behaupten.

Wie auch immer, die bildungstheoretischen Forderungen insbesondere nach Selbstbestimmung und Emanzipation behalten vor dem Hintergrund des Gesagten nicht nur gleichbleibende Relevanz, sondern sie betreffen auch die vermeintlich Privilegierten. Auch sie zählen zu den Gefährdeten und Gefährdern, trotz Expertenschaft und hohem Bildungsgrad. In Bezug auf das klassisch humanistische Bildungsverständnis braucht es eine deutliche Akzentverschiebung. Wichtig ist das Selbstverstehen wie auch das Verstehen komplexer gesellschaftlicher Zusammenhänge und der darin liegenden Paradoxien und Widersprüche. Es stellt sich die Frage, wie Befreiungen aus Szenarien vermeintlicher Freiheit gelingen können und wie im

Kontext von Freiheit Verantwortung gelebt werden kann. Nicht einer Individualethik wird hier der Vorrang eingeräumt, in der die Freiheit als höchstes Gut gilt, sondern einer Sozial- und Verantwortungsethik, in der Freiheit, Gerechtigkeit, Nachhaltigkeit und Verantwortung zum Zwecke eines humanen Zusammenleben relationiert werden (vgl. Nell-Breuning 1962; Kerber 1998; Jonas 2003). Die Freiheit und ihre Spielarten werden damit Bezugspunkt kritischer Reflexion.

Kritische Reflexionen hinsichtlich eigener Manipulationsanfälligkeit, des blinden und ungenierten Mitmachens einerseits und Distanzierungsmöglichkeiten andererseits, der eigenen Haltung und der verantwortlichen Gestaltung von Handlungsspielräumen im System-Umwelt-Kontext sind unabdingbar. Was ist der Einzelne bereit, für eine Verbesserung des eigenen Lebens und der Verbesserung des Lebens anderer zu tun? Was ist er bereit, für eine gerechtere und ökologisch intaktere Welt zu investieren oder zu lassen? Die emanzipatorische Ausrichtung eines modernen, zeitgemäßen Bildungsbegriffs erfährt mit diesen Fragen eine deutliche Wende hin zur Verantwortung. Diese aber kommt im Vergleich zur Forderung nach Emanzipation und Selbstbestimmung unlustig daher. Schon gar, wenn von neuer Bescheidenheit die Rede ist, von freiwilligem Verzicht und freiwilliger Einschränkung beispielsweise bei Konsumgütern, Privilegien, Reisen, attraktiven Geldanlagen etc. Bescheidenheit passt weder in gängige quantitative Wachstumskonzepte noch in gängige westliche kulturelle Codes der Habitus- und Statussicherung oder Codes einer Komfort- und Spaßgesellschaft.[4] Sie passt auch nicht in hergebrachte Konzepte des guten Lebens. Wie also gut leben, Freude und Spaß haben bei gleichzeitiger Aufforderung hinsichtlich Maß halten und verantwortlichem Handeln?

Spätestens an dieser Stelle wird deutlich: Wer Bildung in einer komplexen, ambivalenten und in sich verstrickten, risikoreichen Welt ernst nimmt, gerät in schwieriges und anstrengendes Fahrwasser. Leben-Lernen heißt dann, nicht nur mit den Optionen, Risiken, Widersprüchen und Spannungen der Welt umzugehen, sondern auch mit den eigenen.

Diese Herausforderungen betreffen im Hochschulkontext nicht nur die Studierenden, sondern auch die Hochschullehrer/-innen. Spätestens an dieser Stelle wird deutlich, dass es bezüglich Selbstbestimmung und Verantwortung weder simple Antworten noch Richtig und Falsch gibt. Vielmehr braucht es das Interesse für und die Bereitschaft der Beteiligten zu Suchbewegungen und (selbst-)kritischer Auseinandersetzung; es braucht den Blick über den Tellerrand hinaus wie auch Perspektivenvielfalt; es braucht Bewusstheit, ein ethisches Fundament, einen Willen und eine große Portion Ambiguitätstoleranz.

---

4 Die Entscheidung Einzelner, Minimalismus als Lebensstil und als Gegenentwurf zur konsumorientierten Überflussgesellschaft zu wählen, dürfte gegenwärtig wohl für viele nicht als Leitbild infrage kommen, birgt aber durchaus einen Aufforderungscharakter zu einer kritischen Auseinandersetzung mit dem eigenen Lebensstil.

Vor allem im Kontext von Bildung für nachhaltige Entwicklung sind die Anforderungen an zeitgemäße Bildung immer wieder geschärft worden. In diesem Sinn zielen Gerhard de Haan und Dorothee Harenberg auf die Förderung von Gestaltungskompetenzen (in Bundeszentrale für politische Bildung 2012). Es handelt sich dabei letztlich um Bildungsanforderungen, auch wenn die Ziele als Teilkompetenzen formuliert werden:
- weltoffen und neue Perspektiven integrierend Wissen aufbauen
- vorausschauend Entwicklungen analysieren und beurteilen können
- interdisziplinär Erkenntnisse gewinnen und handeln
- Risiken, Gefahren und Unsicherheiten erkennen und abwägen können
- gemeinsam mit anderen planen und handeln können
- Zielkonflikte bei der Reflexion über Handlungsstrategien berücksichtigen können
- an kollektiven Entscheidungsprozessen teilhaben können
- sich und andere motivieren können, aktiv zu werden
- eigene Leitbilder und die anderer reflektieren können
- Vorstellungen von Gerechtigkeit als Entscheidungs- und Handlungsgrundlage nutzen können
- selbstständig planen und handeln können
- Empathie für andere zeigen können

Sinnvoll ergänzen würde diese Aufzählung der Hinweis auf die Fähigkeit, mit Widersprüchen, Paradoxien und Ambivalenz umgehen zu lernen, sowohl der eigenen wie die der Welt.

4 Bildungsansprüche von Menschen in Schlüsselpositionen an Menschen in zukünftigen Schlüsselpositionen

Schlüsselpositionen lassen sich als Positionen in sozialen Systemen mit Einfluss- und Wirkungsmacht beschreiben. Eine Schlüsselposition wird verliehen im Rahmen von Funktions- und Aufgabenbeschreibungen. Eine Schlüsselrolle inne hat eine Person, die Rollenträgerin ist. Eine Schlüsselposition selbstbestimmt auszufüllen setzt voraus, die Anforderungen des Systems mit dem eigenen beruflichen Selbstverständnis, den eigenen Zielen, Kompetenzen, Bedürfnissen und Wertprämissen auszubalancieren. Inhaber von Schlüsselpositionen sind eine Art Koordinatoren innerer und äußerer Handlungsansprüche. Sie können sich mehr oder weniger systemangepasst, reflexiv und eigenwillig zeigen.

In Hochschulen besetzen Hochschullehrer/-innen Schüsselpositionen, um die zentralen Aufgaben einer Hochschule hinsichtlich Lehre, Forschung, Entwicklung und Selbstverwaltung zu erfüllen. Sie entscheiden über Lehre und Forschung in dem gegebenen Rahmen und sie entscheiden über ihren Bildungsanspruch, der sich vor dem Hintergrund eigener Karrierevorstellungen und Lebenssituationen abbildet. Was in Hörsälen und Seminarräumen wie auch in Forschungskontexten und Gremien geschieht, gestaltet sich zu einem gewichtigen Teil nach den Vorgaben und Selbstverständnissen der dafür Verantwortlichen. An diesem Beispiel wird bereits die theoretische Dürftigkeit des Luhmannschen Theorems der Dominanz rationaler Systemlogiken gegenüber subjektiven Handlungslogiken deutlich. Lehrende verfügen über Definitionsmacht (Was biete ich an? Was thematisiere ich?), sie verfügen über Gestaltungsmacht (methodisch-didaktische Entscheidungen) und über Einflussmacht (Mit wem kooperiere ich, um mir Wichtiges voranzubringen?). Hochschullehrer/-innen sind nicht lediglich kritische Außenbeobachter, sondern sind Involvierte. Gegen Hochschulentwicklungen zu klagen, die man nicht will, wäre wohl zu einfach.

Freilich darf die Verantwortung für Hochschulbildung nicht individualisiert werden. Aber die professionellen Haltungen zur Bildung sind ein wichtiger Hebel, um Bildung an Hochschulen zu aktivieren und zu reaktivieren. Darüber hinaus ist es selbstverständlich wichtig, dass Hochschulbildung Teil von Leitbildern und ein institutionell verankertes Systemelement ist. Das ist der zweite Hebel. Globale Herausforderungen und Risiken wären dann expliziter Teil von Studienprogrammen, entsprechende Lehr- und Forschungsthemen würden daraufhin verstärkt und die inter- und transdisziplinäre Lehre und Forschung würden auf die Problematik hin intensiviert werden. Evaluierungen und Akkreditierungen würden das Anliegen aufgreifen. Der dritte Hebel wären schließlich nationale und europäische Hochschulpolitiken von Ministerien und Gremien, die sich für Bildung an Hochschulen stark machen. Auch bei den letzten beiden Hebeln spielen Schlüsselpersonen eine zentrale Rolle.

Zurück zu den Lehrenden. Es geht nicht darum vorzugeben, was sie in Sachen Bildung zu tun haben. Wichtig ist vielmehr die Reflexion eigener Selbstansprüche und des beruflichen Selbstverständnisses. Individuelle Antworten sind zu finden, wie die eigene Expertise ausgeweitet werden kann, um neben der Vermittlung von Wissen, Können, ggf. professioneller Haltung und Lernen-Lernen auch Bildungsprozesse mit dem Ziel des Leben-Lernens zu initiieren. Vor dem Hintergrund der eigenen Schlüsselposition gilt es, zusammen mit den Studierenden Räume für Bildung zu gestalten und zwar Räume gemeinsamer Fragen und Suchbewegungen. Voraussetzung dazu ist eine gemeinsame reflexive und kommunikative Haltung. Es braucht Diskurs, Dialog, Wissen und Zeit. Es geht um die Sensibilisierung, in welcher Lebenswelt und Welt wir leben wie auch um das Entwerfen von lebenswerten und zumutbaren Alternativen, nicht im Sinne von Handlungsaufträgen an die Studierenden, sondern von Denkangeboten, die in ihrer Umsetzung in der Verantwortung der Einzelnen verbleiben.

Damit dies gelingt, braucht es freilich die grundsätzliche Bereitschaft der Lernenden, sich auf solche Bildungs- und Lernprozesse einzulassen. Auch das ist nicht selbstverständlich, vor allem wenn Wünsche nach guten Noten, Abschlüssen und Arbeitsmarktchancen, nach brauchbaren Skripten und zumutbaren Arbeitsaufwänden die Studiermotivation steuern. Diese dann lapidar mit dem Selbstbestimmungspostulat Studierender abzutun, wäre allerdings wenig bildsam. Bildung geht auch einher mit Konfrontieren und Aufrütteln. Eingelebtes darf gegen den Strich gebürstet werden, und schon gar nicht ist Bildung, wenn man diese ernst nimmt, ein Weichzeichner und Weichspülprogramm. Je mehr es gelingt, Fragen und Inhalte für die Studierenden subjektiv bedeutsam werden zu lassen, umso mehr werden Bildungsprozesse angeregt. Ein wichtiger Schlüssel dazu ist die Frage, wie Lehr- und Lernbeziehungen daraufhin gestaltet werden und zwar in der Form, dass sich die Beteiligten als Subjekte erfahren und eigenes Wissen, eigene Erfahrungen, Visionen, Sorgen und Bedenken einbringen können. Ermutigung und der Blick auf das Machbare sind dabei oft wichtiger als ausweglose Krisenszenarien, die bei jungen Menschen eher zu Abwehr führen. Moralisierende Anklagen sind genauso wenig tauglich wie monokausale Erklärungsmuster komplexer Probleme und simple Schuldzuweisungen. In den lebensweltlichen Strukturen und Bedingungen gilt es, Ansatzpunkte ausfindig zu machen, die Mitgestalten und Selbstwirksamkeit ermöglichen und die den Sinn für Einmischungsprozesse stärken.

Studierende sind potenziell zukünftige Inhaber von Schlüsselpositionen. Als Expert(inn)en besetzen sie dann Positionen, in denen sie entwickeln, forschen, lehren, urteilen, entscheiden, führen, managen und gestalten. Sie besetzen Definitions-, Einfluss- und Machtpositionen im Rahmen von Systemen und Netzwerken, Positionen also, die Wirkungen erzeugen können. Mehr denn je braucht es Personsein, Haltung, Wissen und das Denken in Zusammenhängen, um den gegenwärtigen und zukünftigen Herausforderungen als Expert(inn)en standzuhalten. Darüber hinaus haben die zukünftigen Absolvent(inn)en private Rollen, zivilgesellschaftliche Rollen, sie sind Blogger, Mitglieder von Social-Media-Plattformen und Gruppen, sie sind Bürger und Weltbürger. Überall sind reflektierte Perspektiven gefragt, die den öffentlich Diskurs bereichern und Alternativen aufzeigen können. Moderne Gesellschaften sind mehr denn je auf dieses reflexive, kritische und über bloße Systeminteressen hinausdenkende Potenzial angewiesen, auf Menschen also, die in Zusammenhängen und Wechselwirkungen denken können und dabei über ihren Tellerrand hinausblicken, die kooperieren, die wertesensibel und verantwortungsvoll handeln und die mit Vielfalt und Unbestimmtheit, mit Widersprüchen und Ambivalenz und den vielen subtilen sozialen Kontrollmechanismen umgehen können. All das sind anspruchsvolle und herausfordernde Bildungsanforderungen, die es im Sinne von lebenslangem Lernen und Leben-Lernen auf allen Bildungsebenen und so auch im Rahmen von Hochschulbildung zu lokalisieren gilt.

Unverzichtbar sind diese Anforderungen geradezu in einer (Welt-)Gesellschaft, die sich in Weiterentwicklung der funktionalen Differenzierung zunehmend in eine globale Netzwerkgesellschaft transformiert (vgl. Castells 2001). Wichtige Systementscheidungen und Vorarbeiten dazu erfolgen immer mehr in Netzwerken, gleich ob in der Ökonomie, Politik, Wissenschaft, Sozialen Arbeit oder innerhalb der Zivilgesellschaft. Der Netzwerk-Modus gilt als Modus des 21. Jahrhunderts und fordert

Kooperation und Perspektivenvielfalt. Er transzendiert sozusagen die autopoietische Geschlossenheit funktionaler Systeme. Damit aber Netzwerke diesen Modus generieren und ihre problemlösenden Potenziale entfalten können, brauchen sie, so Dirk Baecker (2007, 49), den kompetenten Menschen. Er ist das Scharnier für gelingende Netzwerkarbeit, denn er hat das Potenzial, über rationale Logiken hinauszudenken und verschiedene Perspektiven zu synthetisieren. Mit Netzwerken eröffnet sich somit eine neue Interventions- und Gestaltungsmacht für das Subjekt. Euphorie ist freilich nicht angesagt, denn die Global Players potenzieren ihre Macht ebenso durch Vernetzung. Fragen der Transparenz und Legitimation politischer Entscheidungen, die in undurchsichtigen Netzen getroffen werden, stellen sich neu (vgl. Tacke 2011). Für das Subjekt schillern Netzwerke als Orte, Eigennutz oder Systemnutzen zu potenzieren und lediglich Kapitalien anzureichern. Gleich wie, der Netzwerkmodus hält neue Gestaltungsoptionen für das Subjekt bereit. Durch das Netzwerk tritt der Mensch sozusagen wieder ins Rampenlicht und es liegt an ihm, in welchem Sinne die Netzwerkarbeit gestaltet wird. Bildung kann hier nicht nur sinnvoll flankieren, sondern sie ist eine wichtige Voraussetzung dafür, schwierige Balanceakte hinsichtlich Leben-Lernen und verantwortlichem Mitgestalten in sozialen System- und Netzwerkkonfigurationen zu meistern.

Die Frage, ob nun Bildung ein Weltrettungsauftrag zukommt, lässt sich mit einem klaren Nein beantworten. Bildung wäre mit diesem Auftrag nicht nur verzweckt, sondern würde sich vollkommen überheben. Subjekte konstruieren ihre eigenen Wichtigkeiten, und darin liegt auch gleichzeitig ein Akt der Selbstbestimmung, nämlich mit dem, was an sie herangetragen wird, nach eigener Maßgabe umzugehen. Lehrende und Forschende an Hochschulen können ihre Sicht der Dinge in engagierter Weise vorbringen. Manchmal sind es gerade die verstörenden Wissensszenarien, die Studierende für ein Problem zu interessieren vermögen manchmal sind es aber auch genau diese, die abschrecken. Es geht darum, geeignete Bildungsangebote zu machen, was mal leichter, mal schwerer gelingt. Und es ist Markus Vogt zuzustimmen, wenn er sagt, dass Bildung nicht Mittel zur Umsetzung vorgegebener Ziele sei, sondern Medium der Auseinandersetzung mit ihnen (Vogt 2008: 264). So betrachtet wird Bildung hier nicht als Weltrettungsoption modelliert, sondern als Chance inmitten von Widersprüchen und Grenzen, Optionen und Möglichkeiten, Leben zu lernen und Leben verantwortlich mitzugestalten im Sinne von Weltbürgerschaft.

5 Fazit und Ausblick

Wenn Hochschulen zunehmend zu Agenturen für verwertbare Kompetenzen werden und Studierende lediglich ihre „Kapitalien" zu Markte tragen, lässt sich wenig Zukunftsfähiges und Nachhaltiges erhoffen. Bildung ist mehr denn je gefragt! Im Kontext freiheitlicher Gesellschaften, ihrer Defizite in Bezug auf Steuerung und

Vernunftmanagement, ihrer verdeckten Kontroll- und Herrschaftsmechanismen, ihrer einseitigen rationalen Logiken und mit Blick auf die zunehmenden globalen Risiken und ihrer Bewältigungsprobleme gilt es, Selbstbestimmung neu zu vermessen. Der Begriff der Selbstbestimmung steht dabei in enger Verbindung mit Befreiung aus vermeintlichen Freiheiten und mit Verantwortung.

Literatur

Baecker, Dirk (2007): *Studien zur nächsten Gesellschaft*. Frankfurt/M.
Bartosch, Ulrich; Gansczyk, Klaudius (Hrsg.) (2009): *Weltinnenpolitik für das 21. Jahrhundert. Carl-Friedrich von Weizsäcker verpflichtet*. Münster.
Beck, Ulrich (2008): *Weltrisikogesellschaft*. 2. Aufl. Frankfurt/M.
Boltanski, Luc; Chiapello Ève (2006): *Der neue Geist des Kapitalismus*. Konstanz.
Bourdieu, Pierre (1987): *Der feine Unterschied*. Berlin.
Brock, Ditmar (2008): *Globalisierung. Wirtschaft – Politik – Kultur – Gesellschaft*. Wiesbaden.
Bundeszentrale für politische Bildung (2012): *Kulturelle und politische Bildung für nachhaltige Entwicklung*. URL: http://www.bpb.de/162706/kulturelle-und-politische-bildung-fuer-nachhaltige-entwicklung (letzter Aufruf: 06.04.2016).
Castells, Manuel (2001): *Das Informationszeitalter. Band 1: Der Aufstieg der Netzwerkgesellschaft*. Opladen.
Deleuze, Gilles (1993): *Postskriptum über die Kontrollgesellschaften*. In: Deleuze, Gilles: *Unterhandlungen. 1972–1990*. Frankfurt/M., S. 254–262.
Foucault, Michel (1994): *Überwachen und Strafen. Die Geburt des Gefängnisses*. Frankfurt/M.
Giddens, Anthony (2001): *Die entfesselte Welt. Wie Globalisierung unser Leben verändert*. Frankfurt/M.
Göhlich, Michael (2012): *Pädagogische Lerntheorie als Grundlage qualitativer Forschung in der Erwachsenen- und Weiterbildung*. In: Schäffer, Burkhard; Dörner, Olaf (Hrsg.): *Handbuch Qualitative Erwachsenen- und Weiterbildungsforschung*. Opladen u. a., S. 25–36.
Habermas, Jürgen (1990): *Strukturwandel der Öffentlichkeit. Untersuchungen zu einer Kategorie der bürgerlichen Gesellschaft*. Frankfurt/M.
Hardt, Michael; Negri, Antonio (2003): *Empire. Die neue Weltordnung*. Frankfurt/M., New York.
Höffe, Otfried (2004): *Wirtschaftsbürger Staatsbürger Weltbürger. Politische Ethik im Zeitalter der Globalisierung*. München.
Hof, Christiane (2002): *Von der Wissensvermittlung zur Kompetenzorientierung in der Erwachsenenbildung? Anmerkungen zur scheinbaren Alternative zwischen Kompetenz und Wissen*. In: Nuissl, Ekkehard; Schiersmann, Christiane; Siebert, Horst (Hrsg.): *Literatur- und Forschungsreport Weiterbildung*. Heft 49, S. 80–89.
Jonas, Hans (2003): *Prinzip Verantwortung*. Frankfurt/M.
Kellermann, Gero (2016): *Grenzenlose (Un-)Sicherheit*. In: *Akademie-Report* 1/2016, S. 6. URL: http://www.apb-tutzing.de/download/publikationen/akademie-report/report_2016-01-web.pdf (letzter Aufruf: 06.04.2016).
Kerber, Walter (1998): *Sozialethik*. Stuttgart u. a.
Luhmann, Niklas (1997): *Die Gesellschaft der Gesellschaft*. 2 Bände. Frankfurt/M.
Miller, Tilly (2012): *Inklusion – Teilhabe – Lebensqualität. Tragfähige Beziehungen gestalten. Systemische Modellierung einer Kernbestimmung Sozialer Arbeit*. Stuttgart.
Nell-Breuning S.J., Oswald (1962): *Einzelmensch und Gesellschaft*. 2. Aufl. Heidelberg.

Radermacher, Franz Josef; Beyers, Bert (2011): *Welt mit Zukunft. Die ökosoziale Perspektive.* 7. Aufl. Hamburg.
Rahner, Karl (1966): Grundentwurf einer theologischen Anthropologie. In: Arnold, Franz-Xaver u. a. (Hrsg.): *Handbuch der Pastoraltheologie.* Bd. II/I, Freiburg/Br. u. a., S. 20–38.
Randers, Roger (2012): *2052. Eine globale Prognose für die nächsten 40 Jahre. Der neue Bericht an den Club of Rome.* München.
Reichenbach, Roland (2008): Soft skills – destruktive Potentiale des Kompetenzdenkens. In: Rohlfs, Carsten; Harring, Marius; Palentien, Christian (Hrsg.): *Kompetenz-Bildung. Soziale, emotionale und kommunikative Kompetenzen von Kindern und Jugendlichen.* Wiesbaden, S. 35–52.
Senge, Peter M. u. a. (2011): *Die notwendige Revolution. Wie Individuen und Organisationen zusammenarbeiten, um eine nachhaltige Welt zu schaffen.* Heidelberg.
Spiegel, von Hiltrud (2013): *Methodisches Handeln in der Sozialen Arbeit.* 5. vollständig überarbeitete Aufl. München.
Stiglitz, Joseph (2006): *Die Chancen der Globalisierung.* München.
Tacke, Veronika (2011): Systeme und Netzwerke – oder: Was man an sozialen Netzwerken zu sehen bekommt, wenn man sie systemtheoretisch beschreibt. In: *Journal der dgssa*, 2. Jg., Nov., Heft 2+3, S. 6–24.
Vogt, Markus (2008): Zur Rolle der Ethik im Programm „Bildung für nachhaltige Entwicklung". In: Münk, Hans Jürgen (Hrsg.): *Wann ist Bildung gerecht? Ethische und theologische Beiträge im interdisziplinären Kontext.* Bielefeld, S. 264–292.

Alfred Holzbrecher
Hochschulbildung in Zeiten des Übergangs

Abstract: Der Bildungsbegriff beinhaltet außer einer Qualifizierung für den Arbeitsmarkt immer auch die Subjektperspektive, die Aktivität der Aneignung und selbstbestimmten Weitung des Horizonts. Ausgehend von diesem Verständnis wird zunächst Subjektorientierung in der Hochschulbildung gesellschaftspolitisch begründet: Vor dem Hintergrund krisenhafter Entwicklungen und Ambivalenzerfahrungen gilt es, die Bildungsprozesse im Studium als mehrdimensionale, auszubalancierende Spannungsfelder und die Entwicklung eines professionellen Habitus als Annäherungs- und Suchprozess zu konzipieren. Abschließend werden perspektivisch einige Entwicklungslinien einer Hochschulbildung skizziert, die es den Studierenden ermöglichen, Ambivalenz- und Fremdheitserfahrungen als Herausforderung für die Professionalitäts- und Subjektentwicklung wahrzunehmen.

1 Einleitung

„Passagen" – so nannte Walter Benjamin (1982) eines seiner wichtigsten Werke, an dem er von 1927 bis zu seinem Tod im Jahr 1940 arbeitete. Die ästhetische Offenheit und Unabgeschlossenheit des Textes spiegelt den untersuchten Gegenstand: Die Pariser Passagen des 19. Jahrhunderts beschreibt er als quirlige Orte des Alltagslebens. Die zahllosen Wege mit vielfältigen Kreuzungspunkten, Verkettungen, Verdichtungen, Verknüpfungen und Spiegelungen, die Durchgänge zwischen zwei Straßen waren für Walter Benjamin zur Metapher der Moderne geworden, und sein Passagenwerk bringt das Erlebnis des Flüchtigen und sich Entziehenden, des Ganges ins Offene und Unbekannte sprachlich zum Ausdruck. Mit „Passagen" skizziert er ein Lebensgefühl, das gerade die „ZwischenRäume" fokussiert, die Orte und Zeiten des Übergangs, in denen sich die Eindeutigkeiten aufgelöst haben.

Der Blick auf die „ZwischenRäume" durchkreuzt unsere heimlichen Sehnsüchte nach eindeutig begrenzbaren Linien. Wir reden beispielsweise noch wie im 19. Jahrhundert von „Kulturkreisen" (eine Figur mit einer durchgezogenen Linie), während in den Zwischenräumen unserer Weltgesellschaft längst Vermischungen, Patchwork und bunte Übergänge zur Alltagsrealität gehören. Manche reden gar vom „Zusammenprall der Kulturen", als ob wir es mit Billardkugeln zu tun hätten. Mit solchen Metaphern klammert sich unsere Wahrnehmung an überkommene Deutungsmuster, die kaum mehr geeignet sind, die Realität angemessen zu begreifen. Benjamins Passagendenken stiftet dazu an, den Blick auf die Quirligkeit und Dynamik dessen zu lenken, was sich zwischen den Räumen und Zeiten entwickelt, was sich (noch) nicht eindeutig fassen lässt, wofür wir noch tastend nach Begriffen suchen, um zu begreifen, was sich da entwickelt. Der Tübinger Philosoph Ernst Bloch prägte hierfür den Begriff der Utopie: Es ist das, was *noch* keinen Ort hat.

Die Ambivalenz einer solchen Welterfahrung löst bekanntlich zwiespältige Reaktionen aus. Die einen nehmen sie als bedrohliches Chaos wahr, die anderen als Gestaltungs- und Entwicklungschance. Gegenwärtige Formen eines politischen oder religiösen Fundamentalismus können als Gegenreaktion auf Erfahrungen der Auflösung eindeutiger Grenzen, von Stabilität suggerierenden Identitäten gesehen werden.

2 Bildung

Bildung lässt sich als der mühsame Prozess der Auseinandersetzung mit Widerständen beschreiben, angestoßen durch Anforderungen von außen oder Ansprüche an sich selbst. Der Prozess der Subjekt- und Professionalitätsentwicklung ist untrennbar mit gesellschaftlichen Herausforderungen verwoben: Der eigene Bildungsprozess und das menschliche Handeln in der Demokratie werden als Erschließung der Welt und der Entwicklung des Selbst erkennbar, – ein Prozess, in dem die Logik des Handelns das jeweils Erreichte immer wieder als „frag-würdig" erscheinen lässt und dazu zwingt, aus einer Fülle von Möglichkeiten auszuwählen und neue Anforderungen zu bewältigen. Eine solche Subjektperspektive ermöglicht eine Fokussierung auf die handelnden Personen selbst und besonders auf die Frage, welche Bewältigungsstrategien sie finden im Umgang sowohl mit den altersbedingten Entwicklungsaufgaben als auch mit den gesellschaftlichen Herausforderungen.

Zu den Entwicklungsaufgaben von Studierenden gehört, nach vielfach fremdbestimmten Lernerfahrungen an der Schule, den Aufbau von berufs- und subjektbezogenen Kompetenzen an der Universität weitgehend selbstbestimmt zu gestalten. In der aktiven Auseinandersetzung mit „äußeren Widerständen", d. h. gesellschaftlichen Erwartungen, Anforderungen und Aufgaben, sowie mit „inneren Widerständen", mit bisherigen Lernerfahrungen und mit Grenzen des Wollens und Könnens, entsteht erstmals die Erfahrung, in einem doppelten Sinn ein „subiectum" zu sein: als (wörtlich) jemand, der gesellschaftlichen und systemischen Zwängen sowie institutionellen Rollenerwartungen unterworfen ist, andererseits aber auch als jemand, der diese Begrenzungen erkennen und an ihrer Veränderung arbeiten kann. Erhard Meueler wählte für sein Erwachsenenbildungskonzept die Metapher der „Türen des Käfigs", die es zu erkennen und zu öffnen gelte (Meueler 2009). In diesem Sinne gehört zur Entwicklungsaufgabe, die Spannungsfelder zwischen wissenschaftlichen bzw. fachlichen Herausforderungen, strukturbedingten Zwängen der Profession einerseits und subjektbezogenen Erwartungen an den Beruf und das eigene Leben andererseits zu erkennen und dabei ständig nach jeweils „passenden" Möglichkeiten eines dynamischen Ausbalancierens zu suchen (vgl. Holzbrecher 2001).

Als Subjekt sich die Welt erschließen heißt, „*intelligentes Wissen*" zu erzeugen, das darauf gerichtet ist, *mehr* erfahren zu wollen, um seine Welt besser verstehen und gestalten zu können. Es ist – im Wortsinn – auf Einsicht gegründet und „expansiv" (Holzkamp 1995), d. h. intelligentes Wissen generiert ständig neue Fragen, Lernhandlungen als vorläufig erkannte Antworten und kritische Rückblicke. Sich in seinem sozialen Netz als handlungsfähiges Subjekt zu erleben, lässt sich als ein aktiver und zugleich voraussetzungsvoller Prozess der Erfahrungsbildung verstehen. Folgt man der Studie des Identitätsforschers Heiner Keupp (1999), so sind dafür *kontextbezogen* bestimmte Ressourcen notwendig, etwa ökonomische, kulturelle und soziale. *Subjektbezogen* gelingt diese Arbeit über eine, wie Keupp es nennt, „narrative Selbstkonstruktion", in der das Subjekt in Gesprächen mit ihm wichtigen Personen Erlebtes zu persönlich bedeutsamen Erfahrungen verdichtet. Im Fokus der reflektierten Selbststeuerungsaktivität des Subjekts ist in besonderer Weise das Konzept der *Aneignung* interessant (vgl. Deinet/Reutlinger 2004), mit dem der Prozess des Zu-eigen-Machens von Wissen, Kompetenzen, einer Haltung oder einer Erfahrung begrifflich fassbar und begreifbar wird.

3 Subjektorientierung

Subjektorientierung als ein zentrales Prinzip im Bildungsprozess ist insbesondere aus gesellschaftspolitischer Sicht zu begründen. Transkulturelle Gesellschaften lassen die Konturen einer Schlüsselkompetenz besonders deutlich werden, nämlich mit uneindeutigen Situationen, Spannungsbeziehungen, Krisen, „ZwischenRäumen" und dynamisch sich entwickelnden Strukturen souverän und „kreativ" umzugehen, und zwar in einer Weise, dass aus dieser Auseinandersetzung ein Stück Subjekthaftigkeit und Professionalität hinzugewonnen werden kann. Gerade in Zeiten der Übergänge und einer Verflüssigung von Grenzen dürfte die Arbeit an der personalen und der sozialen Identität zum Konstitutivum der Bildungsarbeit werden: Wer bin ich und wie könnte ich mich entwickeln im Kontakt mit anderen, in Abgrenzung sowie in Übereinstimmung? Welche gesellschaftlichen Zukunftsvorstellungen könnten Kontextbedingungen darstellen für eine lebenswerte Welt?

4 Bildungsprozesse im Studium

Für Studierende besteht die Lernarbeit zunächst darin, ihr Alltagswissen bzw. die durch biografisches Erleben geprägten Deutungsmuster in Beziehung zu setzen zu systematisch gewonnenen wissenschaftlichen Theorien. Diese Arbeit des Sichverortens im Kontext von wissenschaftlichen Herausforderungen, beruflichen Motiven und biografischen Entwicklungsaufgaben ist ein hochriskantes Unternehmen, das ständig vom Scheitern bedroht ist. Dies beweist die hohe Zahl von Studienabbrechern. Die subjektive Schwierigkeit, mit Krisen und Spannungsbeziehungen produktiv umzugehen, verweist auf die Komplexität der in dieser biografischen Übergangsphase zu leistenden Arbeit. Schulische und familiäre Abhängigkeiten sowie Erfahrungen von fremdbestimmtem Lernen und Behütetsein sind häufig die Negativfolie für die Auseinandersetzung mit Berufswahlmotiven. Die Arbeit an und mit diesen Widerständen gelingt – langfristig betrachtet – eher, wenn die eigenen Erwartungen in Beziehung gesetzt werden können zu den theoretischen Wissensbeständen einerseits und zu den berufsfeldbezogenen Qualifikationen andererseits. Im Studium gilt es also, die folgenden drei Dimensionen zu stärken und zugleich auszubalancieren (siehe Abb. 1):

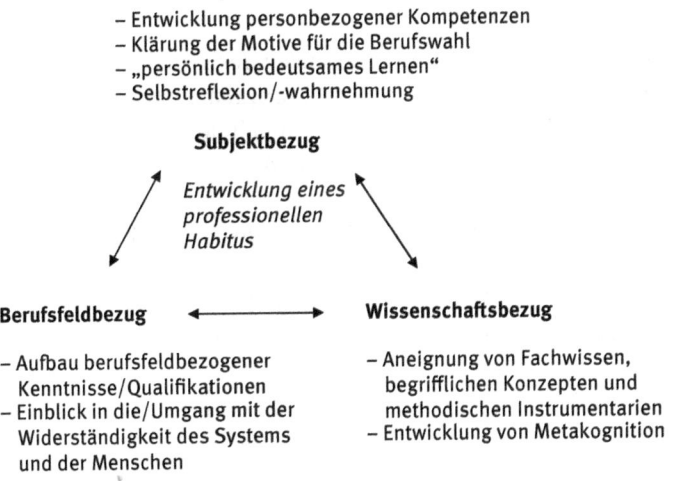

Abb. 1: Dimensionen der Professionalitätsentwicklung (Quelle: eigene Darstellung).

Studierende sind „Konstrukteure" ihrer Professionalitäts- und Subjektentwicklung. Wer immer sie belehren wollte, würde daran scheitern, da sie selbst es sind, die darüber entscheiden, was und wie sie sich eine Erfahrung oder einen Wissensbestand aneignen. Professionalisierung zielorientiert als „Entwicklungsaufgabe" zu verstehen, heißt selbstbewusst zu entscheiden, welche subjektbezogenen Kompetenzen man sich aneignen will, was für einen derzeit bedeutsam ist, welche Herausforderungen der Wissenschaft man für sich annimmt und welchen theoretischen und praktischen Anforderungen man sich stellen möchte. Dazu gehört auch ganz konkret die Entscheidung, sich für diese Thematik ein Buch zu kaufen, für jene in eine Vorlesung zu gehen und für andere wiederum selbst etwa im Internet zu recherchieren. Es gilt also, nach Perspektiven des Lehrens und Lernens zu suchen, die es ermöglichen, die Entwicklung eines professionellen Habitus als Suchprozess zu gestalten.

5 Entwicklung eines professionellen Habitus als Suchprozess

Von grundlegender Bedeutung ist dabei die *Entwicklung einer empirischen Grundhaltung*, d. h. einer methodisch geleiteten und gestützten Aufmerksamkeit, die in einer spannungsreichen Beziehung zur *Auseinandersetzung mit den Motiven für die Berufswahl* steht, denn hier ist die Kompetenz gefragt, sich selbst mit seinen Wünschen, Ängsten und Zukunftsvorstellungen sensibel wahrzunehmen bzw. diese reflexiv zu verarbeiten. Mit einer solchen „Selbstklärung" wird – in der Auseinandersetzung mit theoretischem Wissen und zu erwartenden Anforderungen des Berufs – die Grundlage für die *Entwicklung intelligenten Wissens* geschaffen: Erkannt wird, dass sich neue Perspektiven auftun, neue Möglichkeiten sich als handelndes, wahrnehmendes und reflektierendes Subjekt wahrzunehmen, als jemand, der in seinem Handlungsfeld zunehmend kompetent wird und mit dieser Kompetenz Anerkennung bekommt. Zur „Entwicklungsaufgabe" wird dieses Bemühen um Professionalität, weil (und wenn) es dazu anstiftet,
- eine rezeptive, konsumorientierte Lernhaltung zu überwinden und
- verschultem und fremdbestimmtem Lernen Erfahrungen von Selbstwirksamkeit entgegenzusetzen und
- die Aneignung von Fachwissen und die Selbstbildung als die zwei Seiten von Bildung zu erfahren.

Lehren von der Aneignungsaktivität der Lernenden bzw. der Studierenden aus zu denken, beinhaltet den Abschied vom Paradigma der Belehrung, es fokussiert Fragen wie: Auf welche Weise setzen sich die Lernenden selbst mit der Widerständigkeit des Gegenstands einerseits und mit den Widerständigkeiten des Selbst andererseits auseinander, mit Lust- und Unlustgefühlen, mit eigenen Lernwünschen oder Ängsten? Wie schaffen sie es, aus der Lern-Arbeit Stärke zu gewinnen und die Erfahrung von Selbstwirksamkeit?

Aus der Perspektive der Dozierenden wäre dann zu fragen: Wie kann die Lernumgebung so gestaltet werden, dass aus der Auseinandersetzung mit herausfordernden Aufgaben Erfahrungen von Kompetenz und Selbstwirksamkeit gemacht werden können, die die Studierenden dazu motivieren, Anstrengungsbereitschaft zu entwickeln und neue Lernbedürfnisse zu entdecken? Wie viel Freiräume und wie viel Anleitung erwarten sie? Ein solcher Blick schärft die Wahrnehmung für die verschlungenen und unkalkulierbaren Pfade von Bildungsbiografien und von Versuchen, sich schrittweise das anzueignen, was Erfahrungen von Kompetenz und persönlicher Stärke (Selbstwirksamkeit) vermittelt, kurz: was Sinn macht.

6 Aspekte einer Hochschulbildung im Horizont des Diversity-Konzepts

Die biografisch bedeutsame Phase der Hochschulbildung wurde und wird von den Studierenden weltweit genutzt, um neue Antworten auf sich verändernde gesellschaftliche Herausforderungen zu finden und sich als kompetente, selbstwirksame Subjekte zu erfahren. Die Wertschätzung von Diversität gehört zu den derzeit zentralen gesellschafts- und bildungspolitischen Postulaten. Grob skizziert beinhaltet das Diversity-Konzept, wie es nicht nur in Bildungseinrichtungen, sondern auch in Unternehmen diskutiert wird,

- einen respektvollen Umgang gegenüber dem/der Einzelnen und seiner/ihrer Lebensführung,
- eine Wertschätzung der Potenziale von Heterogenität bzw. der unterschiedlichen Differenzlinien,
- eine Ermutigung *(Empowerment)*, die Problemlagen der Lebenswelt bzw. der Gesellschaft als Herausforderung wahrzunehmen und somit Stärke zu gewinnen,
- Partizipation durch Abbau von Diskriminierung, Öffnung von Zugängen und Entwicklung von Stützsystemen,
- eine Überwindung paternalistischer, defizitorientierter und ethnisierender Deutungsmuster (vgl. Heinrich-Böll-Stiftung 2010).

Mit Blick auf die universitären Veranstaltungsinhalte und -formate stellt sich vor diesem Hintergrund die Frage, inwiefern sie den Studierenden ermöglichen, *persönlich bedeutsam* zu lernen, wenn sie das Spannungsfeld „Subjekt – Beruf – Wissenschaft" in einer subjektiv befriedigenden und motivierenden Weise ausbalancieren. Die Kunst guter Studienordnungen dürfte in der Mischung (oder besser: Verknüpfung) von Verbindlichkeit und Freiheit liegen. Vor der Bologna-Reform, so der vage Eindruck, waren viele Studienordnungen durch eine große Beliebigkeit gekennzeichnet, die nur schwer mit dem Humboldtschen Bildungsideal kaschiert werden konnte. Die Umstellung auf Bachelor- und Master-Studiengänge brachte vielerorts mit starker Verschulung und hohen Prüfungstaktzahlen für alle Beteiligten das genaue Gegenteil von Freiräumen des Denkens und Handelns. Vielleicht gelingt im dialektischen Prozess der Hochschulbildung eine „subjektorientierte" Synthese, bei der etwa die nachfolgend genannten Elemente wirksam werden.

7 Kultur der Anerkennung

Studierende schätzen es, wenn sie in der Gremienarbeit, bei Sprechstunden, in Prüfungssituationen oder bei der Betreuung ihrer wissenschaftlichen Arbeiten Wertschätzung und Anerkennung erfahren. Der Anerkennungstheoretiker Axel Honneth unterscheidet in seinem Ansatz (1992) auf einer ersten Ebene die *Qualität der emotionalen Zugewandtheit*, die sich etwa in der Fähigkeit zeigt, zuzuhören oder Resonanzen zwischen dem Selbst und dem anderen aufzuspüren. Auf einer zweiten Ebene geht es Honneth um *soziale Anerkennung*, die Entwicklung sozialer Identität, das sich selbst Erkennen mittels der Wertschätzung durch die anderen. Schließlich betont Honneth die *Bedeutung der strukturellen Rahmenbedingungen*: Anerkennung zeigt sich auf dieser Ebene etwa dadurch, dass den Hochschulen, den Instituten und auch anderen Entscheidungsgremien die nötigen finanziellen und personellen Ressourcen zur Verfügung gestellt werden, also: Formen einer institutionalisierten und rechtlich abgesicherten Anerkennung.

Gute Führungskräfte wissen: Wertschätzung und Anerkennung haben eine sehr weitreichende Türöffner-Wirkung für die Motivation der Mitarbeiter/-innen und damit für die Produktivität des Unternehmens. Sie haben verstanden, dass Anerkennung und Wertschätzung in menschlichen Beziehungen als Kapital die meisten Zinsen bringt. Im Kontext von „Wertschätzungsketten" (Kahl 2002) gedeihen Entwicklungsprozesse, die sich sowohl auf persönliches Wachstum wie auf professionelle Haltungen beziehen. Die Potenziale einer *wertschätzenden Beziehungs- und Lernkultur* sind nicht hoch genug einzuschätzen, sie sind die wichtigste Grundlage für gelingende Bildungsprozesse, für Motivation und für die Zufriedenheit am Arbeitsplatz. Dies gilt in gleicher Weise für die Studierenden wie die Lehrenden der Hochschule.

7.1 Freiräume und Verbindlichkeit

Zweifellos gehört die Aneignung von Fachkompetenz zu den zentralen Aufgaben der Studierenden. Studienordnungen skizzieren die dafür nötigen verbindlichen Inhalte und Kompetenzen und bieten Freiräume für eine selbstbestimmte und -verantwortete Gestaltung der eigenen Bildungsbiografie. In Zeiten von Globalisierung und Migration dürften darüber hinaus mehr denn je soziale Schlüsselkompetenzen gefragt sein. Wo, wenn nicht im Experimentierfeld Hochschule, kann die Erfahrung von Selbstwirksamkeit gemacht werden? *Demokratie heißt, sich in eigene Angelegenheiten einzumischen*, hat Max Frisch einmal geschrieben.[1] Die schützenden und stützenden Rahmenbedingungen der Institution ermöglichen, Erfahrungen von Kompetenz und Stärke zu entwickeln – und damit Zutrauen in die eigenen Fähigkeiten –, etwa in Flüchtlingsinitiativen und anderen Nichtregierungsorganisationen. Erfahrungen von Selbstwirksamkeit gegen Ohnmacht: Als wirksames Gegengewicht können sie eine Grundlage schaffen für einen aktiven und neugierigen Umgang mit Fremdheit, Ambivalenz und einer Verflüssigung von Grenzen. Zu gesellschaftspolitischem Engagement zu ermuntern, auf Erfahrungen etwa in einem Flüchtlingsheim vorzubereiten,

---

[1] Zitiert nach URL: http://www.mehr-demokratie.de/ziele.html (letzter Aufruf: 07.01.2016).

die Studierenden auch supervisorisch zu begleiten und eine solche Praxis auch als Praktikum institutionell anzuerkennen: Mit solchen Maßnahmen würde nicht nur die Hochschule ihrem bildungspolitischen Auftrag im 21. Jahrhundert gerecht werden, vor allem könnten die Studierenden ihre praktischen Erfahrungen vor dem Hintergrund empirischer Befunde und theoretischer Konzepte überprüfen. Sie bekämen die Gelegenheit, einen *forschenden Blick* zu entwickeln, der darauf abzielt, diagnostische Kompetenzen zu trainieren, um auf dieser Grundlage jeweils neue Konzepte für die Praxis zu entwickeln.

7.2 Habitus der Annäherung

Fremde(s) zu verstehen, ist immer eine Annäherung, ein Kontaktprozess im Spannungsfeld zwischen dem Betrachter und dem anderen: Man versucht ihm zunächst in seiner Eigenlogik auf die Spur zu kommen, interpretiert Einzelbeobachtungen aus unterschiedlichen Perspektiven heraus und erweitert so seinen Verstehenshorizont. *Habitus der Annäherung* beinhaltet jedoch zugleich, sich selbst im Spiegel des Fremden zu sehen (vgl. Holzbrecher 2011: 181 ff.): Wer bin ich, dass ich ihn so wahrnehme? Die wertschätzende Erkundung im Kontaktprozess eröffnet also einen selbstreflexiven Blick zurück auf die eigene Wahrnehmung – eine wesentliche Bedingung für Subjekt- und Professionalitätsentwicklung: Im Kontakt mit dem Fremden öffnet sich ein dynamischer „ZwischenRaum", in dem auch und gerade die eigenen Bilder vom anderen als biografisch und kulturell codierte Konstrukte erkennbar werden.

Die Anerkennungstheorie stiftet dazu an – ganz im Sinne des Passagendenkens von Walter Benjamin –, in scheinbar nebensächlichen Alltagssituationen Spuren der Nichtwertschätzung ausfindig zu machen und darüber hinaus die professionelle Aufmerksamkeit auf die Entwicklungsdynamik, auf Übergänge und Veränderungsprozesse zu richten. Kennzeichen eines *Habitus der Annäherung* ist eine professionelle Haltung der „wertschätzenden Erkundung" (Schäffter 2009), die es ermöglicht, sowohl offen und kreativ als auch zugleich wissenschaftlich bzw. methodisch gestützt die sich verändernde Welt zu verstehen. Es ist unschwer zu erkennen, dass eine unter diesen Vorzeichen konzipierte Hochschulbildung diametral einem neoliberalen Verständnis entgegensteht.

8 Fazit

Zeiten der Übergänge bedürfen einer verstärkten Fähigkeit, sich bei jedem Schritt in die Vergangenheit und in die Zukunft hinein zu vergewissern, Standorte zu klären, Ziele (neu) zu setzen und kritisch in Frage zu stellen. Zeiten der Übergänge zwingen dazu, monokausale Erklärungen und Denkfiguren zu transzendieren, gefragt ist systemisches Denken, das die vielfältigen Folgen einer Handlung erkennbar macht. Ebenso notwendig erscheint, für ein Problem mehrere Lesarten zu entwickeln, d. h. unterschiedliche (theoretisch-konzeptionelle) Perspektiven des Verständnisses: Visionen entwickeln und zugleich pragmatisch Schritt für Schritt vorgehen, zivilgesellschaftliche Freiräume und Freiheiten erobern und zugleich realpolitisch die nächste konkrete Maßnahme angehen, Fremdheit, Unsicherheit und ambivalente Situationen als Risiko, aber zugleich als Entwicklungschance wahrnehmen. Solche Haltungen dürften für die demokratische Entwicklung unserer Gesellschaft überlebensnotwendig werden.

Literatur

Benjamin, Walter (1982): *Das Passagen-Werk*. Frankfurt/M.
Deinet, Ulrich; Reutlinger, Christian (2004): *„Aneignung" als Bildungskonzept der Sozialpädagogik*. Wiesbaden.
Heinrich-Böll-Stiftung (2010): URL: https://heimatkunde.boell.de/2010/08/18/editorial-dossier-positive-massnahmen-von-antidiskriminierung-zu-diversity (letzter Aufruf: 07.01.2016).
Holzbrecher, Alfred (2001): Passagen. Lehrerbildung als biografisches Projekt. In: *Pädagogik* 3/2001, S. 38–43.
Holzbrecher, Alfred (Hrsg.) (2011): *Interkulturelle Schule – eine Entwicklungsaufgabe*. Bad Schwalbach.
Holzkamp, Klaus (1995): *Lernen. Subjektwissenschaftliche Grundlegung*. Frankfurt/M.
Honneth, Axel (1992): *Kampf um Anerkennung. Zur moralischen Grammatik sozialer Konflikte*. Frankfurt/M.
Kahl, Reinhard (2002): Nach Pisa – Zukunft der Schule (SWR 02.11.2002). URL: http://www.reinhard-kahl.de/artikellesen21r_1.html (letzter Aufruf: 07.01.2016).
Keupp, Heiner u.a. (1999): *Identitätskonstruktionen. Das Patchwork der Identitäten in der Spätmoderne*. Reinbek.
Meueler, Erhard (2009): *Die Türen des Käfigs. Subjektorientierte Erwachsenenbildung*. Baltmannsweiler.
Schäffter, Ortfried (2009): Die Theorie der Anerkennung – ihre Bedeutung für pädagogische Professionalität. In: Mörchen, Annette; Tolksdorf, Markus (Hrsg.): *Lernort Gemeinde. Ein neues Format der Erwachsenenbildung*. Bielefeld, S. 171–182. URL: http://www.mehr-demokratie.de/ziele.html (letzter Aufruf: 07.01.2016).

Sebastian Lerch
Mut zur Lücke. Über das Potenzial von Brüchigem, Ungesagtem und (un-)möglichen Freiheiten im Rahmen von (Hochschul-)Bildung

Abstract: Die „Lücke" im Lebenslauf, so sagen uns diverse Ratgeber, sollte in Bewerbungsgesprächen kaschiert werden, denn wir leben schließlich in einer Welt, die auf Nahtlosigkeit und Optimierung ausgerichtet ist. Auch Lern- und Bildungsprozesse beschleunigen sich, sodass eher weniger Bildung als vielmehr Lernergebnisse von Interesse sind. In einem gewinnbringenden System nämlich gibt es weder Raum noch Zeit für Lücken. Zugleich scheint durch sie aber Vieles möglich: Sie regen das Denken an, verhelfen zu Handlungsalternativen oder zu Sprüngen in die Phantasie. Die Lücke ist dabei in wissenschaftlicher Hinsicht eine noch weitestgehend unbeschriebene Figur. Nicht um die Lücke der Lücke zu schließen, sondern um Annäherungen an ihre Beschaffenheit, ihre Funktion und ihr Potenzial aufzuschließen, widmet sich der vorliegende Beitrag dem Thema aus erziehungswissenschaftlicher Perspektive. Neben dieser theoretischen Skizzierung werden auch Impulse zur methodisch-didaktischen Arbeit gegeben, die kreative Prozesse in Gang setzen können.

1 Einleitung: Vom Suchen, Finden und Verlieren der Lücken

Angesichts zunehmenden Markt- und Verwertungsdenkens des gesamten Bildungs- und Erziehungswesens (vgl. Seiverth 2010), das sich auch in der universitären Bildung mit ihrer Kompetenzausrichtung zeigt, besteht die Tendenz, dass universitäre Lehre zur bedarfsgerechten Zurichtung der Arbeitskraft sowie zur systemkonformen Steuerung menschlicher Beziehungen beiträgt. Die mit Bildung verbundenen emanzipatorischen Forderungen nach Subjektorientierung und Mündigkeit drohen dabei auf der Strecke zu bleiben. Freilich ist es kaum denkbar, sich als Dozierende/-r oder Studierende/-r außerhalb des gegebenen Rahmens zu stellen, aber innerhalb der Inhalte und Methoden ist es durchaus möglich, kreative Momente zu fördern und das Denken in Kategorien der Optimierung und der unmittelbaren Verwertbarkeit (momentweise) einzustellen (vgl. Beyer/Lerch 2012), sich widerständig zu verhalten und anderes anzuregen.

Warum ein „Mut zur Lücke" manchmal doch sinnvoll ist und wie dies angeregt werden kann, darauf richtet sich der vorliegende Beitrag. Nach einer semantischen Skizzierung der Lücke (Punkt 2) wendet sich der Beitrag den pädagogischen Fragen zu, inwieweit eine „Lückenkunst" lernbar (Punkt 3) und inwieweit eine solche Fähigkeit förderbar ist (Punkt 4). Abschließend wird ein Ausblick (Punkt 5) formuliert.

2 Begriffliche Schärfungen: Lücken (semantisch) füllen

Lücken zu beschreiben ist (erziehungs-)wissenschaftlich eher schwierig, da sie zwar in allen möglichen Ausformungen (Mathe-Lücke, didaktische Lücke, Lücke im Lehrplan) diagnostiziert, dabei aber selbst kaum zum Gegenstand werden. Vielleicht ist das gerade ein wesensgemäßer Zug der Lücke, denn sie ist ja eben eine offene, leere Stelle, die auch deshalb gar nicht weiter betrachtet werden kann. Und nun soll gerade darin Potenzial liegen?

In etwas, das zugleich auch als nicht ausreichend Vorhandenes, als wahrgenommener Mangel erscheint, an einer Stelle, der etwas fehlt, soll doch etwas sein? Zur semantischen Annäherung hilft ein Blick in Lexika. Das Spektrum an Umschreibungen und Synonymen reicht dabei von räumlichen (Spalte, Einschnitt), zeitlichen (Zwischenraum, Zwischenzeit), materialen (Einschnitt, Ritze, Kerbe) und inhaltlichen (fehlende, zu wenige) Leerstellen über persönlichen Mangel (Unzulänglichkeit, Schwäche, Manko) und Distanz (Differenz, Entfernung, Pause) bis hin zum Wegfall von etwas (Einbuße, Verlust). Trotz aller Unterschiedlichkeit besteht ein übergreifendes Merkmal in einer Negativität. Dies wird, wenn auch mit anderer Konnotation, im medizinischen/psychiatrischen Kontext aufgenommen: „Das Phänomen der Lücke ist vorhanden, wenn in einem geschlossenen und geordneten Gefüge bzw. System eine den Zusammenhang und die *Geschlossenheit störende Unterbrechung* deutlich wird" (Pauleikhoff 1956: 31, Hervorhebung im Original). Lücken weisen folglich auf Fehlendes hin und werden als Mangel beschrieben.

Zur positiven Wendung der Lücke nutzt eine Art lebensphilosophischer Zugang: Vielleicht kann eine bewusste Pause, das Innehalten eine Möglichkeit sein, sich der Sogwirkung der Beschleunigung und Optimierung zu entziehen. Eine „Kunst der Lücke" kann doch mehr sein als sich durch Work-Life-Balance oder andere Arten der Selbstführung sogleich wieder den Mechanismen des Arbeitsmarktes anzudienen. In letzterer Lesart nämlich werden sogar Lücken, Brüche und Widerständiges wieder vereinnahmt. Das dem Subjekt zukommende Merkmal der Unverfügbarkeit, der Wahrung einer irreduziblen Differenz zwischen dem Ich und den Anderen (vgl. Wimmer 2002: 60) wird aufzulösen versucht; stattdessen wird die Offenbarung des Selbst (beispielsweise in Form von Selbsteinschätzung, Evaluation oder

Dokumentation) intendiert (vgl. Lerch 2016: 197). Solche Strategien und Programme beinhalten jedoch eine Paradoxie: Zwar wird das Selbst besprochen, aber nicht angesprochen. Das Subjekt mit seinen Bedürfnissen, Interessen oder Träumen interessiert doch nur als Mittel zum Zweck und nicht als lernbedürftiges und lernfähiges Wesen, das nach Bildung strebt.

Mit einem Blick auf die Kompetenzdebatten kann dieser Gedanke verdeutlicht werden: „Verschwindet nicht hinter den sozialen [und personalen, S. L.] Kompetenzen, je raffinierter und subtiler sie entwickelt sind, die Frage nach der Identität? Menschen mit Macken, Fehlern, Schwächen und Problemen, mit Sehnsüchten und Träumen ausgestattet, die sich fast sicher nicht erfüllen werden" (Reichenbach 2007: 75), erhalten keinen Ort, an dem sie *sein* können. Kritische oder unvollkommene Subjekte, die sich dessen bewusst sind (oder auch nicht) gehen zunehmend verloren (vgl. Lerch 2016: 134). „Wer sich mit dem ‚krummen Holz der Humanität' (ein Ausdruck Kants […]) nicht abfinden kann, fühlt sich wohl von einem Kompetenz- und Steigerungsethos angezogen und bringt in einer anti-tragisch zuversichtlichen Kompetenz-, Leistungs- und Wettbewerbsgesellschaft eine scheinbar vernünftige, scheinbar transparente, pragmatische und entheiligte Pädagogik hervor." (Reichenbach 2007: 75) Dort gibt es keine Lücken, keine bildungsbedürftigen Studierende, keinen ergebnisoffenen Austausch zwischen Teilnehmenden, keine Wissenslücken von Lehrenden. Dort ist alles unproblematisch. Will Pädagogik in Theorie und Praxis bloß das fördern? Wollen wir nicht gerade auch Leerstellen, Denkpausen und Irritation erzeugen und wahrnehmen? Weshalb gibt es nicht mehr Mut zur Lücke?

Wohl deshalb nicht, weil nicht klar zu sein scheint, was in und durch solche Lücken entsteht. Es bleibt also etwas bestehen, was eben nicht vermessen werden kann. Aber nicht nur der offene Ausgang erscheint im Denken von Steigerung und Optimierung (vgl. Straub 2012: 16; Traue 2010: 244) problematisch, sondern auch das Geschehenlassen kommt einem irgendwie suspekt vor. Lücken können nicht immer erzeugt, gesteuert oder aktiv gestaltet werden, sondern Lücken passieren uns auch – ob wir es wollen oder nicht. Lebens- und Arbeitsereignisse können Lücken reißen, etwa wenn Krankheiten unsere Pläne verändern oder berufliche Vorhaben scheitern. Lebensträume können platzen, Ziele sich als unerreichbar herausstellen. Zugleich aber entsteht durch derartige Umstände die Möglichkeit einer Neuorientierung, einer Bilanzierung gelebten Lebens oder die Chance auf den Versuch, „anders anders zu sein" (Bröckling 2007: 283) und damit die Lücke für sich positiv zu wenden.

Dazu ist der einzelne Mensch aber allein nicht immer in der Lage, es bedarf professioneller pädagogischer Begleitung und Beratung. Eine solche muss die Interessen und Bedürfnisse der Lernenden ernst nehmen und sich eben auch als „Mehr" verstehen als eine systemunterstützende oder marktkonforme (pädagogische) Maßnahme. Damit verbunden ist auch die Frage, inwieweit die Fähigkeit, Lücken positiv zu sehen und zu gehen erlernt oder gefördert werden kann (und will)?

3 „Lückenkunst" – eine erlernbare Fähigkeit?

Die Kunst, Lücken wahrzunehmen und zu nutzen, könnte eine wichtige Fähigkeit für die individuelle, berufliche oder gesellschaftliche Entwicklung des Menschen darstellen. Auch hier, so könnte man meinen, könnte es um beruflichen Nutzen gehen (vgl. Diederichsen 2012), dann etwa, wenn eine Marktlücke erkannt wird oder die eigene Marke (u. a. durch „Employer Branding") weiter stilisiert wird. Eine solche Ausgestaltung von Lücken ist jedoch zugleich eine Einengung ihres Potenzials, da sie entweder selbst gewollt oder selbst „gesollt" vollzogen wird und durch ihre Orientierung am Verwertbarkeitsdenken in gefährliche Nähe zu Qualifikations- und Kompetenzbegriffen rücken würde.

Gerade das aber ist mit dem Begriff „Lückenkunst" nicht gemeint. Ihr geht es vielmehr um den bewussten Gebrauch von zeitlichen, räumlichen oder inhaltlichen Pausen. In diesen Lücken kann kreatives Potenzial entstehen, muss es aber nicht. In ihnen kann auch Gelassenheit oder Melancholie als positives Moment angeregt werden. Die Fähigkeit zur Lückenkunst besteht also weniger in einer konkreten Kompetenz als vielmehr in einer bestimmten Art der Wahrnehmung, einer bestimmten Art, der Welt zu begegnen und in diesem Sinn dann auch Teil dieser Welt zu sein. Lückenkunst ist als Haltung an Lebenskunst orientiert (vgl. Lerch 2010; Schmid 1998), zugleich aber von ihr distanziert. Ging es einer Lebenskunst um lebenstiefes Lernen (vgl. Böhme 1998), bei dem die reflektierte Gestaltung des Lebens im Mittelpunkt stand, nimmt die Fähigkeit des Umgangs mit Lücken gerade auch höckerige Formen auf. Widerständiges oder Unwägbarkeiten des Lebens werden in dieser Lesart der Lücke nicht zwangsläufig in die Gestaltung des Lebens integriert, sondern sie bleiben in dieser Figur notwendigerweise bisweilen bloß Irritation. Um diese Kunst der Lücke noch einmal zu verdeutlichen, lohnt eine kurze Skizzierung des Kunstbegriffs. Kunst kann in diesem Kontext als ein Können in dreifacher Hinsicht beschrieben werden:

- als ein Können im Sinne der Wahrnehmung und Erschließung von Lücken. Dieser Akt kann durch Wissensarbeit, Vorstellungskraft oder durch Reflexion und Befreiung aus beengenden Strukturen erreicht werden. Damit ist die antike und mittelalterliche Bedeutung von Kunst angezeigt, die „eine Techne, ein praktisches, auf Herstellen zielendes Wissen, ein regelorientiertes Handwerk" (Zirfas 2007: 165) meint. Zugleich muss aber berücksichtigt werden, dass Lücken auch durch Zufälliges entstehen können.
- als ein Können im Sinne der Realisierung der gewonnenen Freiräume. Zur Konkretisierung der Möglichkeiten im praktischen Vollzug ist es erforderlich, über Ressourcen, Methoden, Techniken und Kompetenzen zu verfügen. Dies ist zugleich eine Schwierigkeit des Ansatzes, denn nicht jede Person verfügt wohl über solche Bedingungen und Fähigkeiten; allerdings kann ja gerade auch in In-Kompetenz als Lücke schöpferisches Potenzial liegen und freigesetzt werden (vgl. Lerch 2016: 88 f.). Und auch ein dilettantisches Subjekt (vgl. Reichenbach 2012) muss nicht nur störend und negativ empfunden werden, sondern in von diesem

vollzogenen spielerischen und künstlerischen Handlungen kann positives Potenzial entstehen und können Lücken geschaffen werden.
- als ein Können im Sinne einer kunstvollen Ausgestaltung der Lücken. Diese soll hier nicht allein als eine neuzeitliche Errungenschaft zur Vervielfältigung von Möglichkeiten verstanden werden, nach der Kunst scheinbar auf Veränderliches, bloß Mögliches und Virtuelles reduziert wird, sondern sie soll dazu nutzen, das eigene Leben in seiner Fülle zu leben (vgl. Lerch 2010: 138 f.).

Je nach Verständnis von Können und von Lückenkunst ergeben sich unterschiedliche Ausformungen eines didaktischen Settings, sofern es überhaupt möglich ist, solch eine „Lückenkunst" zu fördern. Denn sie ist weder eine Kompetenz, die man einfach erwerben kann, noch eine, die man ein für alle Mal hat, noch eine, die man erzeugen kann. Zu ihr gehört eben auch der Zufall, das Brüchige, das Widerständige, das nicht Gesagte, all das Abständige also, das bisweilen in verschiedenen Diskursen lückenlos glatt wird. Menschen mit Fehlern und Macken werden in einem solch weiten und anderen Verständnis einer Lückenkunst angenommen, auch oder gerade um zu zeigen, dass das zum Leben und zur Bildung gehört. „Der kürzeste Name für Bildung lautet [nämlich]: Unterbrechung." (Pongratz 2010: 10) Und Sichbilden als Prozess benötigt eben auch das Arbeiten am eigenen Ich, an neuen Herausforderungen, an neuen Gegebenheiten. Es bedarf des Austauschs eines Selbst mit der Welt, nicht um sich einfangen zu lassen und sich gegenüber der (beruflichen) Welt anzudienen, sondern um sich zu bilden, sich und seine Lücken anzunehmen, sie nicht als Fanal zu begreifen, sondern als kreative Möglichkeit, zu sich zu kommen und sich mit sich selbst zu befreunden.

4 Lücken schaffen: Formen der Förderung

In diesem Abschnitt werden Übungen aus der Erwachsenenbildung beschrieben und auf Möglichkeiten und Grenzen hin ausgeleuchtet. Im Mittelpunkt steht dabei die Annahme, dass sich Teilnehmende in Seminaren nicht nur theoretische Zugänge aneignen (sollen), sondern sich auch durch (selbst-)reflektierte Auseinandersetzung mit sich bilden (sollen und wollen), zu sich und zur Welt kommen.

4.1 Sehen und Staunen

Sowohl in universitären Kursen, in denen es um wissenschaftliche Erkenntnisse geht, als auch bei solchen, die dem Kompetenzerwerb dienen, lassen sich Schreibübungen einbauen. Solche Übungen können beispielsweise der bewussteren Wahrnehmung, dem Umdenken oder der Perspektivenvielfalt dienen (vgl. Beyer/Lerch 2012). Bereits hier wird die Verflechtung von Subjekt und Objekt, Mensch und Material deutlich: Das Material der Gestaltung, der Text, ist zwar ein fremdes, außer dem Selbst liegendes, aber zugleich hat dieses Tätigsein, die Findung wie auch die Formung des Materials Auswirkungen auf die eigene Person (vgl. Lerch 2010: 143–146). Die Objektkunst ist stets verflochten mit der Subjektkunst, weil jede Arbeit eines Individuums an einem Objekt bereits Rückwirkungen auf das Selbst hat (vgl. Knoll 2007: 18). Das Werk, der allein oder gemeinsam produzierte Text, wird nicht mehr nur als das fertige, gestaltete Ding betrachtet, sondern bereits der Akt des Kunstschaffens tritt als Werk in Erscheinung (vgl. Zirfas 2007: 165). Daher sind nicht nur die Durchführungen der Übungen, sondern auch das Vorlesen der Textergebnisse, das Reflektieren und das gemeinsame, offene Gespräch in einem vertrauensvollen Umfeld für den gesamten kreativen Prozess wichtig. Eine große Herausforderung für die Lehrenden besteht darin, diese Atmosphäre an einem Lernort zu kreieren, der sonst von einem Leistungs- und Nützlichkeitsprinzip geprägt und dementsprechend funktional gestaltet ist. Zur Anregung von kreativen Schreibprozessen ist es folglich wichtig, eine methodische Offenheit zu etablieren, d. h. es wird nicht vorgeschrieben, wie gearbeitet oder was bearbeitet wird, sondern das bewusste Zulassen des Findens, des Suchens, des Gelingens oder der Umgang mit Brüchen ist Teil des pädagogischen Konzepts. Es steht eher das Wahrnehmen innerer und äußerer Prozesse im Vordergrund, die zunächst keiner Bewertung, Beurteilung oder methodischen Eingliederung unterworfen sein müssen. Im Gegenteil: „Sich augenblicksweise von Paradigmen der Kompetenzentwicklung, des Lernerfolgs und der -geschwindigkeit zu lösen" (Beyer/Lerch 2012) kann dazu beitragen, sich stärker zu bilden und weniger auszubilden. Es sind unterschiedliche Methoden mit je eigenen Zielsetzungen einsetzbar. Um hier den Fokus auf überraschende Einsichten der eigenen Lerngeschichte zu legen, soll die Methode „Lernbiografie" vorgestellt werden. Sie eignet sich zum einen für den Kontext der Lücke, weil vielleicht bisher unberücksichtigte und verdeckte Aspekte der eigenen Lebens- und Lerngeschichte aufgedeckt werden können, zum anderen, weil es durch die Methode möglich wird, nicht Erzähltes, Ungeschriebenes, Lücken also, in gemeinsamen Nachgesprächen zu erfassen.

Methode: Lernbiografie
Die Übung „Lernbiographie" (vgl. Gudjons 2008: 64 f.) benötigt einen gewissen zeitlichen Vorlauf. Es hat sich bewährt, dass zwischen Arbeitsauftrag und Auswertungsgespräch in den Kleingruppen eine oder zwei Wochen liegen. Der Arbeitsauftrag sieht vor, dass die Teilnehmenden zwei Seiten zu der Fragestellung „Was habe ich wie/wann/wodurch gelernt?" schreiben. Es gibt keine weiteren Erklärungen dazu, auch das Format ist offen. Zumeist gibt es wenige Rückfragen, die dann jedoch bereits in die Auswertung hineinspielen und daher nur sehr knapp beantwortet werden können.

Wenn die Teilnehmenden ihre geschriebenen „Lernbiografien" (in dreifacher Ausführung für das Arbeiten in Kleingruppen) zum nächsten Termin mitbringen, zeigt sich auf den ersten Blick bereits Überraschendes. Allein das Format ist grundsätzlich verschieden. Die meisten Teilnehmenden schreiben Fließtexte, manche aber auch ausformulierte oder stichpunktartige Lebensläufe, wieder andere Gedichte. Auch das Format gehört mit zu den Orientierungspunkten für die Auswertungsgespräche in Kleingruppen. Die Auswertungsfragen, welche in Dreiergruppen der Strukturierung des Textes und des Gespräches dienen, lauten für das individuelle Lesen der Texte etwa „Wo bleibe ich hängen?", „Was fällt mir auf?", „Wie empfinde ich den Text?". Hier haben die jeweiligen Gruppenmitglieder Zeit, sich der Texte zu vergewissern, sie in Ruhe zu lesen, sich Notizen zu machen und die Texte auf sich wirken zu lassen. In einem anschließenden gemeinsamen Gespräch werden zunächst Kommentare, Äußerungen und Empfindungen der Leser zu einem spezifischen Text gesammelt und erst danach äußert sich der Schreibende selbst zu seiner ganz persönlichen Lernbiografie. Auch dabei können Orientierungsfragen wie „Was wird nicht erzählt?", „Wo sind Brüche?", „Was fällt an der Sprache auf?" (vgl. Gudjons 2008: 65) den Kleingruppen helfen, sie müssen aber nicht verwendet werden. Gerade die Frage nach Brüchen und Lücken des Geschriebenen wird sehr häufig als anregend und bereichernd empfunden. Das ist auch deshalb bemerkenswert, da im nicht Erzählten Raum für Widerständiges, vielleicht auch Widersinniges und Gegenläufiges liegt. Im Verborgenen also bleibt Raum und Zeit für Muße, Inkompetenz oder Neuartiges. Hier steckt kreatives Potenzial, welches sich zum Teil erst durch das Gespräch in der Gruppe zeigt. Daneben, und darauf lässt bereits das Format ahnen, wird ganz Unterschiedliches zum eigenen Lernen geschrieben. Neben institutionellem Lernen kommen auch informelle bzw. nonformale Aspekte des Lernens zur Sprache; auch gibt es Texte, die eher auf punktuellen und markanten Lernaspekten (z. B. Fahrradfahren lernen) beruhen und andere, die Lernen eher lebensumspannend erfassen (z. B. Kochen üben, eine Sprache lernen). Zudem wird eine Unterscheidung von eher individuell und biografisch bedeutsamen Lernerfahrungen und solchen, die eher auf gesellschaftlich, politisch oder ökonomisch anerkannten kanonisierten Bildungsinhalten beruhen, erkennbar.

Zur vertrauensvollen Zusammenarbeit ist es wichtig, mit einem gestuften methodischen Verfahren zu arbeiten (z. B., auf Einzelarbeit immer erst Partnerarbeit bzw. Kleingruppenarbeit folgen zu lassen und nicht sofort ins Plenum zu gehen). Auf diese Weise wird jeder und jedem Einzelnen ermöglicht, selbst zu entscheiden, was sie oder er einbringt, was zur Diskussion gestellt wird oder lieber bei einem selbst bleiben soll; auch wird ein gewisser Schutzraum beibehalten, da nur wenige (zum Teil selbst gewählte) Teilnehmende kommentieren, rückfragen und ergänzen. Die biografischen Schreibmethoden sind insgesamt eher ungewohnt, beinhalten aber aufgrund der Offenheit der Methoden zahlreiche kreative und biografisch bedeutsame Momente.

4.2 Reden und Schreiben

Das Bachelor-Master-System fördert nicht ausschließlich, aber vorrangig ein effizientes Training „on the Job", und dafür gibt es angesichts globaler Wettbewerbsstrukturen auch gute Gründe. Wichtig wäre es allerdings, darauf zu achten, dass dies die universitären Bildungsmöglichkeiten nicht in einem Maße einschränkt, dass letztlich bloß ein von jedweder Subjektorientierung losgelöster Qualifizierungsbegriff übrig bliebe.

So mag das Bereithalten und Durchführen von Übungen, die in einer universitären Modulstruktur auf Freiräume abzielen, zwar auf den ersten Blick verwundern, es ist aber erklärbar und für universitäre Lehre wichtig. Innerhalb von solchen Denkräumen entsteht ein individueller und gemeinschaftlicher Bildungsprozess, es entwickeln sich – um in der Logik des Verwertbarkeitsdenkens zu bleiben – mitunter auch kreative Kompetenzen. Der/die Lehrende hält sich in diesem Prozess zurück, ist zugleich jedoch stets präsent und für gegenstands- oder prozessorientierte Fragen jederzeit ansprechbar; Intervention ist dort angesagt, wo Schreibübungen anzuleiten oder nach einer gemeinsamen Diskussion Ergebnisse und Fragen aufzugreifen und zu bündeln sind.

Methode: Reihumschreiben

Als ergiebige Methode gemeinsamen Arbeitens eignet sich auch das Reihumschreiben (vgl. Pyerin 2001: 53). Mit dieser Übungsform wird nicht nur das eigene Nachdenken im Schreiben initiiert, sondern darüber hinaus werden auch kreative Prozesse durch die Gruppendynamik erzeugt. Jemand beginnt mit zwei bis drei Sätzen zu erzählen, gibt seinen Text an den/die Nachbar/-in weiter, und so geht es weiter, bis der Text wieder zurückkommt. Der/die Autor/-in erhält dann die Möglichkeit, einen Schlussgedanken und eine Überschrift zu finden. Freilich ist das zunächst ungewohnt und erfordert eine offene Kursatmosphäre, in der die Teilnehmenden auch bereit sind, die Textbausteine anderen zur Verfügung zu stellen. Sie eignet sich eher nicht gleich für den Kursbeginn, sondern setzt eine vertraute Umgebung voraus. Ziel der Übung ist es nicht, ausgearbeitete Texte zu verfassen, sondern durch Schreiben in der Gruppe einen Zugang zum Selbst zu erlangen und Freude am Schreiben zu initiieren (vgl. Beyer/Lerch 2012).

Die Beschäftigung mit Rahmenthemen (u. a. Subjektorientierung in der Erwachsenenbildung) oder konkreten Aspekten (u. a. die Rolle von Lehrer/-innen für das eigene Berufshandeln) ist dabei sinnvoll. Dennoch steht nicht der Inhalt selbst mit einem konkreten Ergebnis im Vordergrund, sondern der Prozess des gemeinsamen Tuns ist entscheidend. Solche kreativen Prozesse in der universitären Lehre zu fördern und trotz veränderter Strukturvorgaben beizubehalten, ist eine wichtige Aufgabe einer an Bildung orientierten (Hochschul-)*Bildung*.

---

5 Ausblick oder noch mehr Lücken

Der Beitrag zielte insgesamt darauf ab, der Lücke ein wenig näher zu kommen. Sie wurde auch als positive Figur skizziert, in der etwa Menschen zu sich kommen oder durch die Menschen zum Gegen-, Eigen- und Andersdenken angeregt werden. Das Innehalten bildet ein Gegenmoment zur Optimierungsfalle: Nicht bloß werden die Appelle des lebenslangen Lernens, des Kompetenzerwerbs, der Selbstoptimierung (vgl. u. a. Boltanski/Chiapello 2006: 158) oder der (Selbst-) Bewertung (vgl. Schirlbauer 2005: 32) von außen an das Subjekt herangetragen, sondern der Mensch scheint diese Selbstausbeutung gar selbst zu wollen. Er scheint das eigene Sollen zu verinnerlichen und sitzt in der Falle, durch die er nur Fluchten vollziehen kann wie Ironie, Melancholie oder Gelassenheit (vgl. Ehrenberg 2012; Bröckling 2007). Mit letzterer vermeidet er die Falle oder vollzieht die Anstrengung der eigenen Distanzierung. In diesem Moment schafft er eine Lücke zu sich – was eine nicht immer bewusst zu leistende Tätigkeit ist. Denn Lücken tauchen überall auf und betreffen uns alle als denkende oder handelnde Subjekte. Solche Lücken immer nur vermeiden zu wollen, wie es so viele Lebensratgeber auf dem Büchermarkt vorschlagen, erscheint in diesem Sinn weder möglich noch einer am *Bildungs*gedanken orientierten Bildung zuträglich. Die „Kunst der Lücke" bedeutet, das Leben mit allen möglichen Facetten wahrzunehmen, und dazu gehören auch der Bruch, die Pause, die Unterbrechung. Machen wir das also – jetzt.

Literatur

Beyer, Martin; Lerch, Sebastian (2012): Bildung durch eigenes Schreiben? Ein Praxisbericht zu kreativem wissenschaftlichen Schreiben. URL: http://www.zeitschrift-schreiben.eu/Beitraege/beyer_lerch_Bildung.pdf (letzter Aufruf: 11.03.2016).

Böhme, Günther (1998): Arbeit und Muße. In: *Hessische Blätter für Volksbildung*, Jg. 48, H. 4, S. 305–315.

Boltanski, Luc; Chiapello, Ève (2006): Der neue Geist des Kapitalismus. Konstanz.

Bröckling, Ulrich (2007): Das unternehmerische Selbst: Soziologie einer Subjektivierungsform. Frankfurt/M.

Diederichsen, Diedrich (2012): Kreative Arbeit und Selbstverwirklichung. Berlin, S. 13–38.

Ehrenberg, Alain (2012): Depression: Unbehagen in der Kultur oder neue Formen der Sozialität. In: Menke, Christoph; Rebentisch, Juliane (Hrsg.): Kreation und Depression. Freiheit im gegenwärtigen Kapitalismus. Berlin, S. 52–62.

Gudjons, Herbert (2008): Auf meinen Spuren. Bad Heilbrunn.

Knoll, Jörg (2007): Neues Leben anregen. Kunst als Korrespondenzgeschehen. In: *Forum Erwachsenenbildung – Beiträge und Berichte aus der evangelischen Erwachsenenbildung*, H. 4, S. 18–19.

Lerch, Sebastian (2010): Lebenskunst lernen? Lebenslanges Lernen aus subjektwissenschaftlicher Sicht. Bielefeld.

Lerch, Sebastian (2016): Selbstkompetenzen. Eine erziehungswissenschaftliche Grundlegung. Wiesbaden.

Pauleikhoff, Bernhard (1956): Das Phänomen der Lücke in der Psychopathologie. In: *Archiv für Psychiatrie und Zeitschrift Neurologie*, Bd. 195, S. 31–39 (1956). URL: http://link.springer.com/article/10.1007/BF00342004#page-1 (letzter Aufruf: 03.03.2016).

Pongratz, Ludwig A. (2010): Kritische Erwachsenenbildung. Analysen und Anstöße. Bielefeld.

Pyerin, Brigitte (2001): Kreatives wissenschaftliches Schreiben. Tipps und Tricks gegen Schreibblockaden. Weinheim, München.

Reichenbach, Roland (2007): Soft skills: destruktive Potentiale des Kompetenzdenkens. In: Pongratz, Ludwig A; Reichenbach, Roland; Wimmer, Michael (Hrsg.): Bildung – Wissen– Kompetenz. Bielefeld, S. 64–81.

Reichenbach, Roland (2012): Der Mensch – ein dilettantisches Subjekt: Ein inkompetenztheoretischer Blick auf das vermeintlich eigene Leben. In: Sieben, Anna; Sabisch-Fechtelpeter, Katja; Straub, Jürgen (Hrsg.): *Menschen machen. Die hellen und die dunklen Seiten humanwissenschaftlicher Optimierungsprogramme*. Bielefeld, S. 305–328.

Schirlbauer, Alfred (2005): Beurteilt, Gemessen, Gerankt. Über Menschenführung in der Postmoderne. In: Klement, Karl (Hrsg.): *Das Messbare und das Eigentliche oder die Gewichtung des Menschen in einer Welt der Zahlen*, Fakten und Quoten. Innsbruck, S. 31–40.

Schmid, Wilhelm (1998): *Philosophie der Lebenskunst. Eine Grundlegung*. Frankfurt/M.

Seiverth, Andreas (2010): Reflexionen zur Kritik des Europäischen Qualifikationsrahmens für lebenslanges Lernen (EQR). In: *Forum Erwachsenenbildung* (4), 27–34.

Straub, Jürgen (2012). Homo modificans, homo modificatus. Ein Vorwort zu aktuellen „Optimierungen des Menschen". In: Sieben, Anna; Sabisch-Fechtelpeter, Katja; Straub, Jürgen (Hrsg.): *Menschen machen. Die hellen und die dunklen Seiten humanwissenschaftlicher Optimierungsprogramme.* Bielefeld, S. 9–26.

Traue, Boris (2010): *Das Subjekt der Beratung. Zur Soziologie einer Psycho-Technik.* Bielefeld.

Wimmer, Michael (2002): Bildungsruinen in der Wissensgesellschaft. Anmerkungen zum Diskurs über die Zukunft der Bildung. In: Lohmann, Ingrid; Rilling, Rainer (Hrsg.): *Die verkaufte Bildung. Kritik und Kontroversen von Schule*, Weiterbildung, Erziehung und Wissenschaft. Opladen, S. 47–68.

Zirfas, Jörg (2007): Das Lernen der Lebenskunst. In: Göhlich, Michael; Wulf, Christoph; Zirfas, Jörg (Hrsg.): *Pädagogische Theorien des Lernens.* Weinheim, Basel, S. 163–175.

Jutta Reich-Claassen

Wissenschaftliche Weiterbildung zwischen kundenorientierten Lernkontexten und hochschulischem Bildungsanspruch

Abstract: Der folgende Beitrag greift mit der „wissenschaftlichen Weiterbildung" bzw. dem „lebenslangen wissenschaftlichen Lernen" hochschulische Bildungsangebote auf, die sich traditionell an der Schnittstelle zwischen Hochschule und Erwachsenenbildung und damit auch zwischen (öffentlicher) Wissenschaft und Weiterbildungsmarkt bewegen. Diese Angebotsformate haben nicht zuletzt durch die Umstellung auf gestufte Studienstrukturen im Kontext der Bologna-Reform einen erheblichen Bedeutungsgewinn erfahren. Dies zeigt sich u. a. in einer stärkeren Öffnung von Studienangeboten hin zu Erwerbstätigen und beruflich Qualifizierten. Wissenschaftliche Weiterbildung zeichnet sich durch einen vielfältigeren und deutlich anspruchsvolleren Zielgruppenbezug aus als die grundständige Lehre, und es ist zu fragen, welches Verständnis von Hochschulbildung diesen Angeboten zwischen ‚akademischem' Bildungsanspruch einerseits und Bedarfs- und Nachfrageorientierung andererseits zugrunde liegt. Zum einen kann angenommen werden, dass das vielerorts konstatierte Verblassen eines kritisch-reflexiven Verständnisses von Bildung im Hochschulkontext sich in der Entwicklung und Durchführung noch stärker marktorientierter Studienangebote gleichsam potenziert. Zum anderen könnte aber diese Entwicklung auch zum Anlass genommen werden, das Zusammenspiel von allgemeiner und beruflicher Bildung noch einmal genauer in den Blick zu nehmen und zu fragen, unter welchen Voraussetzungen hochschulische Bildungsangebote, die sich dezidiert an Erwerbstätige und Berufserfahrene richten, einen Beitrag zu einer umfassenden, kritisch-reflexiven Bildung bei gleichzeitiger Berücksichtigung relevanter berufsfeldbezogener Anforderungen leisten können.

1 Hochschulen als Institutionen „lebenslangen Lernens"

Weiterbildung stellt neben Forschung und Lehre eine „Daueraufgabe" der Hochschulen dar, die bereits seit 1976 im Hochschulrahmengesetz (HRG) verankert ist und im Rahmen der vierten Novelle des HRG 1998 aufgewertet wurde. Bis zur finalen Umsetzung der Bologna-Reform allerdings wurde diese Aufgabe eher randständig behandelt. So lange hochschulische Ausbildung primär auf die grundständige Ausbildung junger

Menschen ausgerichtet war, beschränkte sich die „wissenschaftliche Weiterbildung" hochschulexterner Zielgruppen[1] überwiegend auf eine Anpassungsqualifizierung von Hochschulabsolvent(inn)en auf einem „didaktisch und methodisch der Hochschule angemessenen Niveau" (vgl. Wolter 2011: 9). Die Angebotsformate umfassten und umfassen also beispielsweise Angebote des Seniorenstudiums, berufsgruppenbezogene Einzelveranstaltungen, Zertifikatskurse, Tages- und Wochenlehrgänge sowie auch Ringvorlesungen und Kongresse. Damit beschränkten sich Weiterbildungsangebote für hochschulexterne, weil nicht immatrikulierte Zielgruppen hauptsächlich auf kleinteiligere, in der Regel dezentral organisierte Formate, die sich primär an den erwachsenenpädagogischen Prinzipien der Adressaten- und Teilnehmerorientierung ausrichteten und damit von der Logik der grundständigen Ausbildung abwichen. Die Konzeption und Durchführung ganzer Studiengänge, die sich an den Erfordernissen bereits Erwerbstätiger und Berufserfahrener orientierten, waren – und sind immer noch! – insbesondere an den Universitäten die Ausnahme und in der Umsetzung und Finanzierung erheblichen Schwierigkeiten ausgesetzt (vgl. Knust/Hanft 2009).

Seit der Jahrtausendwende haben sich die Erwartungen an Hochschulen tiefgreifend verändert. Im Kontext der Bologna-Reform sind die Hochschulen aufgefordert, sich neben der grundständigen Lehre auch „aktiv in der wissenschaftlichen Weiterbildung zu betätigen, um so den durch den technologischen und demographischen Wandel entstehenden Weiterbildungsbedarf von Hochschulabsolventen zu befriedigen" (Wissenschaftsrat 2006: 65 f.). Dabei wird den Hochschulen nahegelegt, sich von einer bisher vorherrschenden „Angebotsorientierung" stärker auf eine Nachfrageorientierung zuzubewegen, d. h. zunehmend erwachsenenpädagogische Prinzipien aufzugreifen. Sowohl inhaltlich als auch methodisch-didaktisch sollen die Erwartungen und Bedürfnisse der aktuellen und potenziellen Teilnehmenden an weiterbildenden Studienangeboten berücksichtigt werden (vgl. Wolter 2011).

Wissenschaftliche Weiterbildung erfährt dadurch eine Aufwertung, da sie – zumindest diesen Anforderungen zufolge – als Teilbereich der hochschulischen Lehre und als integrativer Bestandteil einer hochschulischen Strategie des lebenslangen Lernens wahrgenommen und eingefordert wird (vgl. Nuissl 2009). Hochschulische Bildungsangebote richten sich damit zum einen an eine immer heterogenere Gruppe mit unterschiedlichen Lernvoraussetzungen und pluralen beruflichen Vorerfahrungen, und zum anderen werden Schnittstellen zwischen Hochschulbildung und Erwachsenenbildung immer größer bzw. verschieben sich – zumindest von der Grundidee des sogenannten „Anschlusslernens" (vgl. Siebert 2012) her – in Richtung Erwachsenenbildung/Weiterbildung. Dabei bezieht sich hochschulische Weiterbildung zunehmend auch auf das ‚formal Learning', also auf Angebote, die auf

---

[1] Der Begriff „wissenschaftliche Weiterbildung" kann sich in einem weiteren Sinne auch auf interne Zielgruppen beziehen, wenn es um Fort- und Weiterbildung des wissenschaftlichen Personals geht (vgl. Graeßner u. a. 2016).

die Erlangung eines weiteren oder auch eines ersten akademischen Abschlusses abzielen. Grundsätzlich sind die Hochschulen für angewandte Wissenschaften – vermutlich durch ihren stärkeren Berufsfeldbezug – in der Entwicklung und Ausbringung berufsbegleitender und weiterbildender Studienangebote deutlich aktiver (und bislang auch erfolgreicher) als Universitäten.

Im Zuge einer bildungspolitisch motivierten Öffnung von Hochschulen werden also nicht nur bestehende hochschulische Angebote für breitere Zielgruppen wie beispielsweise beruflich und akademisch Qualifizierte, Berufserfahrene und weiterhin Erwerbstätige zugänglich gemacht, sondern es werden auch spezifische Angebotsformate entwickelt und auf die Bedürfnisse der neuen hochschulischen Zielgruppen zugeschnitten. Dabei gelten „Zielgruppenorientierung" und „Adressatenbezug" als Grundprinzipien der Erwachsenenbildung (vgl. Nuissl 2016; Reich-Claassen/Tippelt 2011). Im Kontext wissenschaftlicher Weiterbildung geht aber der Begriff der Zielgruppe über die aktuellen und potenziellen Studierenden hinaus und umfasst auch weitere Anspruchsgruppen, die auf die Angebotsentwicklung und Angebotsausbringung direkt und indirekt Einfluss nehmen. Auf diesen komplexen Adressatenbezug rekurrieren auch die Begriffe der Nachfrage- und der Marktorientierung (etwa Bardachzi 2010; Hanft/Simmel 2007), die nicht nur aufgrund ihrer stark betriebswirtschaftlichen Diktion sowohl aus Sicht der Hochschulen als auch aus Sicht der Erwachsenenbildung/Weiterbildung zuweilen recht kritisch diskutiert wurden (vgl. Reich-Claassen 2010).

2 „Nicht traditionell" Studierende im Hochschulkontext

In der Bildungswissenschaft hat sich auf nationaler, europäischer und internationaler Ebene im Schnittfeld von Erwachsenenbildungs- und Hochschulforschung ein Forschungszusammenhang etabliert, der sich nicht nur auf die Offenlegung und Analyse von Rahmenbedingungen, Formen und Anforderungen der Hochschulen im Kontext lebenslangen Lernens konzentriert, sondern sich dezidiert auch mit diesen neuen Zielgruppen auseinandersetzt (vgl. Dollhausen 2015). Mit den Bezeichnungen „erwachsene Lernende" (Streicher 2016), „nicht- traditionell Studierende" (Wolter 2002) oder auch „lebenslang Lernende" (Schuetze/Slowey 2002) werden nicht nur die Bezüge zur Erwachsenenbildung und Erwachsenenbildungswissenschaft verdeutlicht, sondern es wird in Abgrenzung zu den traditionell Studierenden bereits begrifflich auf die Heterogenität dieser Zielgruppe verwiesen.

Insgesamt geht es um Studierende, die im Zuge der Öffnung von Hochschulen über eine berufliche Qualifizierung an die Hochschulen gekommen sind[2] und/oder Studierende, die aufgrund aktueller Erwerbstätigkeit oder vorangegangener Berufserfahrungen berufsbegleitende bzw. weiterbildende Studienangebote der Hochschulen in Anspruch nehmen (vgl. Wolter 2002). Es ist davon auszugehen, dass diese Studierenden in hohem Maße Kontextbedingungen ausgesetzt sind, die das grundständige Studieren erschweren. Die Hochschulen sind nicht zuletzt im Rahmen der Initiative „Aufstieg durch Bildung: Offene Hochschulen"[3] (vgl. etwa Hanft/Brinkmann 2013) dazu angehalten, verstärkt Studienformate zu etablieren, die diese Kontexte explizit berücksichtigen.

Insgesamt ist noch relativ wenig über diese Studierendengruppe bekannt, und insbesondere fehlen Erkenntnisse zu ihren Studienmotiven sowie zu ihren Studien- und Lernbiografien. Aus dem Verbundprojekt „Studium 2020" (vgl. Kerres u. a. 2012) wissen wir allerdings, dass Zielgruppen wissenschaftlicher Weiterbildung recht konkrete Ansprüche an die makrodidaktische Gestaltung von Bildungsangeboten stellen – sowohl was die Anschlussfähigkeit neuen Wissens an Erfahrungen im Praxisfeld als auch die Studierbarkeit der hochschulischen Angebote anbelangt. Unter „Studierbarkeit" werden dabei die Zugangsmodalitäten zum Studium, die Gestaltung von zeitlichen Rahmenbedingungen zur Vereinbarkeit des Studiums mit Erwerbstätigkeit und Familie, die Anerkennung bzw. Anrechnung beruflich erworbener Kompetenzen sowie Konzepte der Finanzierung verstanden (vgl. Cendon u. a. 2013).

Bisherigen Erkenntnissen zufolge schließen nicht traditionell Studierende ihr Studium trotz erschwerter Kontextbedingungen ebenso häufig erfolgreich ab wie traditionell Studierende (vgl. Kerres u. a. 2012). Es ist darüber hinaus bekannt, dass sich diese Zielgruppe durch eine ausgeprägtere Zielorientierung, eine stärkere Selbstorganisation sowie eine höhere Eigenmotivation auszeichnet (vgl. Klages u. a. 2015). Es gibt auch deutliche Hinweise darauf, dass im Kontext der Studienmotivation und Studienfachwahl keinesfalls ausschließlich Interessen der beruflichen Verwertbarkeit im Vordergrund stehen, sondern dass der „persönlichen Bildung" und der „Horizontentwicklung" ein höherer Stellenwert zukommt als beispielsweise der „beruflichen Weiterqualifikation" (vgl. Brändle 2014). In der Gruppe der nicht traditionell Studierenden im engeren Sinne (Studierende mit beruflicher Qualifizierung und ohne formale Hochschulzugangsberechtigung) ist einer Studie an der Universität Hamburg zufolge der Anteil derer, für die die Berufsqualifikation als Studienmotiv im Vordergrund steht, am geringsten (vgl. Brändle 2014). Studierende ohne formale Hochschulzugangsberechtigung zeigen also damit eine besonders große Neigung zur persönlichen Weiterbildung bei einem gleichzeitig eher geringeren Stellenwert von beruflicher (Weiter-)Qualifikation.

---

2 Der Anteil der „Beruflich Qualifizierten" an Hochschulen liegt deutschlandweit immer noch unter 3 Prozent aller Studienanfänger (vgl. Autorengruppe Bildungsberichterstattung 2014). Die zögerliche Inanspruchnahme wird u. a. durch den mangelnden Bekanntheitsgrad dieser Möglichkeit, Schwellenängste der potenziell Studierenden, zu wenig Finanzierungskonzepte und unzureichend ausgearbeitete Modelle zur Anrechnung beruflich erworbener Kompetenzen erklärt (vgl. Freitag 2009).
3 Vgl. auch Website des Wettbewerbs des Bundesministeriums für Bildung und Forschung. URL: http://www.wettbewerb-offene-hochschulen-bmbf.de/ (letzter Aufruf: 14.04.2016).

Weiterhin scheint die Wissenschafts- und Forschungsorientierung hochschulischer Weiterbildung – beispielsweise im Vergleich zu alternativen Bildungsangeboten auf dem Weiterbildungsmarkt – ein zentrales Qualitätsmerkmal und damit ein wichtiges Entscheidungskriterium für die Aufnahme eines weiterbildenden bzw. berufsbegleitenden Studiums zu sein (vgl. Jütte/Schilling 2005). Im Vordergrund stehen dabei allerdings meist aktuelle, berufsfeldrelevante wissenschaftliche Erkenntnisse und durchaus auch theoretische Modelle, auf deren Basis aktuelle Phänomene eingeordnet, erklärt und rekonstruiert werden können. Ein geringerer Stellenwert wird hingegen – und das zeigen die Erfahrungen aus weiterbildenden und berufsbegleitenden Studiengängen zumindest im sozialwissenschaftlichen Kontext – der Auseinandersetzung mit den Grundfragen wissenschaftlichen Denkens und Arbeitens zugemessen.

Trotz – oder auch: zu – aller Wertschätzung der „wissenschaftlichen Fundierung" von Erkenntnissen erwarten sich berufsbegleitend oder weiterbildend Studierende also Wissen, das eine hohe Praxisrelevanz und einen expliziten Verwertungsbezug aufweist (vgl. etwa Präßler 2015; Cendon u. a. 2013). Bei allen Potenzialen, die in einer stärkeren Öffnung zu Fragen und Problemen der beruflichen Praxis gesehen werden, wird eine ausschließliche Orientierung an diesen Erwartungen im Sinne einer „reinen Nachfrageorientierung" sowohl in einschlägigen Publikationen (vgl. etwa Wilkesmann 2010) als auch in der hochschulischen Praxis äußerst kritisch diskutiert. So wird beispielsweise in einer Befragung von Seitter u. a. (2015) deutlich, dass die Wahrung des Wissenschaftsanspruchs für Lehrende eine unabdingbare Voraussetzung darstellt, sich überhaupt in die Entwicklung und Ausbringung weiterbildender Studienangebote einzubringen.

3 Wissenschaftliche Weiterbildung zwischen Wissenschafts- und Praxisorientierung

Es zeigt sich, dass sich die Hochschulen bei der Adressierung der nicht traditionell Studierenden zwischen Praxisorientierung und Wissenschaftsorientierung einerseits sowie zwischen Bildungsauftrag und Marktorientierung andererseits bewegen (vgl. Bardachzi 2010; Wilkesmann 2010). In einer „reziproken Triade" werden bei der Konzeption insbesondere von weiterbildenden Studienangeboten idealerweise individuelle Abnehmer, mögliche Anspruchsgruppen in der beruflichen Praxis sowie – last but not least – der akademische, hochschulisch verankerte Bildungsauftrag gleichermaßen einbezogen. Die im Fokus kritischer Bewertungen des Bologna-Prozesses stehende Employability als Leitprinzip grundständiger Studienangebote scheint für die Ausrichtung weiterbildender und berufsbegleitender Studienangebote insofern zunächst unumgänglich, als doch gerade Wirtschafts- und Unternehmensverbände die Möglichkeit fordern, Beruf und akademische Weiterqualifizierung im Kontext neuer Studienformate vereinbaren zu können. So unterstützte die Wirtschaft die

Umstellung auf die gestufte Studienstruktur im Rahmen der 2004 gestarteten „Bachelor Welcome!"-Initiative unter dem neuen Motto „Bologna@Germany"[4] bis 2012 auf breiter Basis; ebenso fordert beispielsweise die Vereinigung der Bayerischen Wirtschaft (vbw) in ihrem Positionspapier „Hochschulen" aktuell einen weiteren Ausbau berufsbegleitender Bachelor-Studiengänge und die Verstärkung von Berufsfeldbezügen (vbw 2016).

Auch auf individueller Ebene fließen die Arbeitgeber als Anspruchsgruppen und teilweise auch als Mitentwickler von Studienangeboten ein, da berufsbegleitend und weiterbildend Studierende von ihren Betrieben, Unternehmen und Einrichtungen in ihren Weiterbildungsaktivitäten zeitlich, finanziell und auch ideell unterstützt werden (vgl. etwa Maschwitz 2013).

Die Hochschulbildung im Sinne wissenschaftlicher Weiterbildung bewegt sich damit innerhalb eines doppelten – nämlich eines individuellen und eines institutionellen – Adressatenbezugs mit nicht unbedingt übereinstimmenden Zielperspektiven. Bezieht man auch die Hochschule als Anspruchspartnerin etwa im Hinblick auf akademische, kritisch-reflexive Bildungsziele mit ein, so entsteht sogar ein dreifacher Adressatenbezug. Dieser verlangt komplexe Aushandlungsprozesse im Sinne eines professionell-(erwachsenen)pädagogischen Umgangs mit daraus entstehenden Spannungsfeldern.

Derartige Spannungsfelder, die aus den Polaritäten pädagogischen Handelns resultieren, werden auch als Paradoxien (vgl. Vollmer 1990) oder Antinomien (vgl. Combe/Helsper 2002) bezeichnet, die als Strukturmerkmal professionellen pädagogischen Handelns gelten und prinzipiell unaufhebbar sind. Sie können einerseits zu Konflikten führen, spielen aber andererseits auch eine zentrale Rolle für Dynamik und Produktivität. Dies liegt unter anderem daran, dass die (scheinbar) widersprüchlichen Handlungsanforderungen auch auf Gestaltungsspielräume verweisen, die bei reflexiver und kritischer Handhabung Weiterentwicklung ermöglichen.

Wie ist aber nun mit den scheinbar widersprüchlichen Anforderungen von Wissenschaft und Hochschule einerseits und beruflicher Praxis und marktorientierter Verwertbarkeit andererseits umzugehen? Welchen Stellenwert hat sowohl die Qualifizierung für konkrete berufliche Anforderungen als auch die „Wissenschaft" im Kontext eines hochschulischen Bildungsauftrags?

Grundsätzlich ist zu sagen, dass es sich mit Wissenschaftsorientierung und Praxisorientierung um zwei Pole einer Dimension handelt, die sich keinesfalls gegenseitig ausschließen. Wissenschaft ist dabei zu verstehen als spezifische Praxis des Vernunftgebrauchs zu Erkenntniszwecken. Studieren bedeutet in diesem Sinne, sich

---

[4] Bologna@Germany 2012 – Erklärung der Personalvorstände führender deutscher Unternehmen. URL: http://www.arbeitgeber.de/www%5Carbeitgeber.nsf/res/Erklaerung-Bologna@Germany.pdf/$file/Erklaerung-Bologna@Germany.pdf (letzter Aufruf: 21.04.2016).

den Eigen-Sinn von Wissenschaft verstehend anzueignen und im Lerngegenstand die subjektive Bedeutsamkeit zu entdecken (vgl. Rhein 2015).

Es ist erklärtes Ziel wissenschaftlicher Weiterbildung, einen Dialog zwischen Wissenschaft, Wirtschaft und Gesellschaft zu etablieren und im Sinne einer ‚experienced Reflection' eine wechselseitige Weiterentwicklung von Wissenschaft und Praxis zu fördern (vgl. Mintzberg 2004). Die ‚experienced Reflection' gilt als zentrales Qualitätsmerkmal dieser Öffnung nach außen und kann dazu beitragen, den „Praxis-Wissenschafts-Konflikt" (Präßler 2015: 174) zu entschärfen. Wissenschaft und Forschung werden durch die Berufspraxis im Dialog zwischen Wissenschaftler/-innen und Berufspraktiker/-innen auf ihre Relevanz und Praxistauglichkeit überprüft, und dieses „Anwendungswissen" – auch mit konkreten Anregungen für weitere Forschung – fließt in das Wissenschaftssystem zurück. Dabei ist es aber für die Studierenden unabdingbar, sich auch mit den Ideen und Wegen der Erkenntnisgewinnung intensiv auseinanderzusetzen und Wissenschaft dabei als spezifische, historisch kontextualisierte und methodisch reflektierte Praxis der Erkenntnisgewinnung zu begreifen (vgl. Rhein 2015).

4 Hochschulische (Weiter-)Bildung durch Wissenschaft?

Die (auch nur exemplarische) Auseinandersetzung mit Wissenschaft könnte insbesondere erwachsene Studierende für die eigenverantwortliche Bearbeitung und Beantwortung komplexer, über den unmittelbaren Anwendungskontext hinausgehender Problemlagen nicht nur sensibilisieren, sondern auch disponieren.

Diese Idee einer „Bildung durch Wissenschaft" (vgl. Dahrendorf 1964) ist allerdings keinesfalls neu und findet sich sowohl im deutschen Sprachraum bei Fichte und Humboldt als auch im angloamerikanischen Raum bei John Stuart Mill. Alle drei Protagonisten bezogen gegen eine „Verberuflichung" und „fachliche Verzweckung" der Universitäten Stellung und betonten damit auch das Alleinstellungsmerkmal hochschulischer Bildung (vgl. Fichte 1910; Humboldt 2010; Mill 1867).

Sowohl Fichte als auch Humboldt schrieben der Auseinandersetzung mit Wissenschaft im Kontext der Hochschule eine herausragende Rolle bei der „Verstandesbildung" zu. Humboldt ging sogar so weit, die Wissenschaftsorientierung als Grundlage einer „Höherbildung der gesamten Menschheit" zu verstehen. Im forschenden, sich mit Grundfragen wissenschaftlichen Denkens und Arbeitens auseinandersetzenden Lernen könne sich, so Humboldt, ein Verstand herausbilden, der nicht nur urteils- und kritikfähig, sondern auch in der Lage ist, sich selbst anwendbares Wissen, also praxisrelevantes und praxisbezogenes Wissen, zu erarbeiten.

„Auseinandersetzung mit Wissenschaft" und nach Humboldt vielleicht auch die bildende Kraft der Auseinandersetzung mit dem Altgriechischen würde demnach noch nicht hinreichend als „inhaltliche" oder auch „materiale" Ausrichtung verstanden sein. Geht man auf Basis der bisherigen Erkenntnisse davon aus, dass berufsbegleitend und weiterbildend Studierende ein ausgeprägtes Interesse an praxis- und verwertungsbezogenen wissenschaftlichen Erkenntnissen haben, also Bildungsinhalte stärker im Fokus stehen, so müsste weniger der formal-bildende als vielmehr der „materiale" Aspekt der Bildung thematisiert werden. Es stellt sich die Frage, inwieweit die Auseinandersetzung mit diesen aktuellen Fragestellungen, ihr Transfer in die Wissenschaft und die „Rückübersetzung" in die Logik der Praxis nach Mintzbergs Idee der ‚experienced Reflection' bereits dem kritisch-reflexiven Bildungsverständnis nahekommt, dem derzeit ein eklatanter Bedeutungsverlust an Hochschulen attestiert wird (vgl. etwa Lenzen 2014).

Mit Wolfgang Klafki (2007) wäre zu fragen, inwieweit diese Inhalte auch Bildungsgehalt im Sinne „kategorialer Bildung" sein können und ob die Auseinandersetzung mit Fragestellungen, die u. a. aus der beruflichen Praxis resultieren, tatsächlich zu einer Höher- oder Weiterentwicklung der Persönlichkeit führt. Kann aus der „Praxisantinomie" (vgl. Combe/Helsper 2002), der widersprüchlichen Konstellation aus Berufs- und Praxisorientierung einerseits und der Wissenschaftsorientierung andererseits durch professionell-pädagogisches Handeln, d. h. durch makro- und mikrodidaktische Planung und Gestaltung von Lehre, kritisch-reflexive, „humane" Bildung erwachsen?

Aufgabe der Lehrenden ist es, diese Antinomie stets zu reflektieren und auch explizit zu thematisieren. Man sollte nicht der Versuchung anheimfallen, diesen Widerspruch einseitig auflösen zu wollen, sondern an ihm selbst durch kritische Reflexion Bildung zu betreiben. Hochschulische Lehre erschöpft sich nicht nur im „Exponieren, Explizieren, Vormachen und Weitergeben der Wissenschaft, sondern [bezieht sich, J. R.-C.] auch auf Wissensvermittlung unter Berücksichtigung der Verstehensmöglichkeiten eines Gegenübers, der Studierenden, die sich an und durch Wissenschaft noch für etwas Anderes qualifizieren wollen oder müssen." (Huber 1999: 31)

Man kann auf dieser Grundlage auch Mintzbergs eher utilitaristische Idee weiterdenken, indem man davon ausgeht, dass auch die Bearbeitung berufs- und praxisfeldorientierter Fragestellungen, sofern man auch Kategorien wissenschaftlichen Denkens und Herangehens zugrunde legt, einen Beitrag zu „allgemeiner Menschenbildung" leisten kann. Diesen Beitrag kann sie genau dann erbringen, wenn auch das „Exemplarische" und „Fundamentale" drängender Fragestellungen aus der beruflichen Praxis mitthematisiert und der jeweilige übergeordnete gesellschaftlich-soziale Kontext mitberücksichtigt wird. Im gesellschaftlich-sozialen Kontext wären dabei nicht nur die jeweiligen Bedürfnisse und Bedarfe aus dem doppelten Adressatenbezug mitzudenken, sondern auch übergeordnete gesellschaftlich und sozial relevante Problemstellungen reflexiv mit einzubeziehen.

Die von Klafki bereits Ende der 1970er Jahre formulierten „epochaltypischen Schlüsselprobleme" zeugen – mit jeweils neu zu justierenden begrifflichen

Schwerpunktsetzungen – von einer erstaunlichen Aktualität. Die Flüchtlingsfrage, Fragen der Nachhaltigkeit, die Diskussion über Ungleichheit und Gerechtigkeit – das sind Themen, die sicherlich in sozialwissenschaftlich orientierten Studienangeboten ungleich leichter als „bedingender thematischer Überbau" identifiziert und in die Lehre integriert werden können als beispielsweise im Rahmen ingenieurwissenschaftlicher und technischer Studiengänge. Es muss aber dennoch Aufgabe der Hochschulen als Institutionen lebenslangen Lernens mit einem gesellschaftlichen Bildungsauftrag bleiben, anhand einer wissenschaftlichen Auseinandersetzung mit für berufliche Handlungsfelder relevanten Fragestellungen Kritik- und Urteilsfähigkeit zu schulen und Selbstbildung zu ermöglichen – ohne einem „Separatismus" zwischen allgemeiner und beruflicher Bildung, zwischen (beruflicher) Verwertbarkeit und kritischer Selbstreflexion im Sinne einer „humanen Bildung" anheimzufallen.

5 Fazit

Nicht traditionell Studierende wollen zum einen tatsächlich ihre Employability im Sinne berufsfeldbezogener Kompetenzen und Qualifikationen verbessern, streben aber zu gleichen Teilen auch eine Weiterentwicklung der Persönlichkeit und eine Horizonterweiterung an – und zwar deutlich stärker als Studierende in grundständigen Studiengängen. Die Beteiligung an weiterbildenden Studienangeboten erfolgt bei nicht traditionellen, stärker berufs- und lebenserfahrenen Studierenden in der Regel auf der Basis ganz konkreter „Diskrepanzerfahrungen" zwischen Intentionalität und Kompetenz, zwischen Erfahrung und Wissen (Holzkamp 1993: 212). Mit Rückgriff auf die subjektwissenschaftliche Lerntheorie kann bei dieser Studierendengruppe demnach stärker als bei jüngeren, grundständig Studierenden von einem in der (Lern-)Biografie verankerten und gut begründeten Wunsch nach „Erweiterung von Weltverfügung" ausgegangen werden. Dies entspricht dem Ausgangspunkt für das sogenannte „expansive" Lernen, das der intrinsischen Lernmotivation sehr nahe kommt und nachweislich mit einem nachhaltigeren und befriedigenderen Lernen in Verbindung steht (vgl. etwa Grotlüschen 2004; Holzkamp 2004). Klaus Holzkamp nimmt indirekt auf die Selbstbestimmungstheorie nach Deci und Ryan (1993) Bezug, wenn er davon ausgeht, dass sich Interesse an einem Thema und damit intrinsische Lernmotivation durchaus auch aus zunächst eher defensiven und extrinsisch motivierten Lernanlässen schrittweise entwickeln lässt. Dies entspräche der genuin (erwachsenen-)pädagogischen Aufgabe der Erweckung und auch der Lenkung von Interessen und Orientierungen – eine Aufgabe, die bereits Hans Tietgens (1983) explizit der Orientierung an Teilnehmendeninteressen gleichgewichtig zur Seite stellte. Das Erwecken und Entwickeln von Bildungsbedarfen und Bildungsbedürfnissen muss im Interesse der Hochschulen als Bildungsinstitutionen mit einem spezifischen gesellschaftlichen Bildungsauftrag liegen.

Nicht nur die grundständige Hochschulbildung nach Bologna, sondern insbesondere die Angebote wissenschaftlicher Weiterbildung werden sich weiterhin in einem Spannungsfeld bewegen, das sich durch doppelten bzw. dreifachen Adressatenbezug kennzeichnet. Dieses Spannungsfeld steht beispielhaft für Antinomien, die professionell-pädagogisches Handeln kennzeichnen und immer wieder neu herausfordern. Diese Antinomien – am deutlichsten wird es in der wissenschaftlichen Weiterbildung an der Praxisantinomie – können und dürfen nicht einseitig aufgelöst werden, und zwar weder in Richtung absoluter Nachfrage- und Marktorientierung noch in Richtung einer von möglichen Berufs- und Anwendungsfeldern losgelösten zweckfreien Bildung nach einem Vorbild der „alten Universität". Ersteres widerspräche diametral dem mit Wissenschaft verbundenen Anspruch auf Wahrheit und Aufklärung, Letzteres würde einem aus meiner Sicht hochproblematischen Separatismus zwischen allgemeiner und beruflicher Bildung Vorschub leisten. Sowohl die Entwicklung von Studienangeboten auf der Makroebene als auch die konkrete Lehre in den entsprechenden Studiengängen auf der Mikroebene sind Bestandteil professionellen pädagogisch-didaktischen Handelns. Studiengangsentwicklung und Lehre bergen in diesem Kontext die Aufforderung, die sich ergebenden Antinomien immer wieder neu zu verhandeln und immer wieder auch am Einzelfall zu überlegen, wie durch die Transformation berufsfeldrelevanter Fragestellungen in wissenschaftliche Reflexion eine umfassende Bildung gefördert und Bildungsbedürfnisse geweckt werden können. Dies könnte sowohl auf struktureller Ebene etwa durch ein vorgeschaltetes Wissenschaftspropädeutikum, eine Art Studium generale oder entsprechende Zusatzangebote als auch auf der Ebene konkreter Lehr-/Lernsequenzen unterstützt werden.

Literatur

Autorengruppe Bildungsberichterstattung (2014): Bildung in Deutschland 2014. Bielefeld.
Bardachzi, Claudia (2010): *Zwischen Hochschule und Weiterbildungsmarkt. Programmgestaltung berufsbegleitender Studiengänge*. Münster.
Bologna@Germany (2012): URL: http://www.arbeitgeber.de/www%5Carbeitgeber.nsf/ res/Erklaerung-Bologna@Germany.pdf/$file/Erklaerung-Bologna@Germany.pdf (letzter Aufruf: 21.04.2016).
Brändle, Tobias (2014): Studienmotive und Lebensziele. Ein Vergleich der Intentionen nicht-traditioneller und traditioneller Studierender. In: *Beiträge zur Hochschulforschung*, 36 (4), S. 92–119.
Bundesministerium für Bildung und Forschung: URL: http://www.wettbewerb-offene-hochschulen-bmbf.de/ (letzter Aufruf: 14.04.2016).
Cendon, Eva; Grassel, Roswitha; Pellert, Ada (Hrsg.) (2013): *Vom Lehren zum akademischen Lernen. Formate akademischer Weiterbildung*. Münster.
Combe, Arno Helsper, Werner (2002): Professionalität. In: Otto, Hans-Uwe; Rauschenbach, Thomas; Vogel, Peter (Hrsg.): *Erziehungswissenschaft in Studium und Beruf. Opladen*, S. 29–48.
Dahrendorf, Ralf (1964): Traditionen der deutschen Universität. In: *DIE ZEIT Nr. 39*, vom 25.9.1964. URL: http://www.zeit.de/1964/39/traditionen-der-deutschen-universitaet-ii/komplettansicht (letzter Aufruf: 15.04.2016).

Deci, Edward Ryan, Richard (1993): Die Selbstbestimmungstheorie der Motivation und ihre Bedeutung für die Pädagogik. In: *Zeitschrift für Pädagogik*, H. 2, S. 223–238.
Dollhausen, Karin (2015): Hochschule als „offener" Bildungskontext für lebenslanges Lernen? Befunde und Perspektiven für die empirische (Weiter-)Bildungsforschung. In: *Zeitschrift für Weiterbildung, 38 (3)*, S. 333–346.
Fichte, Johann Gottlieb (1910): Deducirter Plan einer zu Berlin zu errichtenden höhern Lehranstalt. In: Spranger, Eduard (Hrsg.): *Fichte, Schleiermacher, Steffens – über das Wesen der Universität*. Leipzig, S. 1–104.
Freitag, Walburga (2009): *Hochschulzugang öffnen. Mehr Chancen für Studierende ohne schulische Hochschulzugangsberechtigung*. Hannover.
Graeßner, Gernot; Bade-Becker, Ursula Gorys, Bianca (2016): Weiterbildung an Hochschulen. In: Tippelt, Rudolf; von Hippel, Aiga: *Handbuch Erwachsenenbildung/Weiterbildung*. 5. Aufl. Wiesbaden, S. 543–555.
Grotlüschen, Anke (2004): Expansives Lernen: Chancen und Grenzen subjektwissenschaftlicher Lerntheorie. In: *Europäisches Journal Berufsbildung*, H. 1, S. 17–23.
Hanft, Anke; Simmel, Annika (2007): *Vermarktung von Hochschulweiterbildung*. Münster.
Hanft, Anke; Brinkmann, Katrin (Hrsg.) (2013): *Offene Hochschulen. Die Neuausrichtung der Hochschulen auf Lebenslanges Lernen*. Münster.
Holzkamp, Klaus (1993): *Lernen. Subjektwissenschaftliche Grundlegung*. Frankfurt/M.
Holzkamp, Klaus (2004): Wider dem Lehr-Lern-Kurzschluss. Interview zum Thema „Lernen". In: Faulstich, Peter; Ludwig, Joachim (Hrsg.): *Expansives Lernen*. Baltmannsweiler, S. 29–38.
Huber, Ludwig (1999): An- und Aussichten der Hochschuldidaktik. In: *Zeitschrift für Pädagogik, 45 (1)*, S. 25–44.
Humboldt, von Wilhelm (2010): Über die innere und äussere Organisation der höheren wissenschaftlichen Anstalten in Berlin. In: Humboldt-Universität zu Berlin (Hrsg.): *Gründungstexte. Festgabe zum 200-jährigen Jubiläum der Humboldt-Universität zu Berlin*, S. 229–241.
Jütte, Wolfgang; Schilling, Axel (2005): Teilnehmerinnen und Teilnehmer als Bezugspunkt wissenschaftlicher Weiterbildung. In: Jütte, Wolfgang (Hrsg.): *Kontexte wissenschaftlicher Weiterbildung. Entstehung und Dynamik von Weiterbildung im universitären Raum*. Münster, S. 136–153.
Kerres, Michael; Hanft, Anke; Wilkesmann, Uwe; Wolff-Bendik, Karola (Hrsg.) (2012): *Studium 2020. Positionen und Perspektiven zum Lebenslangen Lernen an Hochschulen*. Münster.
Klafki, Wolfgang (2007): *Neue Studien zur Bildungstheorie und Didaktik. Zeitgemäße Allgemeinbildung und kritisch-konstruktive Didaktik*. 6. Aufl. Weinheim.
Klages, Benjamin; Bonillo, Marion; Reinders, Stefan; Bohmeyer, Axel (Hrsg.) (2015): *Gestaltungsraum Hochschullehre. Potenziale nicht-traditionell Studierender nutzen*. Opladen.
Knust, Michaela; Hanft, Anke (2009): *Weiterbildung im Elfenbeinturm*. Münster.
Lenzen, Dieter (2014): *Bildung statt Bologna!* Berlin.
Maschwitz, Annika (2013): Kooperationen zwischen öffentlichen Hochschulen und Unternehmen in der Weiterbildung. In: Hanft, Anke; Brinkmann, Katrin (Hrsg.): *Offene Hochschulen. Die Neuausrichtung der Hochschulen auf Lebenslanges Lernen*. Münster, S. 137–150.
Mill, John Stuart (1867): Rectorats-Rede. In: Mill, John Stuart (1869): *Gesammelte Werke, Band I*, Leipzig, S. 207 f.
Mintzberg, Herbert (2004): *Managers, not MBAs. A Hard Look at the Soft Practice of Managing and Management Development*. San Francisco.
Nuissl, Ekkehard (2009): Zukunft der Einrichtungen für Hochschulweiterbildung im Bologna-Kontext – Zusammenfassung der Ergebnisse. In: Knust, Michaela; Hanft, Anke (Hrsg.): *Weiterbildung im Elfenbeinturm?!* Münster, S. 141–145.

Nuissl, Ekkehard (2016): Ordnungsgrundsätze der Erwachsenenbildung in Deutschland. In: Tippelt, Rudolf; von Hippel, Aiga (Hrsg.): *Handbuch Erwachsenenbildung/Weiterbildung*. 5. Aufl. Wiesbaden, S. 329–346.
Präßler, Sarah (2015): Bedarfsanalyse. Forschungsbericht zu Bedarfen individueller Zielgruppen. In: Seitter, Wolfgang; Schemmann, Michael; Vossebein, Ulrich (Hrsg.): *Zielgruppen wissenschaftlicher Weiterbildung*. Wiesbaden, S. 61–187.
Reich-Claassen, Jutta (2010): Chancen und Grenzen des Zielgruppenmarketings in der Weiterbildung. Das Beispiel der Milieuforschung. In: *Magazin erwachsenenbildung.at*, 2010/10, S. 03/1-14. URL: http://www.erwachsenenbildung.at/magazin/10-10/meb10-10.pdf (letzter Aufruf: 12.05.2016).
Reich-Claassen, Jutta; Tippelt, Rudolf (2011): Das Lernen Erwachsener. C: Lernen im Lebenslauf, Teilnehmerforschung, Bildungsbeteiligung. In: Fuhr, Thomas; Gonon, Philipp; Hof, Christiane (Hrsg.): *Handbuch der Erziehungswissenschaft. 4. Erwachsenenbildung-Weiterbildung*. Paderborn, S. 123–146.
Rhein, Rüdiger (2015): Hochschulisches Lernen – eine analytische Perspektive. In: *Zeitschrift für Weiterbildungsforschung (REPORT)*, 38 (4), S. 347–363.
Schuetze, Hans; Slowey, Maria (2002): Participation and exclusion. A Comparative Analysis of Non-Traditional Students and Lifelong Learners in Higher Education. In: *Higher Education*, 44 (3/4), S. 309–327.
Seitter, Wolfgang; Schemmann, Michael; Vossebein, Ulrich (Hrsg.) (2015): *Zielgruppen wissenschaftlicher Weiterbildung*. Wiesbaden.
Siebert, Horst (2012): *Lernen und Bildung Erwachsener*. Bielefeld.
Streicher, Barbara (2016): Science Center und ihre Schnittstelle zwischen Universität und Erwachsenenbildung. In: *Magazin erwachsenenbildung.at*, 2016/27, S. 08/2-9.
Tietgens, Hans (1983): *Teilnehmerorientierung in Vergangenheit und Gegenwart. Pädagogische Arbeitsstelle des DVV*. Frankfurt/M.
Vereinigung der Bayerischen Wirtschaft (vbw) (2016): *Position: Hochschulen*. URL: https://www.vbw-bayern.de/Redaktion/Frei-zugaengliche-Medien/Abteilungen-GS/Bildung/2016/Downloads/vbw_Position_Hochschule_final.pdf (letzter Aufruf: 21.04.2016).
Vollmer, Gerhard (1990): Paradoxien und Antinomien. In: *Naturwissenschaften*, Bd. 77/2, S. 49–56.
Wilkesmann, Uwe (2010): Die vier Dilemmata der wissenschaftlichen Weiterbildung. In: *Zeitschrift für Soziologie der Erziehung und Sozialisation*, 2010/1, S. 28–36.
Wissenschaftsrat (2006): *Empfehlungen zur künftigen Rolle der Universitäten im Wissenschaftssystem*. Berlin.
Wolter, Andrä (2002): Lebenslanges Lernen und non-traditional students. Die Bundesrepublik im Lichte internationaler Entwicklungen und Perspektiven. In: Strate, Ulrike (Hrsg.): *Lernen – ein Leben lang. Beiträge der Wissenschaftlichen Weiterbildung*. Berlin, S. 138–152.
Wolter, Andrä (2011): Die Entwicklung wissenschaftlicher Weiterbildung in Deutschland: Von der postgradualen Weiterbildung zum lebenslangen Lernen. In: *Beiträge zur Hochschulforschung 33(4)*, S. 8–36.

Margit Ostertag
Von Ruth Cohn und Paulo Freire lernen. Annäherungen an eine bildungstheoretisch fundierte Hochschuldidaktik

Abstract: Mit einer bildungstheoretischen Grundlegung von Hochschuldidaktik lassen sich innovative Impulse und neue Perspektiven für das Lehren und Lernen an Hochschulen erschließen. Vor diesem Hintergrund werden im folgenden Beitrag wechselseitige Anschlussmöglichkeiten der Konzepte von Ruth Cohn und Paulo Freire untersucht, um einerseits das Feld der Hochschuldidaktik bildungstheoretisch zu begründen und andererseits konkrete didaktische Elemente der Themenzentrierten Interaktion hochschuldidaktisch fruchtbar zu machen.

1 Perspektiven und Bezugspunkte einer bildungstheoretisch fundierten Hochschuldidaktik

Mit seiner Pädagogik der Autonomie hat Paulo Freire (1921–1997) eine Bildungstheorie entwickelt, die sich politisch versteht und die die geschichtlich-gesellschaftliche Verantwortung jedes einzelnen Menschen betont. Von der humanistischen Psychologie kommend, hat Ruth C. Cohn (1912–2010) mit der Themenzentrierten Interaktion (TZI) ein Modell begründet, das personenzentriertes, lebendiges Lernen unterstützt bzw. ermöglicht. Im Blick auf die Wertorientierung, die Haltung und das politische Anliegen besteht eine große inhaltliche Nähe zwischen den Ansätzen von Paulo Freire und Ruth Cohn. In einer konstruktiven Verbindung der beiden Konzepte könnte einerseits die TZI eine bildungstheoretische Fundierung erfahren, während sich andererseits die Bildungstheorie Paulo Freires in didaktischer Hinsicht weiterentwickeln ließe.

Eine vor diesem Hintergrund bildungstheoretisch begründete Hochschuldidaktik beschränkt sich nicht auf die Vermittlung von berufs- und anwendungsbezogenen Kompetenzen, sondern stellt die beteiligten Menschen mit ihren persönlichen Bildungsprozessen als Subjekte in den Mittelpunkt. Zudem verortet sie das Lehren und Lernen in den geschichtlich-gesellschaftlichen Zusammenhängen unserer Gegenwart und nimmt Bezug auf damit verbundene Herausforderungen, wie beispielsweise die Ökonomisierung unterschiedlichster gesellschaftlicher Bereiche, die ja nicht zuletzt auch den Bildungsbereich selbst betrifft.

2 „Bildung als Praxis der Freiheit"

Bereits im Untertitel seines im Jahr 1970 verfassten und 1971 erstmals auf Deutsch erschienenen Buches „Pädagogik der Unterdrückten" macht Paulo Freire (1973) deutlich, dass er Bildung als eine Praxis der Freiheit versteht. Dieses Bildungsverständnis prägte zugleich seine eigene pädagogische Tätigkeit in Alphabetisierungskursen für die brasilianische Landbevölkerung. Lesen und Schreiben zu lernen war für ihn in diesem Zusammenhang nicht Selbstzweck, sondern Ausdruck von politischer Erwachsenenbildung bzw. Voraussetzung dafür, dass die Teilnehmer/-innen ihre gesellschaftliche Teilhabe wahrnehmen, d. h. ihre Möglichkeiten der Teilhabe erkennen und diese – als persönliches Wollen – auch ergreifen.

> Einige Leute meinen, ich hätte das Konzept der Bewußtseinsbildung entwickelt, weil ich Fachmann für Erwachsenenalphabetisierung sei. Dem ist absolut nicht so! Natürlich habe ich mich sehr intensiv mit Erwachsenenalphabetisierung auseinandergesetzt, aber ich tat das auf dem Hintergrund von Erziehung und Bildung im allgemeinen. Weil mich die gesellschaftliche und soziale Realität meines Landes dazu herausforderte, beschäftigte ich mich mit Erwachsenenalphabetisierung. (Freire 1981: 105)

Ausgangspunkt und zugleich Ziel in seinem „Konzept einer humanisierenden Bildung" (Freire 2007: 27) ist die Idee, dass alle Menschen sich als Subjekte begreifen, die der Welt und den – gesellschaftlichen – Verhältnissen, in denen sie leben, nicht ausgeliefert sind. Vielmehr ist jeder Einzelne aufgefordert, an der Gestaltung eines menschlichen, menschenwürdigen und solidarischen Zusammenlebens aktiv mitzuwirken und dafür einzustehen. In diesem Sinn ist die persönliche Freiheit und Autonomie jedes Menschen stets dialektisch rückgebunden an die damit einhergehende mitmenschliche, gesellschaftliche und auch ökologische Verantwortung.

Paulo Freire hat die „Pädagogik der Unterdrückten" ursprünglich im speziellen Kontext der nachkolonialen Gesellschaftssituation in Brasilien entwickelt. Die oben angesprochenen zentralen anthropologischen und ethischen Dimensionen seiner Bildungstheorie sind in der Weiterentwicklung seines Ansatzes zur „Pädagogik der Autonomie" tragend geblieben und lassen sich auch in andere gesellschaftliche Situationen übertragen. Vor dem Hintergrund einer sich in dieser Weise politisch verstehenden Pädagogik ist in jeder konkreten geschichtlich-gesellschaftlichen Situation stets neu zu ergründen, wie Bildungsprozesse als Praxis der Freiheit hier und jetzt zu gestalten sind, oder anders: wie Bildung zu einer Humanisierung dieser Gesellschaft beitragen kann.

3 Die bildungstheoretische Anschlussfähigkeit der TZI

Bei Paulo Freire handelt es sich nicht um einen streng wissenschaftlich vorgehenden Theoretiker, der seine Bildungstheorie in jeder Hinsicht systematisch strukturiert und aufgebaut hat. Seine Schriften lassen vielmehr einen assoziativen Denker erkennen, der in zum Teil fast schon poetischer Art und Weise die kreative Kraft und die persönliche Tiefe von Bildungsprozessen zu fassen sucht. Gleichwohl sind die bildungstheoretischen Grundlagen als roter Faden seiner Pädagogik durchgängig erkennbar und mit zahlreichen Aussagen gut zu belegen.

Die TZI hingegen hat bislang keine eigenständige, explizite Bildungstheorie entwickelt (vgl. Ostertag 2015). In bildungstheoretischer Hinsicht hervorzuheben und aufzugreifen sind die anthropologischen, ethischen und politisch-pragmatischen Aussagen, die Ruth Cohn in den sogenannten drei Axiomen formuliert hat.[1]

1. *Der Mensch ist eine psycho-biologische Einheit und ein Teil des Universums.* Er ist darum gleicherweise *autonom und interdependent*. Die Autonomie des einzelnen ist um so größer, je mehr er sich seiner Interdependenz mit allen und allem bewußt wird. [...]
2. *Ehrfurcht gebührt allem Lebendigen und seinem Wachstum.* Respekt vor dem Wachstum bedingt bewertende Entscheidungen. Das Humane ist wertvoll, Inhumanes ist wertbedrohend. [...]
3. *Freie Entscheidung geschieht innerhalb bedingender innerer und äußerer Grenzen; Erweiterung dieser Grenzen ist möglich.* (Cohn 1984: 356 f., Hervorhebung im Original)

Im Folgenden gilt es nun zu untersuchen, inwiefern die in diesen Axiomen zum Ausdruck gebrachte Wertorientierung der TZI mit der Pädagogik Paulo Freires verbunden und so zu einem pädagogischen Legitimationshorizont – denn darum handelt es sich bei einer Bildungstheorie – erweitert werden kann. In einer Bildungstheorie wird das Selbst- und Weltverhältnis des Menschen thematisiert. Es wird erörtert, worin die Menschlichkeit des Menschen sich äußert und somit beschrieben, was den Grund und das Ziel von Bildungsprozessen ausmacht. Insofern lässt sich erst mit dem Bezug auf eine Bildungstheorie das Wozu pädagogischen Denkens und Handelns begründen.

Ruth Cohn hat ihr Modell der TZI auf der Basis von langjährigen praktischen Erfahrungen entworfen. Zu diesem Zweck hat sie analysiert, welche Bedingungen und Gegebenheiten zu lebendigen Lernprozessen beitragen und auf dieser Basis ihr sogenanntes Vier-Faktoren-Modell konzipiert. Damit bewegt sie sich weitestgehend auf einer didaktisch-methodischen Ebene. Die oben genannten drei Axiome hat sie als existenziell notwendige Wertebasis ergänzt, jedoch nicht in bildungstheoretischer Perspektive weiter entfaltet.

Im Gegensatz zum didaktischen, sehr konkreten Konzept der TZI bleibt Paulo Freire in seinen methodisch-didaktischen Ausführungen eher abstrakt, setzt sich

---

[1] Ein komprimierter Überblick über die TZI findet sich in diesem Sammelband in dem Beitrag „Hochschulbildung mit Themenzentrierter Interaktion (TZI)". Zur eingehenderen Beschäftigung mit der TZI empfohlen sei die kompakte Darstellung des Modells der TZI im Original durch Ruth Cohn (1984), das Handbuch Themenzentrierte Interaktion (Schneider-Landolf/Spielmann/Zitterbarth 2010) sowie das Buch von Irene Klein zum Leiten von Gruppen und Teams (2012).

in seinen zahlreichen Veröffentlichungen jedoch intensiv und differenziert mit bildungstheoretischen Grundlagen auseinander und könnte die TZI hierdurch ergänzen.

Ausgangspunkt in anthropologischer, ethischer und politischer Hinsicht sowie darüber hinaus Ausdruck von Bildung ist für Paulo Freire, die Welt als prozesshaftes Geschehen zu begreifen, das einerseits uns Menschen beeinflusst und auf das wir andererseits als schöpferische Subjekte gestaltend einwirken können.

> Von grundsätzlicher Bedeutung für die Bildung als echte Erkenntnissituation ist jedoch die problematisierende Darstellung der Welt der Arbeit, des Schaffens, der Produktion, der Ideen, der Überzeugungen, der Wünsche, der Mythen, der Kunst und der Wissenschaft, kurz die Welt der Kultur und der Geschichte, die aus den Beziehungen Mensch-Welt hervorgeht und ihre eigenen Schöpfer, nämlich die Menschen, bedingt. (Freire 2007: 77)

Wenn Paulo Freire in diesem Zusammenhang von „Bildung als Erkenntnissituation" spricht – es geht darum, unsere schöpferischen Möglichkeiten zu entdecken –, möchte er zum Ausdruck bringen, dass wir als Menschen (ob wir wollen oder nicht) aufgefordert sind, reflektierend und handelnd in der Welt tätig zu werden und diese zu verändern, sie zu humanisieren. Schnittstellen lassen sich zu allen drei Axiomen der TZI herstellen:

1. Wir sind im Sinn von Interdependenz eingebunden in die Welt, in der wir leben, und zugleich haben wir die Freiheit, mithin die Autonomie zum individuellen Handeln.
2. Das Ziel unseres Handelns ist dabei nicht beliebig, sondern orientiert sich daran, zu mehr Menschlichkeit beizutragen.
3. In unserem Gewordensein sind wir bedingt durch faktische Verhältnisse, gleichzeitig haben wir jedoch als menschliche Wesen die Möglichkeit, diese zu überschreiten.

Eine in dieser Weise verstandene Bildung ereignet sich im Dialog, der – mit Paulo Freire – „jene Begegnung ist, in der die im Dialog Stehenden ihre gemeinsame Aktion und Reflexion auf die Welt richten, die es zu verwandeln und zu vermenschlichen gilt" (Freire 1973: 72). Voraussetzung für dialogische, verständigungsorientierte Bildungsprozesse ist eine Haltung, die getragen ist von Liebe, Demut, einem kritischen Glauben an die Menschen respektive ihre Menschlichkeit, Hoffnung und einem kritischen Denken, das sich als Praxis fortgesetzter Humanisierung auch im Handeln verwirklicht (vgl. Freire 1973: 72 ff.).

Es ist ein hoher ethischer Anspruch, der aus einem solchen Bildungsverständnis spricht. Bei Paulo Freire ist dieser zudem verbunden mit einem ganz pragmatischen politischen Engagement. Im Mittelpunkt seines pädagogisch-politischen Denkens und Handelns standen zunächst die unterdrückerischen Strukturen im nachkolonialen Brasilien. In seinem letzten Buch „Pädagogik der Autonomie" benennt Paulo Freire als wesentlichen Ansatzpunkt bzw. als entscheidende pädagogische Herausforderung unserer Zeit, der „fatalistischen Ideologie des neoliberalen Diskurses, die bewegungsunfähig macht" (Freire 2008: 22), ein „klares Nein" und eine Pädagogik der Hoffnung entgegenzusetzen.

Mit dem Stichwort des Neoliberalismus sind weitreichende Themen- und Problemfelder eröffnet, die nicht zuletzt Anlass für die Veröffentlichung dieses Sammelbands gegeben haben. In der Einführung des Bandes benannt sind: Globalisierung, Ökonomisierung, Armut und soziale Ungleichheit, Klimawandel und Ökologie, Gewalt und kriegerische Konflikte, Flucht und Vertreibung sowie technologischer Wandel. Bildung im Sinn von Paulo Freires heißt, sich dialogisch und solidarisch zu verbinden, um gemeinsam in dieser oft bedrückenden Wirklichkeit menschliche Perspektiven zu suchen und zu entwickeln.

Zusammenfassend lässt sich festhalten: Die Wertebasis der TZI kann durch den Rückgriff auf die Pädagogik von Paulo Freire erweitert, vertieft und bildungstheoretisch verankert werden. Gestärkt und profiliert wird dabei nicht zuletzt die politische Dimension der TZI. Diese war für Ruth Cohn als Begründerin der TZI von jeher hoch bedeutsam, ist im einschlägigen Fachdiskurs jedoch zeitweise in den Hintergrund getreten.

4 Hochschuldidaktische Perspektiven

Während in bildungstheoretischer Perspektive die TZI von Paulo Freire lernen kann, verhält es sich in (hochschul-)didaktischer Hinsicht umgekehrt: Freires didaktische Überlegungen bleiben eher allgemein und sind in ihren konkreteren methodischen Ausführungen spezifisch auf den besonderen Kontext von Erwachsenenalphabetisierung bezogen. Die TZI verfügt indessen über ein differenziertes didaktisches Konzept, das quasi generalistisch in unterschiedlichsten Handlungsfeldern einsetzbar ist. Wesentliche Elemente der TZI, die im Weiteren in den Blick genommen werden, sind die beiden Postulate, das Vier-Faktoren-Modell, das Leiten mit Themen und Strukturen sowie das partizipierende Leiten.[2]

4.1 Die beiden Postulate als konstitutive Handlungsorientierung

Das ‚Chairperson-Postulat' und das ‚Störungspostulat' dienen in der TZI als grundlegende Handlungsorientierung, um lebendiges Lernen zu ermöglichen und – individuelle, gruppenbezogene und gesellschaftliche – Entwicklung zu unterstützen. Sie lauten:

---

2 Die konkrete didaktische Gestaltung eines Seminars auf Basis der TZI ist in dem Beitrag „Hochschulbildung mit Themenzentrierter Interaktion (TZI)" dieses Sammelbands exemplarisch dargestellt. Eine vertiefte Auseinandersetzung mit der hochschuldidaktischen Bedeutung speziell des Störungspostulats findet sich bei Ostertag 2012.

1. Sei dein eigener Chairman/Chairwoman, sei die Chairperson deiner selbst. Dies bedeutet:
   – Sei dir deiner inneren Gegebenheiten und deiner Umwelt bewußt.
   – Nimm jede Situation als Angebot für deine Entscheidungen. Nimm und gib, wie du es verantwortlich für dich selbst und andere willst. (Cohn 1984: 358).
2. Beachte Hindernisse auf deinem Weg, deine eigenen und die von anderen. *Störungen und Betroffenheiten haben Vorrang*; ohne ihre Lösung wird Wachstum verhindert oder erschwert. (Cohn 1975: 121, Hervorhebung im Original)

Im weiteren Sinn kommt hier eine Lebenshaltung, eine Lebensphilosophie zum Ausdruck. In einem engeren didaktischen Sinn können die beiden Postulate als grundlegende Orientierungshilfen und Handlungsmaximen für die Gestaltung von Lehr- und Lernprozessen interpretiert werden.

Sich selbst als Chairperson zu verstehen und ernst zu nehmen heißt, die Situationen des Lern- und Bildungsgeschehens bewusst wahrzunehmen, Entscheidungen reflektiert zu treffen und Verantwortung für das eigene Handeln zu übernehmen. Als didaktisches Prinzip ist dies zunächst eine Aufforderung an die Lehrenden, sich selbst als Chairperson in den gemeinsamen Prozess einzubringen. Impliziert ist damit zugleich, die Chairperson der Lernenden anzuerkennen und darüber hinaus Letztere in der Weiterentwicklung ihrer Chairperson zu unterstützen. Chairperson zu sein äußert sich nicht darin, egozentrisch die eigenen Interessen und Bedürfnisse durchzusetzen. Es heißt vielmehr, erstens – nach innen – diese Bedürfnisse wahrzunehmen, zweitens zugleich – nach außen – zu erkennen, was im Hinblick auf die Gruppe und die gemeinsame Aufgabe ansteht, und drittens im besonnenen Abwägen der verschiedenen Perspektiven eine verantwortliche Entscheidung zu treffen. Verbunden ist dies mit einer differenzierten Selbst- und Fremdwahrnehmung. Nicht zuletzt vor dem Hintergrund vorangehender Schulerfahrungen ist es für Studierende gelegentlich ungewohnt, sich in Lehr-Lern-Beziehungen in dieser Weise persönlich zu positionieren. Jedoch sind genau dies Situationen, in denen sich Bildung verwirklichen und bewähren kann. Mit Paulo Freire lässt sich in diesem Sinn festhalten, „dass das Wichtigste beim Lernen von Lerninhalten der Aufbau verantwortlicher Freiheit ist, die man übernimmt" (Freire 2008: 87). Ein konkreter Ausdruck dieser verantwortlichen Freiheit zeigt sich beispielsweise, wenn Studierende bei der Vorbereitung und Durchführung von Referaten oder Projekten nicht nur ergebnisorientiert auf eine Note hinarbeiten, sondern sich – oft sogar unabhängig von einer Benotung – mit Hingabe, Engagement und eigenem Interesse einem selbst gewählten Thema bzw. einer Aufgabe widmen.

Beim sogenannten Störungspostulat handelt es sich um eines der bekanntesten Elemente der TZI. Mit dem Begriff ‚Störungen' bezeichnet Cohn alles, was die Arbeitsfähigkeit eines Einzelnen oder einer Gruppe behindert – von der Raumtemperatur über persönliche Konflikte bis hin zu politischen Ereignissen. Störungen den Vorrang zu geben, bedeutet nicht, dass jede dieser Störungen bearbeitet oder gar aufgelöst werden kann. Angezeigt ist jedoch, die Störung wahrzunehmen und bewusst mit ihr umzugehen. In manchen Situationen trägt allein das Ansprechen und Aussprechen der Störung zur Wiederherstellung der Arbeitsfähigkeit bei, wenn und weil die Beteiligten sich mit ihren Bedürfnissen gesehen und ernst genommen fühlen. In anderen Situationen kann es zu einer Vertiefung der Lerninhalte führen, wenn einer Störung Raum gegeben wird, beispielsweise wenn dadurch die Inhalte mit aktuellen gesellschaftlichen Entwicklungen in Verbindung gebracht werden. Eine Form der Störung, die Paulo Freie im Zusammenhang mit seinen Alphabetisierungskursen erlebt und als „Kultur des Schweigens" (Freire 2007: 92 f.) bezeichnet hat, ist – in abgewandelter Form – auch im Hochschulkontext zu beobachten. Freire beschreibt mit der „Kultur des Schweigens" das Verhalten von Menschen, die sich als ohnmächtig erleben und sich dann geradezu freiwillig in eine abhängige Rolle begeben. Im übertragenen Sinn nehmen Studierende eine ähnlich passive Haltung ein, wenn sie in einer abwartenden Konsumentenhaltung ihre Lehrveranstaltungen mehr oder weniger teilnahmslos absitzen. Als Störung angesprochen kann daraus beispielsweise ein Seminargespräch entstehen, in dem es darum geht, wie angesichts einer planmäßig vorgegebenen Vielzahl von Lehrveranstaltungen – und das gilt für Lernende wie Lehrende gleichermaßen – dennoch Freiheit, Freude und Verantwortung in den Lern- und Bildungsprozessen gelebt werden können. Erprobt werden kann dabei nicht zuletzt der verantwortliche Umgang mit der Spannung zwischen Anforderungen von außen, eigenen Bedürfnissen sowie denen der weiteren Beteiligten.

4.2 Das Vier-Faktoren-Modell – ein didaktischer Kompass

Beim Vier-Faktoren-Modell handelt es sich um ein didaktisches Kernelement der TZI. Die bildliche Darstellung als ‚Dreieck in der Kugel' versucht, den Zusammenhang der vier Faktoren anschaulich wiederzugeben (siehe Abb. 1).

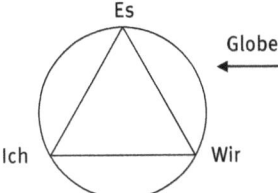

Abb. 1: Vier-Faktoren-Modell (Matzdorf/Cohn 1995: 70).

Das „Ich" steht in diesem Modell für alle an einem Lern- oder Arbeitsprozess beteiligten Individuen, inklusive der Lehrenden bzw. der Leitung. Das „Wir" legt den Fokus auf die Kommunikation und Interaktion in der Gruppe. Das „Es" bezeichnet die gemeinsame Aufgabe. Der „Globe" beschreibt den Kontext, in dem die Zusammenarbeit stattfindet. Lebendiges Lernen – so Ruth Cohn – wird möglich, wenn alle vier Faktoren in ihrer Gleichwertigkeit berücksichtigt und immer wieder neu in eine dynamische Balance gebracht werden.

Didaktisch gesehen lässt sich das Vier-Faktoren-Modell als Kompass für die Gestaltung von Lehr- und Lernprozessen heranziehen. Als ‚Prozessverantwortliche' haben die Lehrenden immer wieder in den Blick zu nehmen, ob die Lernenden und auch sie selbst als Lehrende einen individuellen Bezug zum Inhalt herstellen können („Ich"), ob die Gruppenmitglieder miteinander in einer tragfähigen Arbeitsbeziehung stehen („Wir") und ob die anstehende Aufgabe erfolgreich bearbeitet wird („Es"). Nicht zu unterschätzen ist der Einfluss der Rahmenbedingungen („Globe"), beispielsweise in Form von benoteten Prüfungen, Teilnahmepflicht oder auch von Räumlichkeiten. Ein Seminar zum Thema ‚Beratung' wird mit den gleichen Beteiligten einen unterschiedlichen Verlauf nehmen, wenn es mit oder ohne Prüfung, mit oder ohne Teilnahmepflicht, in einem Hörsaal oder einem Seminarraum stattfindet. Diese Bedingungen sind von den Lehrenden im Zuge ihrer didaktischen Überlegungen zu bedenken und zu beachten.

Lehrende können sich in ihrer konkreten didaktischen Planung und Durchführung insgesamt auf das lebendige Gleichgewicht dieser vier Faktoren beziehen, um daran ausgerichtet personen- und prozessorientierte Themen zu formulieren sowie passende Arbeits- und Sozialformen auszuwählen.

4.3 Prozessorientiertes Leiten mit Themen und Strukturen

Die Begriffe ‚Thema' und ‚Struktur' werden innerhalb der TZI als Fachtermini in einer sehr eigenständigen, fast schon eigenwilligen Art und Weise verwendet. ‚Struktur' steht als Oberbegriff für das Setting, in dem eine Aufgabe bearbeitet wird. Sie umfasst sowohl die methodische Herangehensweise wie beispielsweise Blitzlicht, Brainstorming oder Fishbowl als auch die soziale Zusammensetzung, in der gearbeitet wird, etwa Plenums-, Gruppen- oder Einzelarbeit. Für die Auswahl stimmiger, d. h. entwicklungsförderlicher Strukturen orientiert sich die TZI an den vier Faktoren (siehe Punkt 4.2). Hinsichtlich konkreter Arbeitsmethoden bedient sie sich dabei, sozusagen in neugieriger Offenheit, verschiedener Methoden aus der Erwachsenenbildung, der Gestaltarbeit sowie anderen Ansätzen, sofern diese mit dem Konzept der TZI vereinbar sind.

Die herausgehobene Bedeutung des ‚Themas' in der TZI wird bereits dadurch deutlich, dass der Begriff im Namen geführt wird: Themen-zentrierte Interaktion. Das Leiten mit Themen kann als (pädagogisch-didaktisches) Alleinstellungsmerkmal der TZI[3]

---

[3] Analogien zur TZI – möglicherweise auch von dieser (mit-)inspiriert – finden sich im Bereich moderner Führungs- und Managementtheorien im Blick auf Stichworte respektive Konzepte wie beispielsweise ‚Lernende Organisation', ‚Situatives Führen', Vertrauen führt' oder ‚Leiten durch Zielvereinbarung'. Eine weitergehende Untersuchung dieser Verbindungen kann im Rahmen dieses Beitrags leider nicht erfolgen.

gelten und wird als spezifische Vorgehensweise in der Ausbildung in mehrtägigen Kursen intensiv bearbeitet.

Während gemeinhin Inhalt und Thema nahezu identisch verwendet werden, bezeichnet das TZI-Thema das formulierte Anliegen und ergibt sich aus der Verbindung von „Es", „Ich" und „Wir". Zur Erläuterung ein Beispiel: Eine Seminareinheit mit dem Inhalt ‚Grundlegende Beratungskompetenzen' sieht vor, dass die Studierenden sich in Kleingruppen zu einem Handout austauschen, mit den dort aufgeführten Beratungskompetenzen in einem Rollenspiel experimentieren und anschließend ihre Erfahrungen und Wahrnehmungen gemeinsam reflektieren. Diese Seminareinheit kann mit dem TZI-Thema ‚Mein Erleben in einer Beratungssituation – gemeinsam Beratungskompetenzen erkunden' eingeleitet werden. Das TZI-Thema benennt den Inhalt, schlägt die Brücke zwischen der Aufgabe und den beteiligten Personen und hat, im Sinne eines Arbeitsauftrags, einen nach Möglichkeit ansprechenden Aufforderungscharakter. Mit dem Thema greifen die Lehrenden immer wieder den aktuellen Prozess auf und begleiten die Lern- und Entwicklungsschritte der Einzelnen und der Gruppe.

Mit dem TZI-Thema verbunden ist überdies eine ethisch-anthropologische Dimension, die zugleich in die Nähe von Paulo Freire zurückführt. Der allgemeine ‚Themen-Pool' oder ‚Themen-Horizont' ergibt sich letztlich aus dem, was in der Welt als Aufgabe auf uns Menschen zukommt, uns bewegt und berührt. Freire spricht in diesem Zusammenhang von generativen Themen:

> Eine Epoche wird durch einen Komplex von Ideen, Konzepten, Hoffnungen, Zweifeln, Werten und Herausforderungen gekennzeichnet, die dialektisch mit ihrem jeweiligen Gegensatz verkehren und so nach dem Ganzen streben. Der Ausdruck vieler dieser Ideen, Werte, Konzepte und Hoffnungen, aber auch die Hindernisse, die sich der vollen Humanisierung des Menschen in den Weg stellen, bilden die Themen dieser Epoche. (Freire 1973: 84)

Auf diesem Weg wird über das didaktische Element des Themas einmal mehr die politische Dimension von Bildung fokussiert, da mittels der generativen Themen aktuelle gesellschaftliche Entwicklungen Eingang in die Lehr- und Lernprozesse finden.

4.4 Partizipierendes Leiten und Lehren – die Haltung eines Lernenden einnehmen

Ruth Cohn schreibt sehr eindrücklich von einer Leitungssituation, in der sie sich selbst als Lernende mit eigenen Fragen eingebracht hat (vgl. Cohn/Farau 1984: 265 ff.). Sich in dieser Weise als Leitung persönlich zu zeigen, hatte eine überaus öffnende und entwicklungsförderliche Wirkung auf alle Beteiligten. Diese Erfahrung war für die weitere Entwicklung der TZI entscheidend, kommt in dem didaktischen Element der partizipierenden Leitung besonders deutlich zum Ausdruck und lässt sich mit Cohn wie folgt beschreiben: „Gruppenleiter [bzw. Lehrende] sind jedoch in erster Linie Teilnehmer, also Menschen mit eigenen Interessen, Vorlieben, Gedanken und Gefühlen, und erst in zweiter Linie Gruppenleiter mit einer speziellen Funktion." (Cohn 1984: 368)

In den Hochschulkontext übersetzt geht es darum, dass die Lehrenden auch als Person sichtbar werden, sich selbst als lernend begreifen und den Studierenden auf Augenhöhe begegnen. Als Person sichtbar werden kann im Kontext der Hochschullehre im Studiengang ‚Soziale Arbeit' beispielsweise heißen, sich in Fachdiskussionen nicht ‚abstinent' oder theorieneutral zu verhalten, sondern sich auch ethisch und (sozial-)politisch zu positionieren und diese Position zur Diskussion zu stellen. Und: Wer sich selbst als lernend begreift, wird nicht nur das eigene Wissen weitergeben wollen, sondern sich mit offenen Fragen und im Dialog mit den Studierenden auf gemeinsame Suchbewegungen begeben.

In Analogie zu Ruth Cohns Erfahrung und Überzeugung als humanistische Psychologin macht Paulo Freire aus originär pädagogischer Perspektive deutlich, das Lern- und Bildungsprozesse eine solche Haltung notwendig voraussetzen. „Deshalb muss von Beginn des Prozesses an deutlich werden, dass derjenige, der Bildung betreibt, sich im Prozess dieser Bildung selbst bildet und weiterbildet. [...] Es gibt kein Lehren ohne Lernen; beides erklärt sich gegenseitig [...]. Wer lehrt, lernt beim Lehren, und wer lernt, lehrt beim Lernen." (Freire 2008: 24 f.)

Durch die verschiedenen didaktischen Bausteine hindurch bleibt das entscheidende Moment für lebendiges, dialogisches Lehren und Lernen die Haltung, mit der Lehrende und Lernende sich begegnen. Ohne eine zugewandte, entwicklungsorientierte Haltung verkümmern die verschiedenen didaktischen Elemente zu bloßer Technik und bleiben in der Folge wirkungslos. Positiv gewendet: In einer dialogischen Begegnung kann Lernen zu einem gemeinsamen „schöpferischen Abenteuer" (Freire 2008: 65) werden.

5 Ein hoffnungsvoller Ausblick

Die vorangehenden Ausführungen haben gezeigt, dass auf bildungstheoretischer und (hochschul-)didaktischer Ebene Ruth Cohn und Paulo Freire wechselseitig voneinander hätten lernen können beziehungsweise sich ihre Ansätze konstruktiv, in gewisser Weise sogar komplementär ergänzen. Die bildungstheoretischen Überlegungen von Paulo Freire stellen die politische Dimension von (Hochschul-)Bildung heraus und lassen sich als pädagogischer Begründungshorizont heranziehen. In dieser Weise bildungstheoretisch begründet und verortet, geben die didaktischen Elemente der TZI – die beiden Postulate, das Vier-Faktoren-Modell, das Leiten mit Themen und Strukturen sowie das partizipierende Leiten – Beispiel dafür, wie in der Gestaltung von Lehr- und Lernprozessen die Unterstützung der beteiligten Menschen in ihrer persönlichen Entwicklung und Verantwortlichkeit verbunden werden kann mit der gemeinsamen Hinwendung zu den fachlich-inhaltlich oder auch gesellschaftlich anstehenden Aufgaben.

Gemeinsam können Lehrende wie Lernende an Hochschulen von Ruth Cohn und Paulo Freire eine Haltung der Hoffnung und des Dialogs lernen.

> Im Dialog und in der Problematisierung entwickeln Lernende-Lehrende und Lehrende-Lernende eine kritische Haltung mit dem Ergebnis, daß sie im gemeinsamen Wissen eine Interaktion erkennen; ein Wissen, das die Welt und die Menschen in ihr und mit ihr widerspiegelt, das die Welt erklärt, das aber vor allem durch die Veränderung dieser Welt seine Rechtfertigung findet. (Freire 2007: 65)

Bleibt zu hoffen, dass Hochschulen und ihre Mitglieder – pointiert formuliert: ‚im Namen der Bildung' – bereit sind und bleiben, gesellschaftliche Verantwortung zu übernehmen und Veränderung mitzugestalten.

Literatur

Cohn, Ruth C. (1975): *Von der Psychoanalyse zur themenzentrierten Interaktion. Von der Behandlung einzelner zu einer Pädagogik für alle.* Stuttgart.

Cohn, Ruth C. (1984): Das Modell der Themenzentrierten Interaktion. In: Cohn, Ruth C.; Farau, Alfred: *Gelebte Geschichte der Psychotherapie – Zwei Perspektiven.* Stuttgart, S. 351–374.

Cohn, Ruth C. Farau, Alfred (1984): *Gelebte Geschichte der Psychotherapie – Zwei Perspektiven.* Stuttgart.

Freire, Paulo (1973): *Pädagogik der Unterdrückten. Bildung als Praxis der Freiheit.* Reinbek.

Freire, Paulo (1981): *Der Lehrer ist Politiker und Künstler. Neue Texte zu befreiender Bildungsarbeit.* Reinbek.

Freire, Paulo (2007): *Unterdrückung und Befreiung.* Hrsg. von Peter Schreiner u. a. Münster.

Freire, Paulo (2008): *Pädagogik der Autonomie. Notwendiges Wissen für die Bildungspraxis.* Hrsg. von Peter Schreiner u. a. Münster.

Klein, Irene (2011): *Gruppen leiten ohne Angst. Themenzentrierte Interaktion (TZI) zum Leiten von Gruppen und Teams.* 12. Aufl. Donauwörth.

Matzdorf, Paul. Cohn, Ruth C. (1995): Das Konzept der Themenzentrierten Interaktion. In: Löhmer, Cornelia; Standhardt, Rüdiger (Hrsg.): *TZI. Pädagogisch-therapeutische Gruppenarbeit nach Ruth C. Cohn.* 3. Aufl. Stuttgart, S. 39–92.

Ostertag, Margit (2012): Störungen und Klärungen. Zur hochschuldidaktischen Bedeutung des Störungspostulats der TZI. In: *Sozialmagazin* 11/2012, S. 50–57.

Ostertag, Margit (2015): TZI und Bildungstheorie. Erste Schritte einer Verortung. In: *Soziale Arbeit* 8/2015, S. 282–286.

Schneider-Landolf, Mina; Spielmann, Jochen; Zitterbarth, Walter (Hrsg.) (2010): *Handbuch Themenzentrierte Interaktion (TZI).* 2. Aufl. Göttingen.

Margit Ostertag
Hochschulbildung mit Themenzentrierter Interaktion (TZI)

Abstract: Im Sinn von Bildung geht es an Hochschulen nicht nur um die Vermittlung bzw. Aneignung von Wissen, Können und Kompetenzen. Ziel ist es darüber hinaus, die Studierenden in ihrer Selbstverantwortung anzusprechen und zur Mitverantwortung anzustiften. Der folgende Beitrag zeigt am Beispiel eines Seminars, wie durch die Gestaltung von Lehrveranstaltungen auf Basis der Themenzentrierten Interaktion (TZI) dieses Anliegen unterstützt werden kann.

1 Hochschule und TZI

Im Kontext von Hochschule kann die TZI auf mindestens drei Ebenen aufgegriffen werden:
- Als Führungskonzept und Leitbild: Verantwortliche in Hochschulen können die TZI heranziehen, um die Zusammenarbeit im Kollegium zu gestalten und – noch weitreichender – um darin die Wertorientierung und das Selbstverständnis der Hochschule zu fundieren.
- Als Konzept der Hochschuldidaktik: Dozent(inn)en können ihre Lehrveranstaltungen auf der Grundlage der TZI planen, durchführen und reflektieren.
- Als Studieninhalt: Lehrveranstaltungen können sich thematisch mit dem Ansatz der TZI beschäftigen – beispielsweise als Handlungskonzept für Soziale Arbeit mit Gruppen, Erwachsenenbildung oder Beratung.

Die folgenden Überlegungen orientieren sich an den Erfahrungen mit einem (Hochschul-)Seminar, das zum einen auf Basis der TZI geplant und gestaltet wurde und zum anderen die TZI inhaltlich zum Gegenstand hatte. Fokussiert werden somit insbesondere die zweite und dritte der oben genannten Ebenen.

Exkurs
Zum besseren Verständnis des weiteren Gedankengangs werden einige Grundlagen der TZI (vgl. ausführlicher etwa Cohn 1984) den weiteren Ausführungen vorangestellt:

Ursprünglich von der Psychotherapie kommend, hat Ruth Cohn (1912–2010) mit der TZI ein Modell entwickelt, mit dem das menschliche Zusammenleben, -lernen und -arbeiten wertorientiert und lebendig gestaltet werden kann. Grundlegend für die TZI sind drei sogenannte Axiome mit Aussagen zur anthropologischen, ethischen und politisch-pragmatischen Fundierung. In anthropologischer Hinsicht wird die Polarität von individueller Autonomie und der existenziellen menschlichen Abhängigkeit und Verbundenheit mit anderen und anderem betont. Der ethische Fokus liegt auf Respekt und

Achtsamkeit gegenüber allem Lebendigen. Das politisch-pragmatische Axiom stellt die Möglichkeiten von freier Entscheidung innerhalb innerer und äußerer Grenzen heraus.

Ergänzt werden die drei Axiome durch zwei sogenannte Postulate, die als Handlungsorientierung zur konkreten Umsetzung der Axiome beitragen. Das erste Postulat, ‚Chairperson-Postulat' genannt, betont die persönlich-individuelle Verantwortung. Es ermutigt jeden Menschen, sich als Chairperson zu verstehen, will heißen: inneres und äußeres Erleben sehr bewusst und verantwortlich wahrzunehmen sowie „jede Situation als Angebot für [meine] Entscheidung" (Cohn 1984: 358) aufzugreifen. Die Aufforderung des zweiten, des sogenannten ‚Störungspostulats', ‚Störungen'[1] Beachtung zu schenken, lenkt die Aufmerksamkeit auf die notwendigen Bedingungen für die Arbeitsfähigkeit von Gruppen und Teams.[2]

Methodisch gesehen steht das sogenannte Vier-Faktoren-Modell bzw. die dynamische Balance im Mittelpunkt. Lebendige Lern- und Arbeitsprozesse zu ermöglichen, setzt – so Cohn – ein lebendiges Gleichgewicht der folgenden vier Faktoren voraus: „Ich", „Wir", „Es" und „Globe". Das „Ich" umfasst alle beteiligten Individuen (inklusive Leitung) mit dem, was sie an Gedanken, Gefühlen, Erfahrungen etc. einbringen. Mit dem „Wir" wird die Kommunikation und Interaktion in der Gruppe bezeichnet. Das „Es" steht für den Inhalt, die anstehende Aufgabe. Und mit dem „Globe" sind alle Rahmenbedingungen beschrieben, die Einfluss nehmen können: von der Raumtemperatur bis hin zu politischen Ereignissen. *„Die Anerkennung und Förderung der Gleichgewichtigkeit der Ich-Wir-Es-Faktoren im Globe ist die Basis der TZI-Gruppenarbeit und -leitung."* (Cohn 1984: 352, Hervorhebung im Original)

Methodisch-didaktisch sind darüber hinaus Elemente wie Partizipierendes Leiten sowie Leiten mit Themen und Strukturen kennzeichnend für ein an der TZI orientiertes Arbeiten mit Gruppen und Teams (vgl. vertiefend dazu Schneider-Landolf/Spielmann/Zitterbarth 2010).

2 Seminarkonzept und -rahmen

Entstanden war die Seminaridee in der Zusammenarbeit einer Hochschullehrerin mit einem Lehrbeauftragten des Ruth Cohn Institute for TCI-international (RCI),[3] die das Seminar gemeinsam konzipiert und durchgeführt haben. Grundgedanke war, Studierenden im Rahmen ihres sozialwissenschaftlichen Bachelor-Studiums im sogenannten Wahlpflichtbereich ein TZI-Seminar anzubieten, das zugleich im Rahmen der TZI-Grundausbildung beim RCI angerechnet werden kann.

Mit Blick darauf, dass Absolvent(inn)en von Hochschulen oftmals Führungsverantwortung übernehmen, wurde der inhaltliche Fokus auf TZI als Leitungskonzept gesetzt und im Seminartitel entsprechend formuliert: „Sich selbst und andere

---

[1] „Mit ‚Störungen' ist alles gemeint, was einen Einzelnen hindert, sich einzubringen und zu beteiligen, bzw. eine Gruppe/ein Team hindert, miteinander zu kooperieren und gewählte oder gesetzte Aufgaben anzugehen. [...] Ruth Cohn zählt zu den ‚Störungen' auch leidenschaftliche Gefühle, Verstörtheiten, Betroffenheiten, Widerstände – also generell alles, was Energie und Kraft absorbiert und den Einzelnen hindert, an der Zielerreichung mitzuwirken." (Klein 2011: 61)
[2] Zur hochschuldidaktischen Bedeutung des Störungspostulats vgl. Ostertag 2012.
[3] Das RCI ist das rechtlich geschützte und von Ruth Cohn autorisierte Ausbildungsinstitut für TZI. Vgl. URL: http://www.ruth-cohn-institute.org/ausbildung-in-tzi.html (letzter Aufruf: 06.01.2016).

führen – TZI als Leitungskonzept". Führungsverantwortung zu übernehmen ist nicht nur eine Frage von Managementwissen und -techniken, sondern vielmehr eine Frage von persönlicher Glaubwürdigkeit, Haltung und Verantwortungsbereitschaft – und insofern eng verbunden mit Dimensionen von Bildung.

Vor diesem Hintergrund sind an dieser Stelle die konkreten Rahmenbedingungen des Seminars zu beschreiben. Einige davon lassen sich – bezogen auf den ‚normalen Hochschulalltag' – durchaus als privilegiert bezeichnen und sind in besonderer Weise geeignet, Studierende in ihren persönlichen Lern-, Entwicklungs- und Bildungsprozessen zu unterstützen.

- Mit zwölf Teilnehmenden hatte das Seminar eine sehr übersichtliche Gruppengröße, die ein intensives Miteinander-Arbeiten sowie einen Kontakt von jedem einzelnen Gruppenmitglied zu jedem anderen Gruppenmitglied unkompliziert möglich machte. Auch für die Seminarleitung war es in diesem Rahmen gut möglich, jeden Einzelnen als Person wahrzunehmen.
- Die Doppelleitung ermöglichte im Leitungsteam einen inspirierenden, fachlichen Austausch im Hinblick auf Wahrnehmungen, Hypothesen, die Reflexion des Prozesses und die weitere Planung. Zugleich bestand für die Studierenden die Möglichkeit, verschiedene Personen und Perspektiven sowie ein Modell für ‚Teamteaching' zu erleben.
- Bei Seminaren im Wahlpflichtbereich entscheiden sich die Studierenden mit größerer Freiwilligkeit für die Teilnahme. Sie bringen in der Regel eine hohe Motivation und ein eigenes Interesse am Inhalt bzw. am Thema mit. Die besondere Bedeutung von Reflexion und Selbstreflexion in diesem Seminar war im Vorlesungsverzeichnis angekündigt, sodass die Studierenden, die sich anmeldeten, eine große Bereitschaft mitbrachten, sich auch auf diese Dimension einzulassen – was im eher „Es"-lastigen „Globe" der Hochschule nicht immer der Fall ist.
- Der Leistungsnachweis im Wahlpflichtbereich der beteiligten Studiengänge sieht weder eine Note noch eine Klausur oder Hausarbeit vor. Während in anderen Modulen die Seminar- und Lernprozesse oft von einer latenten Prüfungs- bzw. Ergebnisorientierung belastet sind, spielt der Notendruck im Wahlpflichtbereich keine Rolle.
- Während in anderen Seminaren teilweise mit wöchentlich wechselnder Zusammensetzung umzugehen ist, konnte hier über den kompletten Zeitraum von drei Blockwochenenden in und mit einer festen Gruppe gearbeitet werden. Denn bei konstanter Teilnahme war es für die Studierenden möglich, einen vom RCI anerkannten Fortbildungsnachweis zu erhalten.
- TZI war in diesem Seminar nicht nur die didaktische Grundlage für die Gestaltung des gemeinsamen Lehrens und Lernens, sondern zugleich der Inhalt des Seminars. Die Übereinstimmung von Form und Inhalt bietet – nicht nur bezogen auf die TZI, sondern auch wenn es sich um andere Lehr- bzw. Lerninhalte handelt – viele Chancen und Gelegenheiten für eine (selbst-)erfahrungsorientierte Verbindung von Theorie und Praxis. Die verschiedenen Inhalte des Seminars werden

nicht nur theoretisch vermittelt und angeeignet, sondern können auch im Seminar erlebt und mit Bezug zur Seminargruppe und zur eigenen Person reflektiert werden.

Mit diesen Modalitäten war ein Setting geschaffen, das gute Voraussetzungen bietet, um Bildungsräume zu eröffnen.

3 Seminargestaltung auf Basis der TZI

Richtungsweisend für die Planung des Seminars waren zwei Ziele: zum einen die Auseinandersetzung mit den wesentlichen Elementen der TZI als Theorie und Methode sowie zum anderen die Entwicklung eines eigenen Führungskonzepts. Eine Führungsrolle kompetent und authentisch auszufüllen, setzt Selbst-Bewusstsein (will heißen, sich der eigenen Wahrnehmungen, Vorstellungen, Gefühle, Stärken und Schwächen etc. bewusst zu sein) und verantwortliches Handeln voraus. Dementsprechend wurde die kognitive Auseinandersetzung mit Inhalten kontinuierlich ergänzt und erweitert durch Elemente der Selbsterfahrung und (Selbst-)Reflexion des konkreten Erlebens von Selbst- und Mitverantwortung im Seminargeschehen.

Als didaktischer Kompass diente das Vier-Faktoren-Modell (vgl. dazu auch Punkt 4.2 im Beitrag der Autorin „Von Ruth Cohn und Paulo Freire lernen" in diesem Band). Die konkrete didaktische Gestaltung umfasste verschiedene, vor allem subjektorientierte und erfahrungsbezogene Lehr- und Lernformen. Konstitutiv für das Seminar waren drei besondere didaktische Elemente: *Lernpartnerschaft*, *Lehr-Lern-Vertrag* (vgl. dazu Portele 1995: 249 ff. sowie Meueler 2009: 212 ff.) und *Lerntagebuch*. Diese Bausteine stammen teilweise aus anderen pädagogischen Ansätzen wie beispielsweise der subjektorientierten Erwachsenenbildung. Sie sind jedoch mit der TZI gut zu vereinbaren und unterstützen nicht nur deren Anliegen eines lebendigen Lehrens und Lernens, sondern weisen den Teilnehmenden zugleich den Weg in Richtung eines selbstverantworteten Lernens.

Eine *Lernpartnerschaft* bestand aus jeweils zwei Studierenden, die sich in dafür vorgesehenen Seminarzeiten selbstreflexiv mit Lerninhalten auseinandergesetzt haben. Situationsabhängig war die Reflexion offen oder an einer speziellen Fragestellung orientiert. Die Rolle der Lernpartner/-innen war, sich gegenseitig als aufmerksame(r) Zuhörer/-in und als kritisches Gegenüber zu begleiten. Mit der Idee der Lernpartnerschaft ist ein geschützter Raum verbunden, in dem Erfahrungen und Erkenntnisse verarbeitet bzw. vertieft, Fragen geklärt (oder fürs Plenum gesammelt) und neue Perspektiven eröffnet werden können. Die Lernpartnerschaften wurden im Seminar jeweils für die Dauer eines von insgesamt drei Wochenenden gebildet. Kriterium für die Bildung der ersten Lernpartnerschaft war, dass die Lernpartner/-innen sich (noch) nicht kennen. Am zweiten Wochenende war die Vorgabe, dass nicht nochmals der/die gleiche Lernpartner/-in gewählt werden kann. Die dritte ‚Wahl' war offen, und die Studierenden haben von sich aus neue Konstellationen gesucht.

Nach einer ersten Phase des Kennenlernens wurde zu Beginn des Seminars gemeinsam ein *Lehr-Lern-Vertrag* für die Zusammenarbeit in dieser Lehrveranstaltung entwickelt. In Lernpartnerschaften haben die Studierenden und auch die beiden Lehrenden als Leitungs-Lernpartnerschaft reflektiert und gesammelt, welche Elemente (im Blick auf Inhalte, Arbeitsweisen, Rahmenbedingungen usw.) jede(r) Einzelne in einem Lehr-Lern-Vertrag festhalten will. Die verschiedenen Aspekte wurden auf Moderationskarten notiert und dann im Plenum der Reihe nach verhandelt. In einer lebendigen Diskussion, in der verschiedene Elemente verändert, ergänzt oder auch verworfen worden sind, ist schließlich der gemeinsame Vertrag entstanden. Dieser hing als Bezugspunkt für alle sichtbar während der gesamten Zeit an einer Pinnwand im Seminarraum – jederzeit mit der Möglichkeit der prozessorientierten Aktualisierung. Diese anfängliche Erfahrung, sich gegenseitig mit den verschiedenen individuellen Anliegen ernst zu nehmen, hat die Atmosphäre und die Zusammenarbeit im Seminar nachhaltig positiv geprägt – und die Studierenden zu Selbst- und Mitverantwortung herausgefordert.

Ein drittes konstitutives Element wurde mit dem sogenannten *Lerntagebuch* eingeführt, das allen Studierenden zu Beginn ausgehändigt wurde. In dafür vorgesehenen Zeiten im Seminar – teilweise im Anschluss an die Lernpartnerschaften – konnten persönliche Erfahrungen, Gedanken, Erkenntnisse oder auch Fragen schriftlich festgehalten werden. Mit einem solchen Lerntagebuch kann der persönliche Lernprozess dokumentiert, vertieft und gewürdigt werden. Wirkungsvoll ist es auch, das Lerntagebuch mit einem zeitlichen Abstand erneut durchzugehen. Dabei können eigene Entwicklungsschritte sichtbar werden, die für die Beteiligten im Verlauf bzw. als ‚schleichende Entwicklung' zunächst gar nicht explizit wahrnehmbar sind.

Alle drei didaktischen Elemente tragen – im Sinn sowohl von TZI als auch von Bildung – dazu bei, dass Lerninhalte nicht nur kognitiv angeeignet, sondern darüber hinaus in Verbindung gebracht werden mit der eigenen Person, mit eigenen Einstellungen, Erfahrungen und Haltungen.

Exkurs

Zur weiteren Veranschaulichung der Arbeitsweisen im Seminar wird im Folgenden die Sitzung zum „Themen finden und formulieren" exemplarisch dargestellt:

Im System der TZI wird versucht, mit dem sogenannten ‚Thema' eine Brücke zwischen der Aufgabe und den beteiligten Personen zu schlagen. Themen aus dem Prozess heraus zu entwickeln, wird als Instrument von Leitung verstanden (vgl. dazu auch Punkt 4.3 im Beitrag der Autorin „Von Ruth Cohn und Paulo Freire lernen" in diesem Band). Beim Finden und Formulieren des Themas geht es darum, einen Seminarinhalt bzw. eine Aufgabe (hier im Seminar: die Auseinandersetzung mit dem Konzept der TZI und ihren wesentlichen Elementen) so aufzugreifen und als ‚Thema' zu setzen, dass die Beteiligten (hier: die Studierenden) jeweils einen subjektiven Zugang entwickeln können und ein Interesse an der gemeinsamen Aufgabe entsteht, mit anderen Worten: dass die Bearbeitung der anstehenden

‚Sache' (in dieser Seminarsequenz im speziellen: das Themenfinden und -formulieren zu lernen) zu ihrem persönlichen Anliegen wird.

Die Arbeit zum Themenfinden und -formulieren umfasste zwei (Unter-)Einheiten: „(1) Ein gutes Thema wirkt – Kriterien kreativ zusammentragen" sowie „(2) Ein gutes Thema wirkt – in drei Schritten zum Thema".

(1) Ausgangspunkt der ersten Einheit und damit für den Einstieg in die Thematik waren die zwölf Kriterien für ein adäquat formuliertes Thema, wie sie Ruth Cohn benannt hat.[4] Diese Kriterien waren ausgedruckt vorbereitet, sodass jeder der zwölf Teilnehmenden ‚blind' ein Kriterium ziehen konnte. Im nächsten Schritt waren die Teilnehmenden aufgefordert, in drei selbst gewählten Kleingruppen mit jeweils vier Personen aus den vier dort vertretenen Kriterien eine pantomimische Geschichte zu entwickeln, die anschließend im Plenum vorgetragen wurde, sodass im Zuge der Präsentationen schließlich alle Kriterien versammelt waren.

Im Kontext Hochschule sind üblicherweise kognitive Zugangsweisen vorherrschend. Didaktische Überlegung war, dass diese kreative Annäherung an die Kriterien auch eine mögliche und legitime Art der Auseinandersetzung ist – eine, die auf anderen Spuren und Kanälen verläuft, aber vielleicht auch nachhaltiger wirkt als eine theoretisch-abstrakte. Darüber hinaus wird durch die gemeinsame Gestaltung einer pantomimischen Geschichte das „Wir" unterstützt. Vor dem Hintergrund von Bildung geht es hier nicht zuletzt um die Verbindung von ‚Kopf, Herz und Hand'. Inhaltlich war durch die Beschäftigung mit den Kriterien sozusagen ein Ausblick auf das angestrebte ‚Ergebnis' gegeben – und zwar insofern, als diese Kriterien beschreiben, was ein ‚gutes' TZI-Thema ausmacht. Im Weiteren war der Blick folglich darauf zu richten, wie ein solches TZI-Thema entsteht, genauer: zu entwickeln ist.

(2) Zu Beginn der zweiten Einheit hatten die Studierenden dementsprechend zu zweit in ihren Lernpartnerschaften Zeit, einen Textauszug zum Themenformulieren nach Eike Rubner zu lesen und zu diskutieren. Rubner beschreibt das Themenfinden und -formulieren als ein Vorgehen in drei Schritten: „1. Schritt: Entwickeln eines einfachen Themensatzes bestehend aus Subjekt – Prädikat – Objekt [...]. 2. Schritt: Sammeln von Assoziationen zu diesem Themensatz [...]. 3. Schritt: Aufbereitung zu einem anregenden Thema [...]." (Rubner 2009: 83 f.)

Nach einer offenen Runde zur Klärung von (Verständnis-)Fragen wurden im Plenum reale Fallsituationen aus dem Erfahrungshintergrund der Seminarteilnehmer/-innen gesammelt, um an diesen das Themenfinden und -formulieren zu üben. Aus den eingebrachten Vorschlägen wurden gemeinsam zwei ausgewählt: die demnächst anstehende Vorbereitung einer Vereinssitzung sowie einer Wochenendfreizeit. Um ein intensives Arbeiten zu ermöglichen, wurden zwei Gruppen gebildet – mit jeweils einem Fallgeber, fünf Mitstudierenden und einer Seminarleitung –, und in dieser Konstellation wurde etwa eine Stunde parallel gearbeitet.

Eine differenzierte, an den vier Faktoren „Ich", „Wir", „Es" und „Globe" orientierte Wahrnehmung und Reflexion der jeweiligen Ausgangssituation war die Grundlage, um miteinander einen „einfachen Themensatz" zu entwickeln, der Sinn und Ziel der zu planenden Einheit kurz und prägnant beschreibt (1. Schritt nach Rubner). Darauf folgend haben alle Gruppenmitglieder ihre individuellen Assoziationen zu diesem Themensatz auf Moderationskarten geschrieben und anschließend gesammelt auf dem Boden in der Mitte zur Verfügung gestellt (2. Schritt nach

---

[4] Ein ‚TZI-gemäßes' Thema – vier Kriterien seien beispielhaft genannt – „ist kurz und klar formuliert [...]; ist in Bezug auf Sprache und Wissensanforderung auf die Teilnehmer zugeschnitten [...]; hat auch gefühlsmäßigen Aufforderungscharakter [...]; verstößt nicht gegen die Wertaxiomatik der Menschenrechte und die Wertaxiome der TZI [...]." (Cohn 1984: 365 f.; zitiert auch in Rubner 2009: 82 f.)

Rubner). Die den Fallgeber besonders ansprechenden Assoziationen lieferten das Material für die sich anschließende „Aufbereitung zu einem anregenden Thema" (3. Schritt nach Rubner).

Zurück im Plenum haben die beiden Gruppen sich gegenseitig ihre Ergebnisse vorgestellt. Für die Fallgeber war dies nicht zuletzt auch eine Gelegenheit, Resonanz auf die von ihnen (für eine reale Situation außerhalb des Seminars, in der sie in Leitungsverantwortung stehen) formulierten Themen zu erhalten – und zwar von Menschen, die an deren Erarbeitung nicht beteiligt und insofern unvoreingenommene ‚Probanden' waren.

Eine auf der Meta- bzw. Methodenebene angesiedelte offene Runde zur gemeinsamen Reflexion der Erkenntnisse und Fragen, die mit dem Prozess des Themenfindens und -formulierens verbunden waren, hat die Sitzung nach insgesamt etwa zwei Stunden abgerundet.

Den Lehrinhalt (das Themenfinden und -formulieren) mit ‚echten' Anliegen der Studierenden (deren Fallsituationen) in Verbindung zu bringen, trägt dazu bei, dass sie ein eigenes Interesse an der ‚Sache' entwickeln und Verantwortung für ihren individuellen Lern- sowie den gemeinsamen Seminarprozess übernehmen. Im Sinn von (Hochschul-)Bildung ist es unabdingbar, dass Lehr- bzw. Lerninhalte in dieser Weise subjektiv bedeutsam werden.

4 Fokus ‚Chairperson'

Aufs Engste mit Fragen der Selbst- und Mitverantwortung verbunden ist der Begriff der Chairperson, wie er im sogenannten Chairperson-Postulat der TZI beschrieben ist:

„Sei dein eigener Chairman/Chairwoman, sei die Chairperson deiner selbst. Dies bedeutet:
- Sei dir deiner inneren Gegebenheiten und deiner Umwelt bewußt.
- Nimm jede Situation als Angebot für deine Entscheidungen. Nimm und gib, wie du es verantwortlich für dich selbst und andere willst." (Cohn 1984: 358)

Als Seminarleitung die Chairperson und damit die persönliche Verantwortungs-Übernahme zu unterstützen, hat sowohl mit Zutrauen als auch mit Zumutung zu tun: Zutrauen dahin gehend, dass die Studierenden in der Lage sind, ihren persönlichen Lern- und Entwicklungsweg in freier Entscheidung zu gestalten. Die Eigenverantwortung der Studierenden herauszufordern, beinhaltet gleichzeitig auch einen Teil Zumutung, wenn beispielsweise – wie im Lehr-Lern-Vertrag geschehen – die Verantwortung für den Lern- und Seminarprozess und dessen Gelingen mit den Studierenden geteilt wird. Sich in dieser Weise persönlich zu positionieren, war für einige Studierende anfangs durchaus eine Herausforderung.

Insgesamt war in diesem Seminar – aber auch schon in anderen Lehrveranstaltungen – zu erleben, dass im Kontext Hochschule das Bedürfnis nach individuellem Schutz und individueller Sicherheit tendenziell größer ist als beispielsweise in RCI-Ausbildungsseminaren. Möglicher Hintergrund hierfür könnte sein: Das Studium lässt sich, etwas plakativ, als eine Lebensphase bezeichnen, die explizit dem Lernen gewidmet ist und damit auch zu Verunsicherung führt. Denn, so Käte Meyer-Drawe,

„Lernen beginnt in dieser Hinsicht dort und dann, wo und wenn das Vertraute seinen Dienst versagt und das Neue noch nicht zur Verfügung steht [...] Der Weg führt nicht vom Schatten ins Licht, sondern endet zunächst in einem Zwielicht, auf einer Schwelle zwischen nicht mehr und noch nicht." (Meyer-Drawe 2008: 15)

Studieren als Lebenssituation des Lernens und der Veränderung kann sich so gesehen in einem Bedürfnis nach Sicherheit und Schutz äußern. Zudem sind die Studierenden jünger und damit zeitlich näher an den Schulerfahrungen, die möglicherweise negativ besetzt sind und nachklingen. Darüber hinaus ist der Hochschulkontext grundsätzlich davon geprägt, dass individuelle Leistungen bewertet und benotet werden, was es Einzelnen erschweren kann, sich unvoreingenommen und offen auf Lernsituationen einzulassen.

Das Bedürfnis nach Sicherheit und Zugehörigkeit dürfte eine Rolle gespielt haben, wenn einzelne Studierende sich an Plenumsrunden oder sogenannten ‚Rundgängen'[5] nicht oder nur sehr angepasst beteiligt haben. Mit Blick auf Selbst- und Mitverantwortung war das Anliegen der Seminarleitung, jeden Einzelnen zu ermutigen, sich einzubringen, gerne auch mit der Aussage, dass er oder sie im Moment nichts sagen wolle. Sich zu positionieren mit der Rückmeldung ‚Ich möchte nichts sagen' hat eine andere Wirkung als nichts zu sagen, letzteres verhindert „Wir"-Entwicklung. In diesem Sinn betont Ruth Cohn die Bedeutung der Individualität für die Arbeitsfähigkeit einer Gruppe: „Eine Gruppe wird nicht dadurch gestärkt, daß Personen ihre Individualität aufgeben, sondern dadurch, daß diese sich in der jeweiligen Gemeinschaft aktualisieren. Jeder Mensch verwirklicht sich in der Beziehung zu den anderen und in der Zuwendung zur Aufgabe. *Das Wir wird stärker nicht durch Mitglieder, die sich selbst aufgeben, sondern durch die, die sich eingeben.*" (Cohn 1984: 354, Hervorhebung im Original)

Die Individualität der Gruppenmitglieder gerade auch in ihrer Unterschiedlichkeit und in ihrer persönlichen Positionierung als Ressource zu begreifen, ist Voraussetzung und zugleich Ziel einer entwicklungs- bzw. bildungsförderlichen Lehr- und Lernkultur im Sinn der TZI, wie sie Irene Klein beschreibt: „Weil jeder so sein kann, wie er ist, und weil er nicht festgeschrieben wird auf ein bestimmtes Gesicht, kann er auch neues Verhalten ausprobieren und sich deshalb auch verändern. Dies erst gibt wirkliche Anerkennung und Sicherheit, weil jeder als eigenständige Person akzeptiert wird." (Klein 2011: 27)

---

5 „Ein Rundgang hat das Ziel, alle Beteiligten zu einer Äußerung zu bewegen und damit zu einer transparenten Situation in der Gruppe beizutragen. [...] Zu einer kurzen, oft zusammenfassenden Fragestellung nach einer Themensequenz oder auch im Prozess (z. B. wenn nicht mehr alle beteiligt sind, wenn es um das Sortieren und Festhalten wichtiger persönlicher Ergebnisse geht oder um eine Klärung im Gruppenprozess) wird – nach Nennung der Fragestellung und einem kurzen Schweigen zum Nachdenken – ein Gegenstand herumgegeben. Wer den Gegenstand in der Hand hat spricht, die anderen hören zu." (Klein 2011: 133)

Ein solches Miteinander, das auch als Ausdruck von dialogischen Bildungsprozessen verstanden werden kann, war im Seminarverlauf immer wieder zu erleben. Die Studierenden haben sich mit ihren individuellen Anliegen sehr persönlich, positioniert und mit gegenseitiger Wertschätzung eingebracht. Im Blick behalten haben sie dabei zugleich die Orientierung an der gemeinsamen Aufgabe, hier: am curricularen Seminarinhalt.

Person- und Aufgabenorientierung in dieser Weise zu verbinden, ist ein, wenn nicht *das* zentrale Grundanliegen der TZI. Wenn es gelingt, dass diese Erfahrungen der gelebten Selbst- und Mitverantwortung in größere Zusammenhänge hinein ausstrahlen bzw. übertragen werden, dann kann Hochschulbildung mit TZI dazu beitragen, dass Bildung als eine Praxis der Verständigung auch gesellschaftlich wirksam wird und Wege eines verantwortlichen und solidarischen Zusammenlebens eröffnet.

5 Lebendiges Lehren und Lernen mit TZI: drei Thesen und ein Ausblick

Die hier dargelegte Reflexion der Seminarerfahrung verweist nicht zuletzt auf die grundsätzliche Frage nach Chancen und Grenzen der Gestaltung von Bildungsprozessen mit TZI im Kontext Hochschule. Einige Gedanken dazu werden im Folgenden thesenartig vorgestellt:

- Der „Globe" der Hochschule ist grundsätzlich von einer starken „Es"-Orientierung geprägt. Eine Verbindung zur Dimension des „Ich" lässt sich mit der TZI (oder in ähnlicher Weise auch mit dem didaktischen Prinzip der Teilnehmerorientierung) in den meisten Lehr- und Lernsituationen bzw. -settings durchaus verwirklichen. Die größte Herausforderung stellt der Aspekt des „Wir" dar. Zu beachten ist in diesem Zusammenhang, dass mit dem „Wir" in der TZI nicht ein emotional aufgeladenes Zusammengehörigkeitsgefühl gemeint ist, sondern die aufgabenbezogene Kommunikation und Interaktion in der Gruppe. Mit wechselnder Gruppenzusammensetzung und sehr großen Gruppen sind hier immer wieder auch Grenzen erreicht.
- Situationsabhängig lassen sich an der Hochschule immer wieder Freiräume finden oder schaffen, in denen eine entsprechend intensive, person- und gruppenorientierte Zusammenarbeit möglich ist. Das Ziel, alle Lehrveranstaltungen in diese Richtung verändern zu wollen, wäre allerdings wenig sinnvoll. Lehrende und Lernende an der Hochschule haben oft bis zu zehn und mehr unterschiedliche Lehrveranstaltungen pro Woche. Sich in dieser Intensität auf zehn und mehr Gruppen, Lehr-Lern-Verträge etc. einstellen zu wollen, stellt eine Überforderung dar, die kontraproduktiv ist. Darüber hinaus gilt es, die dynamische Balance von „Ich", „Wir" und „Es" nicht nur bezogen auf eine einzelne Lehrveranstaltung,

sondern auch im Blick auf das gesamte Lehrangebot einer Hochschule bzw. eines Studiengangs zu beachten. Neben Seminaren, die den Fokus auf die Individuen und deren persönliche Entwicklung legen, stehen gleichberechtigt Vorlesungen, die den Aspekt der Wissensaneignung als eine Dimension des „Es" in den Vordergrund stellen. Erst im Zusammenspiel verschiedener Lehr- und Lernsettings, die die Balance von „Ich", „Wir" und „Es" auch übergreifend berücksichtigen, eröffnen sich anregende Räume für Bildung und Entwicklung – oder im Humboldtschen Sinn: für Bildung durch Wissenschaft.

- Als didaktisches Konzept für das Lehren und Lernen an Hochschulen ist die TZI nicht zu reduzieren auf kleine Gruppen oder besondere methodische Elemente. Entscheidend ist vielmehr die Haltung, die mit diesem Konzept zum Ausdruck kommt. Es geht darum, sich auf Augenhöhe zu begegnen und ein lebendiges, ein dialogisches Lehren und Lernen zu ermöglichen, wie es beispielsweise auch von Paulo Freire begründet wird: „Es gibt kein Lehren ohne Lernen [...]. Wer lehrt, lernt beim Lehren, und wer lernt, lehrt beim Lernen." (Freire 2008: 25) Orientiert an den Axiomen und den beiden Postulaten können Lern- und Begegnungsräume entstehen, in denen Menschen sich entwickeln und Aufgaben gemeinsam bearbeitet werden können. Dazu werden weder die klischeehaften Stuhlkreise noch kleine Gruppen benötigt.

Mit diesen drei Thesen sind hochschuldidaktische Dimensionen angesprochen, die sich auf der zweiten und dritten Ebene der einführenden Überlegungen bewegen: TZI als Konzept der Hochschuldidaktik sowie TZI als Studieninhalt. Auf der ersten Ebene – TZI als Führungskonzept und Leitbild – lässt sich, im Sinne eines Ausblicks, mit der TZI zudem eine profilierte gesellschaftskritische, bildungs- und hochschulpolitische Perspektive entwickeln:

Im Zuge der Bologna-Reform wurde ‚Bildung' als ehemaliger Leitbegriff für Hochschulen durch den Begriff Employability ersetzt und so die Berufs- und Beschäftigungsfähigkeit der Absolvent(inn)en fokussiert (vgl. kritisch dazu Oertel/Ostertag 2011). Auf der Grundlage der TZI lässt sich fachlich fundiert begründen, dass es im Studium nicht ausschließlich darum gehen kann, sich anwendungsbezogen Kompetenzen für die spätere Berufstätigkeit anzueignen. Wichtig ist es darüber hinaus, Theorien, Modelle und Situationen einer fachwissenschaftlichen Fragestellung kritisch zu durchdenken und ethisch zu reflektieren. Dabei könnten Axiome und Postulate der TZI orientierungs- und impulsgebend wirken. Erweitert und vertieft werden kann diese Perspektive durch eine explizite bildungstheoretische Verortung der TZI (vgl. den Beitrag der Autorin „Von Ruth Cohn und Paulo Freire lernen" in diesem Band sowie Ostertag 2015).

Die Orientierung an der Wertebasis der TZI beinhaltet zugleich eine Aufforderung an die Hochschulen selbst – nämlich sich aktiv in die gesellschaftliche Diskussion einzumischen und auch politisch (Mit-)Verantwortung zu übernehmen.

Literatur

Cohn, Ruth C. (1984): Das Modell der Themenzentrierten Interaktion. In: Cohn, Ruth C.; Farau, Alfred: *Gelebte Geschichte der Psychotherapie – Zwei Perspektiven.* Stuttgart, S. 351–374.
Cohn, Ruth C.; Farau, Alfred (1984): *Gelebte Geschichte der Psychotherapie – Zwei Perspektiven.* Stuttgart.
Freire, Paulo (2008): *Pädagogik der Autonomie. Notwendiges Wissen für die Bildungspraxis.* Hrsg. von Peter Schreiner u. a. Münster.
Klein, Irene (2011): *Gruppen leiten ohne Angst. Themenzentrierte Interaktion (TZI) zum Leiten von Gruppen und Teams.* 12. Aufl. Donauwörth.
Meueler, Erhard (2009): *Die Türen des Käfigs. Subjektorientierte Erwachsenenbildung.* Baltmannsweiler.
Meyer-Drawe, Käte (2008): *Diskurse des Lernens.* München.
Oertel, Jutta; Ostertag, Margit (2011): Hochschulen. Orte der Bildung – oder bloß der Ausbildung?! Eine Rückbesinnung auf Basis der Theorien von Paulo Freire und Klaus Holzkamp. In: *Sozialmagazin* 12/2011, S. 45–53.
Ostertag, Margit (2012): Störungen und Klärungen. Zur hochschuldidaktischen Bedeutung des Störungspostulats der TZI. In: *Sozialmagazin* 11/2012, S. 50–57.
Ostertag, Margit (2015): TZI und Bildungstheorie. Erste Schritte einer Verortung. In: *Soziale Arbeit* 8/2015, S. 282–286.
Portele, Gerhard H.; Heger, Michael (Hrsg.) (1995): *Hochschule und Lebendiges Lernen. Beispiele für Themenzentrierte Interaktion.* Weinheim.
Portele, Gerhard H. (1995): Hochschullehrer-Fortbildung und TZI. In: Portele, Gerhard H.; Heger, Michael (Hrsg.): *Hochschule und Lebendiges Lernen. Beispiele für Themenzentrierte Interaktion.* Weinheim, S. 247–258.
Rubner, Eike (2009): Themen formulieren und einführen. In: *Themenzentrierte Interaktion* 2/2009, S. 80–89. Verfügbar unter URL: http://www.ruth-cohn-institute.org/pdf-artikel/themen-formulieren-und-einfuehren.html (letzter Aufruf: 06.01.2016).
Schneider-Landolf, Mina; Spielmann, Jochen; Zitterbarth, Walter (Hrsg.) (2010): Handbuch Themenzentrierte Interaktion (TZI). 2. Aufl. Göttingen. URL: http://www.ruth-cohn-institute.org/ausbildung-in-tzi.html (letzter Aufruf: 06.01.2016).

Verzeichnis der Autorinnen und Autoren

Prof. Dr. habil. Eva Borst, Professorin für Allgemeine Erziehungswissenschaft und Erwachsenenbildung an der Johannes Gutenberg-Universität Mainz. Schwerpunkte: Kritische Erziehungs- und Bildungstheorie, Sozialisationstheorie, Wissenschafts- und Geschlechtertheorie, Pädagogik und Anthropologie, anerkennungstheoretische Grundlagen von Erziehung und Bildung, Ökonomisierung der Bildung.

Prof. Dr. Ursula Frost, Lehrstuhl für Allgemeine Pädagogik an der Universität zu Köln. Lehr- und Forschungsschwerpunkte: Erziehungs- und Bildungstheorie, historisch-systematische Modellanalyse, Kritische Moderneforschung; schriftführende Herausgeberin der Vierteljahrsschrift für wissenschaftliche Pädagogik, Vorstandsmitglied der Görres-Gesellschaft und der Martin Buber-Gesellschaft.

Prof. Dr. Alfred Holzbrecher, Professor für Schulpädagogik/Allgemeine Didaktik an der Pädagogischen Hochschule Freiburg (i. R.). Schwerpunkte: Interkulturelle Unterrichts- und Schulentwicklung, Didaktik in heterogenen Lerngruppen, Entwicklung von Lehrerprofessionalität, Medienpädagogik/Fotografie.

Prof. Dr. Ulla Klingovsky, Professorin für Erwachsenenbildung und Weiterbildung an der Pädagogischen Hochschule der Fachhochschulen Nordwestschweiz (FHNW): Leitung der Vertiefungsrichtung Erwachsenenbildung im Master of Educational Sciences der Universität Basel, Leitung des Kompetenzteams Hochschullehre am Institut Weiterbildung und Beratung (PH FHNW). Schwerpunkte: Forschung zu Bildungstheorie und Bildungsforschung, professionellem Handeln in der Erwachsenenbildung, Hochschullehre, Lehr- und Lernkulturen in der Weiterbildung.

Jun.-Prof. Dr. habil. Sebastian Lerch, Juniorprofessor für Lebenslanges Lernen an der Johannes Gutenberg-Universität Mainz, Arbeitsgruppe Erwachsenen- und Weiterbildung. Lehr- und Forschungsschwerpunkte: (Selbst-)Kompetenz, Professionalität und Profession, Biografie und Lernen, Lebenskunst als pädagogische Kategorie, kulturelle Erwachsenenbildung, Interdisziplinarität.

Prof. Dr. Astrid Messerschmidt, Dr. phil. habil., Professorin für Erziehungswissenschaft mit Schwerpunkt Geschlecht und Diversität an der Bergischen Universität Wuppertal. Arbeits- und Forschungsschwerpunkte: Migrationsgesellschaftliche Bildung, Diversität und Diskriminierung, Geschlechtertheorien und geschlechterreflektierende Bildung, Antisemitismus und Rassismus in den Nachwirkungen des Nationalsozialismus, Kritische Bildungstheorie.

Prof. Dr. Tilly Miller, Dipl. sc. pol. (Univ.), Diplom-Sozialpädagogin (FH), Theaterpädagogin BuT®. Professorin für Sozialarbeit/Sozialpädagogik und Politikwissenschaft an der Katholischen Stiftungshochschule München. Schwerpunkte: Leitung des Vertiefungsbereichs Erwachsenenbildung, Sozialarbeitswissenschaft, Wissenschaftstheorie, Netzwerkforschung und Netzwerkarbeit, Leiterin des Theaterpädagogischen Zentrums.

Prof. Dr. Margit Ostertag, Diplom-Pädagogin (Univ.), Supervisorin (DGSv), Coach (DGfC), Diplom in Themenzentrierter Interaktion (RCI). Seit 2008 Professorin für Soziale Arbeit an der Evangelischen Hochschule Nürnberg. Schwerpunkte: Bildungstheorie, Erwachsenenbildung, Hochschuldidaktik, Themenzentrierte Interaktion, Leitung des Master-Studiengangs Angewandte Bildungswissenschaften.

Prof. Dr. Ludwig A. Pongratz, von 1992–2009 Professor für Allgemeine Pädagogik/Bildungsphilosophie und Erwachsenenbildung/Weiterbildung an der Technischen Universität Darmstadt. Arbeitsschwerpunkte: Pädagogische Theoriegeschichte, Methodologie und Erkenntnistheorie, Kritische Theorie bzw. Kritische Bildungstheorie, Erwachsenenbildung.

Prof. Dr. Jutta Reich-Claassen, M.A. Pädagogin (Univ.). Professorin für Pädagogik an der Katholischen Stiftungshochschule München. Schwerpunkte: Bildungsarbeit mit Erwachsenen, Erwachsenenbildungsforschung, Hochschulforschung, wissenschaftliche Weiterbildung und lebenslanges wissenschaftliches Lernen, bildungswissenschaftliche Ungleichheitsforschung.

Prof. Dr. Birgit Schaufler, Diplom-Pädagogin (Univ.), Professorin für Pädagogik in der Sozialen Arbeit, Vizepräsidentin der Katholischen Stiftungshochschule München. Schwerpunkte: Theorie und Praxis der Erwachsenenbildung/Weiterbildung, Körperorientierte Bildung und Gesundheitsförderung, Personalentwicklung, Geschlechtertheorien, Wissenschaftstheorie.

www.ingramcontent.com/pod-product-compliance
Lightning Source LLC
Chambersburg PA
CBHW080359030426
42334CB00024B/2937